—Dream about arriving at the church in a horse-drawn sleigh?

—Wish you could have a chocolate-strawberry wedding cake?

—Not sure what kind of wedding invitations to send?

—Want to be absolutely certain your keepsake wedding album will turn out perfect?

—Wonder if it's all right to have a romantic gypsy violinist instead of a four-piece band?

This invaluable handbook will guide you through each step in planning an original and fashionable wedding within the framework of traditional etiquette. Here are savvy tips on how to save money, how to negotiate an air-tight, money-back contract with the people who will service your wedding, and how to make the right decisions about everything from florists to photographers, from monogrammed matchbooks to diamond rings.

For a perfect wedding day, get a head start with—

THE
BRIDE'S HANDBOOK
FOR
SMART WEDDING SHOPPING

More Reading from SIGNET and MENTOR

(0451)

- ☐ **IT CAN HAPPEN TO YOU: The Practical Guide to Romantic Love by Dr. Roger Callahan with Karen Levine.** Forget the excuses—give love a chance. If you think you are amoro-phobic—afraid of romantic love—this practical and realistic workbook, filled with quizzes and gidelines, will tell you exactly what your fears mean, and how you can free yourself to fall in love and love every minute of it. (122704—$2.95)*

- ☐ **HOW TO BE AN ASSERTIVE (NOT AGGRESSIVE) WOMAN IN LIFE, IN LOVE, AND ON THE JOB—A Total Guide to Self-Assertiveness by Jean Baer.** Are you a portrait of a "lady"—or are you a person? Learn how to express your opinions and wishes, and stand up for your rights with these revolutionary new techniques of assertiveness training by the co-author of the bestselling *Don't Say Yes When You Want to Say No.* (125827—$3.50)

- ☐ **THE CHALLENGE OF BEING SINGLE: For Divorced, Widowed, Separated, and Never Married Men and Women by Marie Edwards and Eleanor Hoover.** Here is the book that gives fresh and important momentum to the singles revolution as it shows the exciting growth and fulfillment staying single can offer both men and women. (099036—$2.95)*

- ☐ **FOR YOURSELF: The Fulfillment of Female Sexuality by Lonnie Garfield Barbach.** Here is a unique book that demonstrates in a step-by-step program how you can indeed take control of your life at its most intimate, personal and fundamental level—to achieve orgasm and a greater fulfillment of your sexual potential. (119479—$2.95)

*Prices slightly higher in Canada

Buy them at your local bookstore or use this convenient coupon for ordering.

THE NEW AMERICAN LIBRARY & COMPANY
P.O. Box 999, Bergenfield, New Jersey 07621

Please send me the books I have checked above. I am enclosing $_____
(please add $1.00 to this order to cover postage and handling). Send check or money order—no cash or C.O.D.'s. Prices and numbers are subject to change without notice.

Name_____

Address_____

City _____ State _____ Zip Code _____

Allow 4-6 weeks for delivery.
This offer is subject to withdrawal without notice.

THE BRIDE'S HANDBOOK FOR SMART WEDDING SHOPPING

Marjabelle Young Stewart

A SIGNET BOOK
NEW AMERICAN LIBRARY

NAL BOOKS ARE AVAILABLE AT QUANTITY DISCOUNTS
WHEN USED TO PROMOTE PRODUCTS OR SERVICES.
FOR INFORMATION PLEASE WRITE TO PREMIUM MARKETING DIVISION,
THE NEW AMERICAN LIBRARY, INC., 1633 BROADWAY,
NEW YORK, NEW YORK 10019.

Copyright © 1984 by Marjabelle Young Stewart and Marian Faux
All rights reserved

SIGNET TRADEMARK REG. U.S. PAT. OFF. AND FOREIGN COUNTRIES
REGISTERED TRADEMARK—MARCA REGISTRADA
HECHO EN CHICAGO, U.S.A.

SIGNET, SIGNET CLASSIC, MENTOR, PLUME, MERIDIAN and NAL BOOKS
are published by The New American Library, Inc.,
1633 Broadway, New York, New York 10019

First Printing, February, 1984

1 2 3 4 5 6 7 8 9

PRINTED IN THE UNITED STATES OF AMERICA

This book is lovingly dedicated to "Godmother" Dorothy Carow Merrick— happily married for fifty-five years.

Acknowledgments

My thanks to Marian Faux for her literary skills and my gratitude to my editor, Cindy Kane, for her professional know-how and constant encouragement.

Contents

Part 1 Planning Your Wedding

You're Getting Married	3
How This Book Can Help	5
How Much Does a Wedding Cost?	7
Who Pays for the Wedding?	7
Playing the Percentages When You Plan Your Wedding Budget	10
How the Wedding Budget Is Spent	13
A Word of Warning	14

Part 2 Organizing Your Wedding

The Art of Getting Organized	17
Setting Up the Guest List	17
Setting Up the Gift List	19
Scheduling Your Wedding	20
List 1—Basic Planning	22
List 2—Pulling It All Together	23
List 3—The Last Major List	24
The Last-Minute List	25

The Rehearsal List	26
The Day-of-Your-Wedding List	26

Part 3 Shopping for Your Wedding

How to Comparison Shop	31
Some Advice About Contracts	33
If Your Plans Change	35
If Something Goes Wrong	36
Keeping Track of Your Wedding Budget	37
Wedding Consultants	42
Invitations, Announcements, Etc.	46
The Wedding Clothes	57
Your Wedding Photos	72
The Ceremony	79
The Reception	87
Flowers	115
Wedding Cake	125
Transportation	130
The Rings	133
Attendants' Gifts	137
The Bridesmaids' Luncheon	140
The Rehearsal Dinner	145

Part 4 The Bride's Calendar

Important Telephone Numbers	159
Notes	160–161

PART ONE

Planning Your Wedding

You're Getting Married

So you've decided to take the plunge into married life. Both you and your future groom are floating on air—in a state of euphoria that leaves you just about as high as you have ever been. However high you are, there is something that will probably bring you back down to earth with a realistic thud—and it's the cost of planning a wedding.

As soon as you have announced your engagement, and often even before, your phone will start to ring and your mailbox will be stuffed with ads from people trying to sell you their goods and services. Caterers, florists, photographers, videotapers (a new twist), department stores, and wedding consultants—everyone but the clergyperson will call on you to use his services. (And even the clergyperson will charge you for performing the ceremony.) You will soon find your head spinning over the things you need and want to buy for your wedding. You have just discovered that however romantic and meaningful personally this wedding is to you, it also is going to be the occasion of a lot of buying and selling. Weddings are big business these days!

You will begin to wonder how you can possibly get everything done on time. Suddenly, there just won't seem to be enough hours in the day. For many brides, this is the point at which panic sets in. But don't worry—there are solutions. You don't have to rob a bank and spend every minute of your free time planning your wedding. With the help of this book, you can be an organized, consumer-wise bride. You can spend both your time and your money wisely as you plan your wedding.

The harried state of so many brides today is related to the changes in our living style that have taken place over the past few generations. Today's bride is, on average, older and more sophisticated than her mother or grandmothers were when they got married. Today's bride often works, and may even have a time-consuming career. She has lived on her own for several years, and, unlike brides of several generations ago, she has had experience running her own household. These elements combine to make her only too aware of the need to spend money wisely. In fact, the biggest single difference between today's brides and those of the past few generations is that whereas yesterday's brides did not become consumers at all until they married and set up their own households, today's bride is already an experienced consumer.

But even if you're already an experienced consumer in most areas of your life, if you are like most brides, you may feel a little lost over how to go about spending wisely for your own wedding. After all, you've never bought a wedding before, and you never expect to buy one again.

Some brides aren't even sure they should be concerned with spending money wisely when planning their own weddings. The very fact that a wedding is a once-in-a-lifetime event is enough to make some throw consumerism out the window—or want to, anyway. Furthermore, at the big moments in life, there is a tendency to go for broke. Never mind the expense, you're going to get exactly what you want for your wedding.

Despite what we might like to do, unfortunately, most of us do not have the unlimited funds that permit us to throw all consumer caution to the winds.

And even if you are lucky enough to be able to spend whatever you want on your wedding, aren't you still concerned about getting the best value for your money? That's what smart consumerism is all about, especially when it's used to plan a wedding.

Being a smart shopper also helps you save time, a commodity that may be as valuable to you as money. For brides who work all day (most of us!), planning a wedding is often an extracurricular activity. And organizing and carrying off a wedding does take time—weeks at best and months if possible. Unlike brides of past generations, who made the organization of their weddings a full-time job and often even enlisted the willing aid of mothers, sisters, and friends, today's bride is more likely to make most of her wedding plans herself—with the advice and counsel of her mother and a lot of kibitzing from, and perhaps the total involvement of, her groom.

How This Book Can Help

So how do you go about shopping wisely for your wedding? How can you organize your time most efficiently? In this book, you will learn to do both.

The first step is to understand what weddings cost. You need to know what you can expect to pay for your overall wedding, as well as how to break your budget down into general categories of spending. The remainder of this section will be devoted to discussing the overall expenses of weddings—how much you should budget, in a general way, for your wedding outfit; what you can expect to spend on flowers, and photography, and the caterer. You'll also learn who has traditionally paid for what and read some suggestions for sharing expenses if you and your groom, as is often the case today, are paying for part or all of your wedding. You'll learn how to draw up a guest list that is within your budget, and how to juggle your budget to accommodate the number of guests you want.

After you have an overview of how to budget your wedding, your next concerns will be time and organization. How much time do you need to pull together a small, informal wedding? Do you really need an entire year to plan an ultraformal wedding? And how do you organize either kind? In Part 2, you'll learn how to schedule and organize your wedding. A detailed list of everything you need to do will help you draw up a time schedule for your own wedding—whether you have as little as two months or as long as two years in which to plan it. You will learn how to set up a few simple filing systems that will keep you organized throughout it all. Finally, a last-minute checklist is included to make sure that everything goes smoothly at the very time when wedding plans most often fall apart.

The most important thing you'll learn from this book is how to shop wisely for your wedding—how to comparison shop, how to make a selection that guarantees quality, when and how to get a contract or letter of agreement. Part 3, the "workbook" section of this book, begins with sample budgets that show the costs of planning an informal, a semiformal, and a formal wedding. Most of Part 3 consists of forms that you can use for comparison shopping and to make notes about your final choices.

Part 4 consists of a calendar for recording appointments to meet with suppliers and dates when work is supposed to be ready or supplies delivered. That way, you'll be able to see that everything is, indeed, coming together for your wedding day.

How Much Does a Wedding Cost?

Modern Bride Magazine estimates that the average wedding costs somewhere between $4000 and $5000. In large metropolitan areas such as Chicago, Atlanta, Los Angeles, and New York, however, $15,000 is not an unusual amount to spend on a lavish wedding. A simple, tasteful wedding can nonetheless be planned for as little as $1500.

Who Pays for the Wedding?

In recent years, the trend has been for couples or the parents of couples to share expenses. As recently as ten years ago, the parents of the bride footed the bill for their daughter's wedding, with the groom or his family paying for only a few miscellaneous expenses such as the wedding license, the bridal rings, and her bouquet. Increasingly, today, many couples pay for their own weddings, although often with the help of generous gifts from either or both sets of parents, and expenses are often shared equally by both. This is not the serious burden on young couples that it might seem to be at first glance, since the average combined income of most couples at the time of their marriage is $22,000. This, combined with the fact that so many young people live in households separate from their parents and are, on the average, older and more settled than couples of a generation ago, prompts many couples to give themselves their own wedding.

As a starting point, however, here is the more traditional way that wedding expenses are shared.

EXPENSES OF THE BRIDE AND HER FAMILY

Wedding dress and accessories
Groom's ring
Flowers for her attendants and for mothers and grandmothers
Boutonniere for groom
Photography
Invitations and other stationery
Rental fee for church, plus any other church fees—except clergyman's fee
Special church equipment and decoration, such as an aisle carpet, chuppah at a Jewish wedding, marquee, flowers, candelabra
Reception, including food, beverages, music, and decorations
Wedding gift for the groom
Gifts for the bridal attendants
Rehearsal dinner
Bridesmaids' luncheon
Transportation of bridal party to wedding and reception

EXPENSES OF THE GROOM AND HIS FAMILY

Groom's wedding outfit
Bride's engagement and wedding rings

Boutonieres and sometimes gloves for his attendants
Bride's bouquet and corsages for groom's mother and grandmothers
Marriage license
Clergy's fee
Gifts for groomsmen
Lodging for out-of-town guests and attendants

In recent years, there has been some breakdown of this traditional division of expenses. Often, who picks up the tab for what depends, in part, on local custom, but it is now fairly typical, for example, for the groom's family to pay for and host the rehearsal dinner. A bridesmaids' luncheon may be given by the bride, her family, or by a close friend or relative, or even by the bridesmaids themselves as a gift to the bride. (The bridesmaids' luncheon, not a custom everywhere, is the small gathering of the bride and her attendants—a sort of parallel, albeit a far more sedate one, to the bachelor party thrown for the groom. It's not a shower, which really shouldn't be given by anyone related to the bride, and the only gifts exchanged are those the bride gives her attendants.)

On a more practical level, many brides and grooms today divide the list of expenses between themselves. He may, for example, arrange for the transportation to the wedding and reception, pick up the liquor tab for the reception, or even share equally in the reception costs. Couples today frequently divide their wedding expenses right down the middle.

Playing the Percentages When You Plan Your Wedding Budget

Planning a wedding budget is a little like planning any other kind of budget. First, you figure out what you think you can afford to spend, and then you try to estimate whether it will buy you what you want in the way of a wedding.

By putting their savings accounts together, one typical couple, whom we shall call Julie and Bob, decided they had about $2000 to spend on their wedding. But then, Julie's parents offered to contribute $1000 toward the wedding. Bob's parents gave them a wedding trip—and then offered to host the rehearsal dinner, too. Julie and Bob now had $3000 to spend on their wedding, and at least one major expense—the rehearsal dinner—was no longer their responsibility.

The next step was to draw up a guest list. For the first go-round, Julie and Bob listed everyone they possibly might want to invite to their wedding. They came up with a potential list of 150 people, which included their immediate families, lots of distant cousins, their close friends, some of their parents' close friends and a few business associates, and finally, two separate groups of people with whom they each were friendly at work.

After drawing up the guest list, it is time to divide the number of guests by the overall budget figure.

That's how you begin to determine what kind of wedding you will have; that is, whether it will be a quiet, informal, and inexpensive wedding, or whether you can afford to splurge in some areas. When Julie and Bob divided their 150-person guest list into their $3000 budget, they learned that they were going to be able to spend approximately $20 per person. But how far would that money go? What kind of wedding would they be able to buy for $20 a head? Actually, at $20 a person, Julie and Bob would have to have a fairly modest wedding, as this chart shows.

Per-Head Cost	Kind of Wedding
$10–$35	Informal wedding, often held at home. You can have a modest but charming wedding on this per-person figure. Decorations and extras (limousines and videotaping of the ceremony, for example) are skipped, and the reception will probably consist of a stand-up buffet and house wine. You will shop around for and purchase things individually to save money.
$35–$50	This is what the average semiformal wedding costs. You can serve liquor and have a buffet or sit-down dinner rather than a tea or appetizers; you can toast with a good domestic champagne; and you can buy the food and drinks from the club or hall where you have your reception provided you shop around for the best price.

$50 and up	This is what a formal or ultra-formal wedding costs. This buys you a lavish wedding: French champagne, open bar, and wine with dinner; a four-course sit-down dinner; as much decoration as you like in the church and at the reception, and transportation by limousine.

When Julie and Bob discovered they couldn't have a semiformal wedding for $20 per person, since this is what they had their hearts set on, they decided to pare down the guest list. The friends from work were uninvited before they ever knew they were invited. So were their parents' business associates. With these changes, Julie and Bob had a guest list of eighty and $37.50 per person to work with as they planned their wedding. (Keep in mind that they could actually ask more than eighty people since about 20 percent of those whom they invited would be unable to attend anyway.)

This is the kind of juggling you should do as you figure out what you have to spend and what kind of wedding you want. Julie and Bob could, of course, have pared down their guest list still more and planned a very posh wedding, or they could have spent $20 per person and had a very nice but quite modest wedding for 150—perhaps an afternoon tea held in a public garden or someone's house.

How the Wedding Budget Is Spent

Aside from figuring out the per-person costs and using them to determine what kind of wedding you will have, you will also want some idea of what you can expect to spend on the individual things you will be buying for your wedding. For a typical semiformal wedding with fifty guests on which you plan to spend $35 per person, you can expect to allot your wedding money as follows:

6%	invitations and other stationery
11%	photography
30%	clothes and gifts
11%	ceremony costs
30%	reception costs
12%	miscellaneous

These percentages change some—but not a lot—if you decide to have a formal wedding or an informal one. At a formal wedding, for example, your reception costs would be higher than what is spent at a semiformal wedding; and at an informal, home wedding, you could manage to reduce them somewhat.

You'll also want to juggle these figures according to your personal taste. In fact, if you know you want something special or want to spend more lavishly on one item than another, it's better to plan for that right from the start and have a realistic budget than to set your budget and then exceed it by 30 to 40 percent. It's better to admit it, for example, if you want a stunning wedding dress and are willing to spend 35 percent of your budget on it, than to kid yourself into thinking that you will spend only 20 percent. If you're a gourmet and must have outstanding food and imported wines, then up the amount that you allot to the reception costs right from the start.

A Word of Warning

In addition to staying within your budget when you shop, there's another way that people manage to throw off their wedding budgets—and that is to keep adding people to the guest list. Every time you add another person to the guest list, you add another $20, $35, or $50 to the cost of your wedding. As you can see for yourself, extra people really add up. So the next time you think of inviting Ernie, your second cousin who happened to come through town the night you announced your engagement but who lives 800 miles away and only visits once every ten years, or that new woman you've just become chummy with at work but have really only known for four weeks, think twice. And try to resist.

PART TWO

Organizing Your Wedding

The Art of Getting Organized

Any wedding goes more smoothly if it is well organized. And the art of getting organized is something that anyone can master. The two most important things you will have to keep track of as you plan your wedding are the guest list and the gift list. Both of these can be easily organized with the help of two small file boxes and two sets of 3 × 5 file cards.

Setting Up the Guest List

You already took the first step toward drawing up a guest list in Part 1 by figuring out how many people you would be able to invite based on what you could spend for your wedding. Let both sets of parents know how many people they can invite, and ask them to give you a guest list. Then from their lists and your list, you can whittle everything down to one master list. At the same time you're working out the guest list, you should also be drawing up a list of people to whom you want to send announcements. The two lists go hand in hand, since many of the people who don't make it to the invitation list will be sent announcements.

Once a master list has been compiled and typed, start transferring the people on it to individual note cards, which you can later arrange in alphabetical order. For now, carefully note the person's or family's name and address, and code the card according to whether you are asking them to the wedding only (W), the reception only (R), or both (W/R). If you are sending pew cards with the invitations, make a note of that, too, on the note card. You now have a guest list and you're organized for the day when responses to the invitations start to arrive.

When people do begin to let you know whether or not they can attend your wedding, pull out the cards and mark an A for those who have accepted and a D for those who have declined.

About two weeks before the wedding, separate the cards into three piles: acceptances, refusals, and don't knows. At this point, you can probably assume that anyone who lives several hundred miles away and has not accepted is not coming. As for the remainder of don't knows, you have no choice but to see what you can do about them. Either you or your mother (or your future mother-in-law, if they are her guests) should get on the phone and find out which of those people are, in fact, planning to come. It's a task that no one particularly enjoys, since it involves putting people on the spot (remember, it's their *faux pas*), but it has to be done because you will soon have to give the caterer that all-important figure: the number of guests expected at the reception. The cost of your reception will be tied to this head count, and the caterer will take your word for how many people will be there. Give him a head count that is too high, and you may find yourself paying for guests who are merely ghosts (they don't eat or drink anything, but you get to pick up the tab just as if they did). Give him a head count that is too low, and you may find yourself in the embarrassing situation of not having enough food and drink to satisfy your guests. As you can probably see for yourself by now, the smart thing to do is to pick up the phone and call those negligent nonresponders to find out whether they are, in fact, planning to attend your wedding. With this task completed, you can divide all the cards into two groups, those who will be attending and those who will not be.

Setting Up the Gift List

When the gifts start to arrive a few weeks before the wedding, it's time to put the other file into action. Each time a gift arrives (and do keep up with this, because it's very easy to lose track or to lose the card that goes with a particular gift), take out a new card and write on it the name of the person who sent it, his or her address, a description of the gift, the date it arrived, and pertinent identifying data, such as the store where it was purchased, its color, and a style or model number, if there is one. Make a note if the gift is defective or damaged and will thus have to be returned; also note gifts that are duplicates. The best way to organize these cards is alphabetically.

When you send off a thank-you note, be sure to note that on the card. And also note the date when you return any gifts. This file serves a dual purpose: It helps you keep track of the gifts you receive and what happens to them, and helps you keep a record of thank-you notes. This system works equally well for shower gifts.

Two other things will help you to stay organized during the hectic months and weeks before your wedding. Purchase a small notebook (something you can tuck into your purse) in which to jot down ideas as you get them and ideas that other people give you. You might also put swatches of fabrics, as well as receipts, in the notebook. Finally, carry this book with you. It will be your best record of your wedding plans because it contains all of the information you will need as you make plans. It will serve as your planning notebook and calendar.

Scheduling Your Wedding

Wedding schedules are always hard to write, and they're often even harder to read, for obvious reasons. For example, if you've only got eight weeks in which to plan your wedding, and you see a schedule that's plotted over six months, it will probably only add to your panic rather than easing it. Schedules like that often get tossed in the nearest wastebasket by brides who don't want to be reminded of how little time they've got to do what has to be done. On the other hand, if you have six months in which to plan your wedding, or even twelve months, it will seem like a long time when you get engaged, and you'll have a tendency to put things off longer than you should. So what's the solution? Can you only use a schedule that corresponds to your time frame?

Because most brides have trouble following schedules that are geared to specific times, this schedule is not geared to any set number of months or weeks. Instead, it basically divides your engagement into three stages. The first stage—and the first list—tells you everything you must do as soon as you become engaged. The second stage—and second list—tells you everything you must do as soon as you have done all the things on the first list. This will bring you to the third stage—and list—of planning your wedding, the things that you can't do much before the last month (or the last ten days or so if you're on a really tight schedule). For example, there's not much point to setting up a display for your gifts before they start to arrive. In addition to these three major lists, there are three short lists: a last-minute list for the week before the wedding, a list to help with the rehearsal dinner, and a list for the wedding day.

These lists work for the very simple reason that they are geared to how brides go about planning their weddings. Whether you have a year or six weeks in which to plan, there are things you must do immediately and then there are things that you do as soon as the immediate things are taken care of.

A word of advice is in order, though, about this flexible schedule: Planning a wedding does require some time, and the bigger and more formal the wedding you are planning, the more time that will be required. If you are having a large, formal wedding with all the trimmings, and especially if the wedding and reception will take place in a large metropolitan area, then you may have to book the church or synagogue twelve months in advance. The same goes for the caterer. Most formal and semiformal weddings, however, can be planned in four to six months. A relatively simple semiformal or informal wedding can be planned in eight to twelve weeks. Of course, you can plan and carry out any kind of wedding in as little as ten days if you really want to—but you won't have time to comparison shop, and, even more important, you will pay a premium price on everything you buy.

List 1
BASIC PLANNING
(Things to do as soon as you decide to get married)

- Sit down together and discuss the kind of wedding you want to have.
- Work out a tentative guest list, and, using that, work out a budget based on what you have to spend.
- Begin to look for a place to be married. Set up and attend meetings with a clergyperson (or several, if you're shopping around). Make a decision as soon as possible.
- Start to comparison shop for a wedding consultant, if you will use one.
- Comparison shop and select a site for the reception.
- Comparison shop and select a caterer.
- Set the time and date for your wedding.
- Choose your attendants.
- Work out a color scheme for the wedding.
- Start to comparison shop for a wedding outfit and choose one as soon as possible.
- Start to comparison shop for attendants' outfits—both yours and the groom's, and make final decisions as soon as possible.
- Begin comparison shopping for a florist, a baker, musicians, a printer or engraver, and a photographer.
- Work out the final guest list.
- Set up the file systems you will need for the guest list and gift list.
- Comparison shop for an engagement ring and your wedding rings, and order both when you have

made a final choice. (Allow six to eight weeks for fitting and engraving; possibly longer if rings are being custom-made.)

List 2
PULLING IT ALL TOGETHER

- Begin to work with the caterer on the food and beverages for the reception.
- If you will buy the beverages separately, begin to comparison shop; place your order two to three weeks in advance.
- Choose a baker and place the cake order.
- Choose a florist and place the flower order.
- Choose a printer or engraver and order the invitations, announcements, and personal stationery.
- Choose a photographer and sit down with him to plan your wedding photos. Make a date for your formal wedding portrait.
- Choose musicians for ceremony and reception and sit down to discuss the music they will play.
- Sit for an engagement picture if you're planning to announce your engagement in the newspapers; write out the announcement; send both to the newspapers.
- Register for wedding gifts at a department store or specialty housewares store.
- Plan the bridesmaids' luncheon.
- Shop for any clothes you will need for showers, the rehearsal dinner, or your wedding trip.
- Shop for the attendants' gifts. Order engraving on them as soon as you have made a final selection (at least six weeks before you need them).
- Plan a gift display and rent a table for it if you need one.
- Rent any small equipment you need for the wedding and/or reception.
- Address the invitations. If you're planning a small, informal wedding, write the invitations. (This takes

more time than you would imagine, so don't wait until the last minute—like the night before the day when you plan to mail them. Do this over eight to ten days, if possible.)
- Shop for accessories for your wedding dress.
- Buy your wedding gifts for each other.
- Reserve hotel rooms or otherwise arrange accommodations for out-of-town guests.
- Plan the rehearsal dinner.
- Write invitations for the attendants' luncheon and the rehearsal dinner.
- Arrange transportation for the wedding party to the ceremony and reception.

List 3
THE LAST MAJOR LIST

(Things to do the month before or the last week before if your schedule is really tight)

- Mail the invitations. (Alternately, if your schedule is really tight, send telegrams or telephone people to invite them. Invitations to a semiformal or formal wedding should be mailed one month in advance.)
- Mail the invitations to the rehearsal dinner and the bridesmaids' luncheon.
- Get a marriage license. (And before that, get any medical tests you need.)
- Make final confirming calls to the florist, the musicians, the baker, the photographer, and the menswear rental store handling the groom and groomsmen's outfits.
- Start to write thank-you notes when gifts begin to arrive.
- Arrange the gift display.
- Arrange for a guard to watch the gifts, if necessary, during the ceremony and reception (important if your wedding has received much publicity).

Organizing Your Wedding

- Arrange for insurance for the gifts. (Most companies will sell you a floater policy to cover the gifts for the two weeks or so between the time they arrive and the time you move into your new home, when they will be covered by your homeowner's or renter's policy.)
- Keep your files on the guest list and the gift list up-to-date so you'll be organized until the very last minute.
- Write place cards for the rehearsal dinner and the bridesmaids' luncheon.
- Wrap gifts for attendants.
- Call attendants and groomsmen to make sure they've attended their final fittings, gotten their accessories, and are ready.
- Make an appointment to have your hair and nails done, if necessary.
- Start to tally the responses and make any calls you feel you need to make to those who haven't responded.
- Have the final fitting on your wedding dress, at which time the photographer will probably take your formal wedding portrait.
- Take your dress to wherever you want it to be on your wedding day—home, the church, the bridal shop.

THE LAST-MINUTE LIST
(Things to do the last week or days before the wedding)

- Start to pack your household belongings if you're moving.
- Start to pack your personal belongings for the move and for your wedding trip.
- Attend the bridesmaids' luncheon.
- Give the caterer a final head count.

- Arrange for pickup of any rental equipment, beverages, wedding cake, or anything else that will be used for the wedding ceremony or reception.
- Make arrangements, if possible, to have someone greet arriving out-of-town guests, especially members of your wedding party.
- Review the guest and gift lists so you'll be able to recognize people at the reception and mention their gifts to them.
- Continue writing thank-you notes.

THE REHEARSAL LIST

- Make the final plans for ceremony—where everyone will stand, how the processional and recessional will go.
- Give the best man a check with which he is to pay the clergyperson, church musician, and sexton on day of the wedding.
- Talk to the best man about seating arrangements and transportation arrangements for the wedding party—he's the one to take over all that now. He also may be the person to keep your tickets, passports, and other things related to your wedding trip; presumably, he'll be calmer than you. (Remember to get them back from him.)

THE DAY-OF-YOUR-WEDDING LIST

- Close the suitcases you've been packing this last week.
- Have a long, leisurely breakfast with your family—or let them serve you breakfast in bed.
- Get your nails and hair done—or otherwise pamper yourself.
- Let someone else check on last-minute arrangements—whether the flowers have arrived at the church, whether the wedding cake has made it to the reception site.

- Give yourself a break from writing thank-you notes. (You can finish after the wedding—preferably within two months.)
- Dress for your wedding.

PART THREE

Shopping for Your Wedding

How to Comparison Shop

The purpose of this book is to encourage you to do comparison shopping as you plan your wedding and reception. But what does it involve?

Comparison shopping for a wedding is not really any different from comparison shopping for anything else. You can start by rounding up lists of potential suppliers—names you have gotten from the Yellow Pages or persons who have been recommended to you by others. A little telephoning is then in order most of the time. You can get a rough idea of whether the supplier offers the kind of service or product you want over the phone—and you'll also get an idea of how personable the supplier is, since that is sometimes important. For example, a wedding consultant, caterer, or photographer will have contact with your wedding guests, in addition to the fact that you will spend hours working closely with these people. So it's important that they be likeable. They should also show signs of being real professionals—the kind of people who won't waste your time or money.

Most of the time, the next step is to visit suppliers—or rather, potential suppliers. Keep in mind that you are interviewing these people for a very important job. You'll want to meet the people who will serve you and to see samples of their work. Your wedding is far too important to buy anything sight unseen.

Finally, don't be rushed into making any instant

decisions, even if you are planning to be married in just a few weeks. Above all, don't be high-pressured into signing any contracts without looking them over carefully. No matter how little time you have in which to plan your wedding, take all estimates and contracts home so you can look them over carefully, compare them with one another, and generally mull over which is the best deal for you. Keep in mind when someone tries to pressure you into buying something that this is your wedding and you want it to be as special as possible. These services and products may be pretty standard stuff to the people who sell them, but they're very special to you.

It is especially important to compare what various potential suppliers offer. For example, two photographers may both offer wedding albums but at drastically different prices. When you carefully examine what you are being offered, you may discover that one album consists of twenty photos with an option, described in very small print, to buy a second twenty at a special discount. The other photographer, who initially appears to be more expensive, is actually offering a cheaper per-picture price for forty photos. Similarly, a baker may quote you the same price as another on a wedding cake, and both may look pretty similar. But one may taste much better than another.

Which brings us to another important point: trying out the wares. The best way to be sure that you are getting the quality you want, particularly where food and beverages are concerned, is to try out as much as possible of what you are buying. Don't be afraid to ask to sample the canapes a caterer is offering to sell you. Taste various wedding cakes. Crack open a bottle of that imported champagne that seems too cheap to be true—it probably is, and you may want to buy your champagne separately, or if that is not possible, have your reception somewhere else.

Once you have found a supplier you want to use, you may want a contract or a letter of agreement with him or her. (In the next section, you'll learn more about this.) At the very minimum, you should go over what you have agreed to very carefully to be sure that you both have the same thing in mind.

Finally, although prices vary greatly from one region of the country to the next, and even from one town to the next, I have included price ranges in this book; there seemed to be no other way to provide you with the information you need to plan your wedding budget with any real accuracy. The prices offered in this book have been gathered from a large eastern metropolitan area and from a medium-sized midwestern city. They are only meant to serve as guidelines for planning your wedding and to help you know what to expect as you begin to comparison shop for your wedding.

Some Advice About Contracts

It's nice to think that everyone who serves you or supplies something for your wedding is so personally and perhaps even emotionally involved that he or she will not let anything go wrong. That is rarely the case, unfortunately. The very people who supply your wedding needs and wants probably also supply the weddings of hundreds or even thousands of other brides each year. Your wedding may be only one of three or four—or even five or six—scheduled on the same day. Therefore, if you are a wise shopper you will get as many signed contracts as you possibly can as you firm up your wedding plans. Some suppliers, such as the photographer, may ask you to sign a contract. Other suppliers, such as the printer, may not be used to dealing in written contracts and may not want to sign anything. In these cases, simply write a letter of agreement in which you state, clearly and in detail, what you have agreed to buy and under what conditions.

You should definitely get a contract or write a letter of agreement for the following suppliers:

   caterer or reception hall
   limousine or transportation service
   baker
   printer or engraver
   florist
   photographer and/or videotaper
   musicians for reception (and provide a detailed
      list for church musicians)
   rental companies

The contract should include a description of what you are buying, basic and extra charges and under what conditions extra charges may be billed, date and time of delivery, delivery and pickup arrangements, a cancellation clause (more on that shortly), and information about breakage and any other kind of insurance that may be required.

If you are asked to sign a contract by the supplier, that's fine, too, but be sure to read it carefully, including any small print. If something in the contract is not what you have agreed to, then either ask to have it changed to your specific arrangement or change it yourself, initial any changes, and be sure the other person initials it, too. Don't let a supplier reassure you that your special arrangements will be taken into consideration even though they are not written into the contract—get them written into the contract. It's your only legal protection should something go wrong.

If Your Plans Change

Cancelling a wedding after plans have been made is no one's idea of fun, but it does happen occasionally. Sometimes weddings are called off entirely, and at other times, a family emergency may cause a temporary postponement. If you are a consumer-oriented bride, you will want to take whatever precautions you can—and there are some—to make sure that you don't get burned if the wedding is called off.

When talking about the contract and other arrangements you should also ask the following suppliers about their cancellation clause:

> caterer or reception hall
> baker
> musicians
> photographer or videotaper
> travel agent (for your wedding trip)

As a rule, these suppliers will write a cancellation clause into a contract and expect you to pay a penalty if you do cancel. Some states have laws limiting the amount of the penalty, and you should check with the Better Business Bureau or the local consumer affairs office to be sure that the penalty in your contract does not exceed the legal penalty.

Keep in mind, too, that penalties are negotiable in many instances. For example, if the manager of the reception hall can rebook the hall or the caterer ends up with another job on the day he was to have fed your wedding guests, then you may be able to negotiate an even more reduced penalty. It's certainly worth trying.

If Something Goes Wrong

Pray that it's only something minor, but if something does go wrong—the flowers arrive an hour late, the icing on the cake melts—do take some action as soon as possible.

Because you believe (and hope) you will never marry again, you may find it easy to let even major snafus go by without a fuss. But if something is not what you ordered or what you expected it would be, you may be entitled to some compensation. There are several things you can do:

1. Call the supplier who goofed. If he or she didn't deliver at all, refuse to pay.
2. If the product was delivered but wasn't right, negotiate. Offer partial payment and settle on a figure that you both think is fair.
3. As a last resort, you could, of course, sue, but there is an intermediate step to take first if the dispute can't be amicably settled, and that is to call the Better Business Bureau or the local consumer affairs office and register a formal complaint.

Keeping Track of Your Wedding Budget

Assuming that you worked out your basic wedding budget in Part 1, this is where you keep track of how well you're staying within it. On the chart that follows, first enter the figures you have budgeted for various purchases. As you make final plans and find out what your final costs will be, enter those figures in the appropriate space. If you see that you have gone way over budget on one or two items, study the ones that are left to see where, if possible, you may be able to cut back and thus stay within your overall wedding budget.

Wedding Budget Worksheet

	Amount budgeted	Amount spent	Adjust budget
Wedding consultant	_____	_____	_____
Invitations, etc.			
Invitations	_____	_____	_____
RSVP cards	_____	_____	_____
pew cards	_____	_____	_____
at-home cards	_____	_____	_____
announcements	_____	_____	_____

maps giving directions ____ ____ ____

thank-you notes ____ ____ ____

personal stationery ____ ____ ____

calligraphy ____ ____ ____

napkins ____ ____ ____

matches ____ ____ ____

Clothes

wedding dress ____ ____ ____

headpiece ____ ____ ____

accessories ____ ____ ____

bridesmaids' outfits* ____ ____ ____

groomsmen's outfits* ____ ____ ____

groom's outfit ____ ____ ____

Photography

engagement photo ____ ____ ____

formal wedding portrait ____ ____ ____

candids ____ ____ ____

video ____ ____ ____

wedding album ____ ____ ____

film used by friends whom you asked to take pictures ____ ____ ____

---

*These figures are included for your convenience, but they should not be counted as part of the wedding budget unless you are paying for them.

Ceremony

clergy's fee _____ _____ _____

sexton's fee _____ _____ _____

musician's fee _____ _____ _____

fee for church,
synagogue, or other
site for ceremony _____ _____ _____

rental equipment for
ceremony site
(chuppah, marquee,
aisle carpet,
candelabra) _____ _____ _____

Reception

room rental fee _____ _____ _____

food _____ _____ _____

beverages _____ _____ _____

musicians _____ _____ _____

rental equipment _____ _____ _____

waiters' or bartenders'
fees _____ _____ _____

caterer's fee _____ _____ _____

gratuities _____ _____ _____

Flowers

bridal bouquet _____ _____ _____

attendants' flowers _____ _____ _____

boutonnieres _____ _____ _____

mothers' flowers _____ _____ _____

THE BRIDE'S HANDBOOK

   altar bouquets _____ _____ _____

   other altar decorations _____ _____ _____

   pew decorations _____ _____ _____

   reception bouquets _____ _____ _____

   other floral decorations _____ _____ _____

Wedding cake

   cake _____ _____ _____

   boxed favors _____ _____ _____

Rings

   engagement ring _____ _____ _____

   wedding bands _____ _____ _____

   engraving _____ _____ _____

Attendants' gifts _____ _____ _____

Groomsmen's gifts _____ _____ _____

Engraving for gifts _____ _____ _____

Bridesmaids' luncheon

   room rental _____ _____ _____

   food _____ _____ _____

   beverages _____ _____ _____

   centerpiece _____ _____ _____

   gratuities _____ _____ _____

Rehearsal dinner

   room rental _____ _____ _____

   food _____ _____ _____

   beverages _____ _____ _____

   centerpieces, if any _____ _____ _____

   gratuities _____ _____ _____

Lodging for attendants
and other out-of-town
guests _____ _____ _____

Miscellaneous

   guest book _____ _____ _____

   tip to traffic
   policeman _____ _____ _____

   insurance to cover
   wedding gifts _____ _____ _____

   marriage license _____ _____ _____

   security guard to
   protect gifts _____ _____ _____

   rose petals, confetti,
   or rice _____ _____ _____

Wedding Consultants

All About Wedding Consultants

Some wedding consultants—those hired to work in bridal departments or in gift registries—are available to you at no cost. They are specialists paid by the department store to help you register your gift preferences or coordinate your attendants' and your own wedding wear. Another kind of consultant whom you may want to consider using usually works independently.

She (wedding consultants are almost always women) can help you in many ways. For example, she might compose, order, proofread, address, and mail your invitations and announcements. She might scout around for your wedding dress and those of your attendants and bring you onto the scene when she has made a final selection of five or six possibilities, thus saving you a lot of shopping time. She can also be helpful with personal touches—such as counseling you on the wording of your invitation when your parents are divorced or working out tricky seating arrangements. Wedding consultants are especially helpful to the bride whose job keeps her too busy to plan the nitty-gritty details of her own wedding, and she also is helpful to a bride planning a wedding out of town. Some wedding consultants will only work for you if they can plan the entire wedding; others are more like specialized gofers and will help out whenever and however you need them. Not usually needed for a small, informal or even a semiformal wedding, a consultant can be a miracle worker on a large, formal wedding.

COST

The cost of a wedding consultant varies greatly and naturally depends upon how you use her services. A few wedding consultants charge the bride nothing because they take their cut from the suppliers they use. Many charge an hourly fee—as little as $10–$12 an hour in small communities and as much as $20–$40 in large cities—while others base their fee on a percentage of your wedding budget.

SHOPPING HINTS

- Meet with several consultants (assuming you have several from which to choose in your community) before making a final decision about which one's services to use. Describe the mood you want, whether you're the casual or formal type, and what problems are likely to arise during your wedding. Watch and listen to her reaction. (In fact, take your groom or a friend along to help gauge her reaction.) If you don't like what you hear, or don't feel there is a personality match, this isn't the person for you.
- Get a written estimate of the cost when you do decide to work with someone.
- If you can't afford a wedding consultant full-time, buy as much of her time as you can afford—and then figure out what you least want to handle and assign that to her.
- Know exactly what you're buying when you make the final arrangements to work together. Will she be at the church before the wedding? Will she stay at the reception the entire time? Will she personally help you, or will you be turned over to an associate or assistant?

Wedding Consultant

GETTING READY TO SHOP

Overall wedding budget:_____

Number of guests:_____

Special problems or questions:_____
_____

COMPARISON SHOPPING SHEET

Name:_____

Address:_____

Telephone:_____

Date of appointment:_____

Notes on first meeting:_____
_____

COMPARISON SHOPPING SHEET

Name:_____

Address:_____

Telephone:_____

Date of appointment:_____

Notes on first meeting:_____
_____
_____

COMPARISON SHOPPING SHEET

Name: _____

Address: _____

Telephone: _____

Date of appointment: _____

Notes on first meeting: _____

_____

_____

FINAL SHOPPING SHEET

Name: _____

Contact: _____

Final price: _____

Description of work: _____

_____

Payment schedule: _____

Note meetings on Bride's Calendar.

Invitations, Announcements, Etc.

All About Invitations and Enclosures

Most brides elect to send some kind of written invitation to their wedding, although for a small wedding that is not planned much in advance, it may be necessary to issue invitations by telephone or telegram. The kind of invitation you send—and this applies also to your enclosures and personal stationery—depends on the kind of wedding you have planned and how much you have allotted for this in your budget.

Traditional, formal wedding invitations are engraved on white or ivory paper, and come with two envelopes (one to protect the invitation and one for mailing), plus a tissue to cover the engraving.

Several kinds of enclosures accompany wedding invitations: response cards (widely used, though still frowned on by some wedding etiquette experts), reception cards, reserved pew cards (also called "within the ribbons cards"), at-home cards, and even a map showing how to get to the wedding or reception.

In recent years, the etiquette surrounding invitations has become increasingly casual. Many brides today opt for printing (often done by an inexpensive photo process) rather than engraving, pastel rather than white or ivory paper, one envelope rather than two, and no tissue. The invitation to the reception is often printed on one card, and the most popular enclosure is an R.S.V.P. card, which is usually mailed with a small, stamped and addressed return envelope. There are even printing processes that produce a raised type similar to that of engraving.

Engraved white or ivory invitations are still *de rigueur* for a formal wedding, but you can have a traditional invitation for far less expense these days. If you are not sure whether you want—or can afford—engraved or printed invitations and enclosure cards, get estimates for both and then decide. Word-of-mouth from other brides and the Yellow Pages (look under *printers* and *engravers*) are a good way to find potential suppliers. Large department stores and full-line stationery stores also sell wedding invitations and personal stationery.

To save time, make your initial contact by phone. That way, you can find out whether the supplier has what you are looking for, and whether his price range is in the ballpark for your budget. The next step is to make appointments with several printers and engravers to see samples of their work.

All About Announcements

Wedding announcements are mailed after the wedding to persons who were not invited to the wedding, but whom you nonetheless want to know of your marriage. At-home cards (giving your new address) are also included with announcements if you want. They look like wedding invitations in format and can be ordered from either a printer or an engraver—in fact, everything that was just said about the invitations also applies to the announcements.

All About Personal Stationery

Many brides also order some personal stationery when they order their invitations. It's used to write thank-you notes for gifts and other favors, possibly for invitations if the wedding is small enough, and to announce the impending marriage to close friends and relatives who live far away. Any stationery used before the wedding must bear the bride's maiden name. Personal writing paper monogrammed or printed with the bride's new name and address cannot be used until after the wedding. Today, when so many brides do not change their names when they marry, the etiquette surrounding which name to use and when to use it is greatly simplified. A useful "wardrobe" of writing paper for a new bride might include engraved or printed, monogrammed informals and full-sized writing paper. To figure out how many informals you need, add the guest list for the wedding, the approximate guest list for any showers or pre-wedding festivities where you will receive gifts, and then add another 25 percent for miscellaneous thank-you notes you will send. (You will probably receive a number of gifts from people who weren't invited to the wedding.)

COST

Printed invitations purchased from an instant printer cost anywhere from $25 to $30 per 100 invitations, whether you live in a small town, medium-sized city, or large metropolitan area. You can expect to pay approximately the same for response cards and announcements. If you buy them from a stationer or department store, expect to pay $40 to $80 per 100 for invitations and announcements, and slightly less for enclosures.

In smaller communities, where there tends to be a plate charge more often, plates usually cost about $7 to $8 per line, and engraving for 100 invitations is anywhere from $60 at an individual engraving shop to $100 at the best department store. Enclosures cost $25 to $45, plus plate charge. In a large city, the cost of engraving 100 invitations varies from $100 to

$120, and another $75 to $100 for enclosures; there is often no plate charge. At a status jewelry store known for the fine quality of its engraving, 100 invitations cost $245; response cards and other enclosures were $130, and envelopes for 100 invitations cost $125.

Announcements cost the same as invitations, although you will need a new plate made for them when they are engraved.

Personal stationery (thank-you notes and regular paper) costs anywhere from $6 to $10 per box of ten notes when purchased from your local stationery store to $100 to $130 when engraved with your monogram or name.

SHOPPING HINTS

- Engraving has become something of a luxury today, especially when many printers are able to set type that has the same raised appearance as engraved type.
- The estimates you get may vary widely, and this is one area where price may have little to do with quality, so make your first appointment with the cheapest supplier (assuming you got estimates over the phone) and work upward from there until you find someone who can provide the quality and service you want.
- Find out whether you can save any money by supplying your own paper and envelopes. If you supply your paper and envelopes, shop around on those, too, as prices can vary greatly among different suppliers.
- Ask whether white stock is less expensive than colored stock—it is traditional, after all.
- If the order is not done to your specifications, expect it to be redone—at no cost to you, provided you gave the printer or engraver accurate information with which to work.

- If you plan to include directions to the wedding or reception, it may be cheaper to get these from an instant printer (see the Yellow Pages). Directions can be printed on an inexpensive bond paper, and sometimes they are even photocopied.
- Order more than you need of everything in case your hand slips or the guest list grows. It will be more expensive to order "just a few extras" later on than to include the extras in the original order.
- Don't forget to include the cost of postage in the overall cost of invitations. Wedding invitations are always sent sealed with first-class postage, and you must also provide a stamped return envelope if you include response cards.

Invitations, Etc.

GETTING READY TO SHOP

Number of invitations:_____(Order 5–10% extra.)

Number and kind of enclosures

R.S.V.P. cards_____ with envelopes_____

without envelopes_____

Reception cards_____

At-home cards_____

Announcements_____

Thank-you notes_____

Personal stationery_____

Shopping for Your Wedding 51

COMPARISON SHOPPING SHEET

Name:_____

Address:_____

Telephone:_____

Description of printing or engraving:_____

_____

Cost per 100:_____

Date of appointment to see samples:_____

COMPARISON SHOPPING SHEET

Name:_____

Address:_____

Telephone:_____

Description of printing or engraving:_____

_____

Cost per 100:_____

Date of appointment to see samples:_____

COMPARISON SHOPPING SHEET

Name:_____

Address:_____

Telephone:_____

Description of printing or engraving:_____

_____

Cost per 100:_____

Date of appointment to see samples:_____

FINAL SHOPPING SHEET

Name of supplier: _____

Description of order: Cost

   invitations _____ _____

   announcements _____ _____

   enclosures _____ _____

   pew cards _____ _____

   thank-yous and personal stationery

_____ _____

                                      Total cost: _____

Date ordered: _____

Delivery date: _____
Note delivery date on Bride's Calendar.

All About Calligraphy

Calligraphy is that elaborate handwriting that you sometimes see on menus, place cards, and invitations—including wedding invitations. Before you budget it for your wedding, however, you should know that it really is a luxury. You can address your own invitations and announcements, and simply use your best handwriting. You can even invite your husband-to-be or a couple of close friends to help you and make a party of the addressing session.

If you do decide to have a calligrapher address your invitations, and possibly even your announcements, too, then you should know that calligraphers come in two categories: professionals, who are often quite expensive but who offer a wider variety of handwriting styles, and amateurs, who are less expensive and may only be able to write in one or two styles. If your wedding has an Edwardian theme,

Shopping for Your Wedding 53

and you really want to find someone who can duplicate the intricate and elaborate script of the Edwardians, that is what you should have—which probably means you will have to shop around a bit to find exactly what you want.

COST

Professional calligraphy services charge approximately $1 per line, which comes to $4 an invitation. Independent amateurs charge $1.50 per envelope, and will sometimes give you a package price of $2 for both the envelopes.

SHOPPING HINTS

- Don't be afraid to shop around and get exactly what you want. You will be tempted to hire someone whom you especially like since most calligraphers are one-person businesses, but if this person can't do the style you want, it's best not to settle for something less simply because you like the person.
- If you're splurging but do have a limited budget, have only the invitations addressed and do the announcements yourself.

Calligraphy

GETTING READY TO SHOP

Number of pieces to be addressed:_____

Average number of lines per piece:_____

THE BRIDE'S HANDBOOK

COMPARISON SHOPPING SHEET

Name: _____

Address: _____

Telephone: _____

Description   *Estimated cost*

_____

Date of appointment to see samples: _____

COMPARISON SHOPPING SHEET

Name: _____

Address: _____

Telephone: _____

Description   *Estimated cost*

_____

Date of appointment to see samples: _____

COMPARISON SHOPPING SHEET

Name: _____

Address: _____

Telephone: _____

Description   *Estimated cost*

_____

Date of appointment to see samples: _____

FINAL SHOPPING SHEET

Name:_____

Contact:_____

Description of order   *Firm price*

_____

Date ordered:_____ Delivery date:_____
Note delivery date on Bride's Calendar.

Etc.—Napkins and Matches

Anyone who sells you a reception package is quite likely to throw in the cost of what have become traditional favors at a wedding—cocktail napkins and matches printed with the name of the couple and the date of the wedding. You probably can't buy these from an outside supplier as cheaply as you can get them from the packager. But if you are not buying a package or are planning a home reception, you may have to buy these items on your own. Try to purchase them at the same time you order printed invitations. The same printer can do everything.

COST

Printed napkins cost $10–$15 per 100, and printed matches cost $10–$20 per 100.

SHOPPING HINTS

- If you order your invitations from an engraver, he will also order napkins and matches (probably printed rather than engraved) for you, but they won't be cheap. Better to find your own instant printer.
- Prices won't vary much, so choose the instant printer whose quality, service, or location you like.

- If you have placed a big order with a printer or engraver, you should ask to have some or all of the napkins or matches thrown in as a bonus. It might work.
- Skip this entirely if you're watching your budget; no one will notice.

Etc.—Napkins and Matches

COMPARISON SHOPPING SHEET

Name:_____

Address:_____

Telephone:_____
Description   *Estimated cost*
_____
_____

Date of initial appointment to see samples:_____

COMPARISON SHOPPING SHEET

Name:_____

Address:_____

Telephone:_____
Description   *Estimated cost*
_____
_____

Date of initial appointment to see samples:_____

COMPARISON SHOPPING SHEET

Name:_____

Address:_____

Telephone:_____
Description   *Estimated cost*
_____
_____

Date of initial appointment to see samples:_____

FINAL SHOPPING SHEET

Name: _____

Contact: _____

Description of order   *Estimated cost*

_____

Date ordered: _____   Delivery date: _____
Note delivery date on Bride's Calendar.

The Wedding Clothes

All About the Bride's Outfit

Whether your wedding outfit is a formal gown, a lovely dress, or a tailored suit, you'll undoubtedly want to walk down the aisle in all new clothes. A bridal outfit usually consists of a dress or suit, a headpiece of some kind, shoes, and lingerie (yes, treat yourself!). The more exact details of a bridal outfit depend, to some extent, on the kind of wedding that is planned.

For an informal or at-home wedding, the bride may bypass a formal wedding gown and veil and get married in street clothes. For an evening wedding, a dressy short or long dress is usual. Gloves are not worn at a home wedding, but you may wear a hat or a short veil if you want to. A garland of flowers adds a festive touch to an informal wedding outfit.

White, of course, is the traditional color of a bride's outfit. This may, however, include shades in ivory or light beige. Some brides also choose pastels like pink or blue.

For a semiformal wedding, brides choose a white, ivory, or light pastel long wedding dress with a veil. The veil is usually not floor length and the dress does not have a train. Instead of a veil, a bride might wear flowers or a hat designed to go with her wedding dress. Gloves are optional; the style and length should suit your dress.

The dress for a formal wedding is similar to that for an informal wedding, except the dress may have a train and be more elaborate (read: expensive).

You can do a little comparison shopping for wedding dresses before you start to visit bridal shops and department stores by looking through bridal magazines to see what is available. The only real way to find out what you like and what flatters you, as well as what you can realistically afford, is to go try on gowns.

A wedding gown must be ordered three months in advance if it is custom-made for you. If it is custom-fitted (most wedding gowns are custom-fitted; only an expensive, designer gown is actually custom-made, and you should know this distinction even if the salespeople do not make it), you should order it at least six weeks in advance and preferably eight or nine weeks.

On your first shopping expedition, do plan to comparison shop. In fact, even if you find the dress of your dreams, don't buy it on the spot. Instead, give yourself a day or two to think over whether you really want this dress, especially if it costs a lot more than you have budgeted. When you do return to make the final selection of your dress, take underwear similar to what you would expect to wear with the dress (a strapless bra, for instance) and take shoes of the heel height you plan to wear—and be sure to try on the dress one more time before you commit yourself to buying it. For the final fitting, you should already have shopped for the actual shoes and lingerie you plan to wear with the dress—and of course, you should wear them during the fitting.

All About the Bridesmaids' Dresses

Once you have chosen your wedding dress, you will want to turn your attention to your attendants' outfits. Attendants usually buy their own clothes and accessories for the wedding, but the bride, often in consultation with her attendants, chooses the outfits and even suggests the accessories she wants.

At any wedding, the attendants' dresses should be the same length as the bride's dress. And their outfits may complement the bride's dress in other ways. If the wedding dress, for example, is Victorian in mood or has some particular feature such as a full skirt or tight-fitting sleeves, the attendants' outfits will often echo this. The one exception to this is the small wedding with one attendant, in which case the bride may select any pretty dress (even if it is not a bridesmaids' dress) or even tell her attendant to go buy whatever she likes. When the bride does this, she may choose a color range or specify the length of the dress.

When selecting bridesmaids' outfits, keep your individual bridesmaids' personalities and tastes in mind, and try to choose clothes that will flatter everyone. If one attendant would look stunning in a shade of beige with peach undertones, but another would not be at all flattered, then you may want to find another shade of beige or perhaps choose another color entirely. It's especially thoughtful to choose bridesmaids' dresses that can be worn on other occasions, and to do this, you might even want to look at pretty dresses that were not designed specifically to be bridesmaids' dresses.

A maid or matron of honor can wear a dress identical to the bridesmaids', but more often, her outfit is distinguished from theirs in some small way. Her dress, for example, may be a shade deeper than theirs or even an entirely different color, or her headpiece or bouquet may be different.

If you have a flower girl, she should, of course, be dressed in clothes that are appropriate for a child. Junior bridesmaids often wear less sophisticated versions of the bridesmaids' dresses. Children and teenagers often go bare-headed or wear flowers in their hair. Their bouquets should also be scaled down accordingly, and an especially nice touch for a flower girl is to have her carry a small basket of flowers.

For an informal or home wedding, the attendant (usually there is only one, or at most, two) wears a pretty dress. It may or may not be a bridesmaid's dress; it may be either long or short, depending upon the time of day the wedding takes place; and it may consist of street clothes if appropriate. The attendant may wear a hat or veiled headpiece, or she can go bareheaded. Gloves are not appropriate at a home wedding.

At a semiformal or formal wedding, the attendants, like the bride, are usually in long dresses. At a semiformal wedding the attendants usually wear short headpieces. At a formal wedding, they may wear headpieces with shoulder or waist-length veils; occasionally, at a very formal wedding, they may wear long veils if the bride also wears one.

COST

The average bride spends about $400 on her dress and headpiece. Bridal gowns can be purchased for anything from a modest $130 to $180 (hard to find, admittedly, but if you're willing to invest time and energy, you can find something in this price range) to an extravagant $500 to $1500 and up for a custom-made dress. Headpieces cost $30 to several hundred dollars, depending on your personal taste. Attendants' dresses cost $60–$120, and flower girl and junior bridesmaids' dresses are $50–$70 and up.

SHOPPING HINTS

- Consider buying a bridesmaid's dress, in white or a pastel, rather than a wedding dress; they cost substantially less.
- Think about renting a wedding dress. For about $75, you can be completely outfitted in a traditional dress and veil.
- Buy a sample dress, especially at the end of the season when dresses may be marked down to make room for the next season's styles.
- For both brides and attendants, to save money, sometimes it's less expensive to buy evening dresses rather than dresses designed specifically to be worn at weddings.
- Make your own headpiece and those of your attendants, or have them made. There's nothing difficult about making a wedding veil—you buy a comb or hat form and attach lace. For a mantilla, you simply trim lace to the shape you want.
- Make your own dress or find a dressmaker to make it and those of your attendants for you.
- Choose a dress that can be altered or cut down later and worn again. An expensive dress will cost less if you can prorate the cost over several wearings.
- Force yourself to shop around. Prices vary greatly depending upon the area where you live and whether you buy from a small, elite specialty shop or a department store.
- If you live in a small town that is near a big city, consider traveling into the city to shop for wedding

clothes. You'll find a larger selection and a greater range of prices.
- Accept an offer to wear a friend's wedding dress or wear an heirloom dress. This is one time when wearing someone else's clothes is hardly taking hand-me-downs—it's a compliment to wear a wedding dress someone else has worn.
- Give yourself a cooling-off period before you make an extravagant splurge.

All About the Groom's Clothes

What the groom wears depends entirely on how formal or informal the wedding is. Today, most grooms and their attendants rent wedding clothes, so while the following descriptions suggest what is appropriate, they may not exactly match what any one menswear rental company may have to offer.

For an informal daytime or evening wedding, the groom wears a dark blue or Oxford gray two- or three-piece suit, a white shirt with a stiff collar, a four-in-hand tie, and black shoes and socks. Alternately, he may choose to wear a blazer with white flannel pants, and black socks and shoes.

For a semiformal wedding, the groom still may wear a dark blue or Oxford gray suit. More often, especially for an evening wedding, he wears black tie, which consists of a black dinner jacket, vest, cummerbund, and pants of the same color, a matching bow tie, and black shoes and socks. (For a few years, colors were fashionable in semiformal menswear, but today that trend is reversing itself, and black tie once again means black tie.)

For a daytime formal wedding, the groom wears an Oxford gray cutaway jacket, striped gray or black pants, a light gray waistcoat, and a starched wing collar with a four-in-hand tie. Plain black shoes and black socks are in order, and gloves, if worn, are gray. A top hat is appropriate with this outfit.

For a formal evening wedding, the groom wears white tie, which consists of a black tailcoat, white waistcoat, formal starched wing-collar shirt, white bow tie, black dress pumps, and black socks. White kid gloves are appropriate, as is a top hat.

All About the Groomsmen's Clothes

The attendants today usually are dressed identically to the groom and to one another, except for an informal wedding, where the men wear their own clothes—dark blue or Oxford gray suits or blazers with flannels, in keeping with what the groom has chosen to wear. The groom's and best man's boutonnieres may be a bit more elaborate than those of the other attendants.

For a formal wedding, where the attendants are wearing their own clothes, the groom traditionally gives his attendants ties and gloves, but where the clothes are rented, these will often come with the rental package.

Ring bearers usually wear short pants if they are under six or seven; long pants, if they are older. A jacket and tie is also appropriate.

COST

Black-tie formal wear for the groom and groomsmen rents for $45–$75, as does white-tie formal wear—except in large cities, where, for some inexplicable reason, white-tie outfits cost $10 to $15 more than black-tie.

SHOPPING HINTS

- If you're really on a tight budget, it may be worthwhile to shop around for clothing rentals. The prices won't vary much, but they may vary enough to make a difference to you, or one place may offer a more complete outfit than another or outfits that are of higher quality.
- Ask for a package price if you get all the clothes at one place.
- Order clothes at least three weeks in advance so you don't have to pay extra for rush-order fittings.
- Use your own accessories—shirts, ties, studs, cuff links—and ask for a reduced price as a result.
- For a less formal wedding, wear your own clothes and let your attendants do the same thing, provided you all can coordinate colors.

Wedding Clothing

GETTING READY TO SHOP

Dress size:_____

Amount budgeted:_____

Shopping for Your Wedding

COMPARISON SHOPPING SHEET

Name of store: _____

Address: _____

Telephone: _____

Date of initial meeting: _____
Description of dresses seen   *Cost*

_____

_____

Notes on services (number of fittings, pressing, delivery):

_____

_____

COMPARISON SHOPPING SHEET

Name of store: _____

Address: _____

Telephone: _____

Date of initial meeting: _____
Description of dresses seen   *Cost*

_____

_____

Notes on services (number of fittings, pressing, delivery):

_____

_____

THE BRIDE'S HANDBOOK

COMPARISON SHOPPING SHEET

Name of store: _____

Address: _____

Telephone: _____

Date of initial meeting: _____

Description of dresses seen   *Cost*

_____   _____

_____   _____

Notes on services (number of fittings, pressing, delivery):

_____

_____

COMPARISON SHOPPING SHEET

Name of store: _____

Address: _____

Telephone: _____

Date of initial meeting: _____

Description of dresses seen   *Cost*

_____   _____

_____   _____

Notes on services (number of fittings, pressing, delivery):

_____

_____

FINAL SHOPPING SHEET

Name:_____

Contact:_____

Dress   Style or number:_____ Cost:_____

            Designer:_____

            Size:_____

Headpiece Style or number:_____ Cost:_____

            Designer:_____

            Size:_____

List accessories needed before final fitting:_____

_____

Date ordered:_____ Pickup date:_____

Deposit:_____ Balance:_____ Due by:_____

Note dates of fittings on Bride's Calendar.

Attendants' Dresses

GETTING READY TO SHOP

Attendant's name:_____ Dress size:_____

Attendant's name:_____ Dress size:_____

Attendant's name:_____ Dress size:_____

Attendant's name:_____ Dress size:_____

THE BRIDE'S HANDBOOK

COMPARISON SHOPPING SHEET

Name: _____

Address: _____

Telephone: _____

Date of initial meeting: _____

Description of dresses and headpieces   Cost

_____   _____

_____   _____

_____   _____

_____   _____

COMPARISON SHOPPING SHEET

Name: _____

Address: _____

Telephone: _____

Date of initial meeting: _____

Description of dresses and headpieces   Cost

_____   _____

_____   _____

_____   _____

_____   _____

COMPARISON SHOPPING SHEET

Name:_____

Address:_____

Telephone:_____

Date of initial meeting:_____

Description of dresses and headpieces   *Cost*

_____   _____

_____   _____

_____   _____

_____   _____

COMPARISON SHOPPING SHEET

Name:_____

Address:_____

Telephone:_____

Date of initial meeting:_____

Description of dresses and headpieces   *Cost*

_____   _____

_____   _____

_____   _____

_____   _____

THE BRIDE'S HANDBOOK

FINAL SHOPPING SHEET

Name of store: _____

Salesperson: _____

Dress Style or number: _____ Cost: _____

Color(s): _____

Sizes ordered: _____

Headpieces Style or number: _____ Cost: _____

Color(s): _____

Sizes: _____

List accessories needed before final fitting: _____
_____

Date ordered: _____ Pickup date: _____

Deposit: _____ Balance: _____ Due by: _____
Note date of fittings on Bride's Calendar.

Groom's Wear

GETTING READY TO SHOP

Name: _____ Size: _____

Name: _____ Size: _____

Name: _____ Size: _____

Name: _____ Size: _____

COMPARISON SHOPPING SHEET

Name of store: _____

Address: _____

Telephone: _____

Description of clothes   Cost

_____ _____

_____ _____

_____ _____

_____ _____

COMPARISON SHOPPING SHEET

Name of store: _____

Address: _____

Telephone: _____

Description of clothes   Cost

_____ _____

_____ _____

_____ _____

_____ _____

FINAL SHOPPING SHEET

Name of supplier: _____

Salesperson: _____

Description of outfits ordered: _____

Colors: _____ Cost: _____

Sizes: _____

List accessories needed: _____

Date ordered: _____ Pickup date: _____

Deposit: _____ Balance: _____ Due by: _____

Note dates of fittings on Bride's Calendar.

Your Wedding Photos

All About Wedding Photography

You only get one shot at your wedding photographs, and they're your most important keepsake apart from your memories, so they should be done exactly to your taste. Accidents do happen, and wedding photos are botched as a result, but there are some steps to take that will help minimize the risk and insure that you are buying the quality you want.

The first step is to know what you want from your wedding photography. Most wedding pictures consist of a formal wedding portrait, in color, plus a black-and-white glossy that can be submitted to the local newspaper, and candids (which include the traditional posed pictures of the wedding party) taken before and during the ceremony and during the reception. There are many variations on this standard package. Some photographers will offer a package price that covers a set number of candids plus the formal portrait. Beyond that, you are charged—either reasonably or outrageously—for any extra photos you order. Some photographers don't have a package price, but let brides and grooms order whatever they want on an individual basis.

Start your search for a photographer by drawing up a list of possible photographers whom you might use. Ask friends who've gotten married recently and check under "Wedding Photographers" in the Yellow Pages. By the way, you should shop early, especially if you think you may want the best or most popular wedding photographer in town (the two are not always mutually inclusive, and you should keep this in mind as you comparison shop); these people are often booked as much as a year in advance, especially during the popular wedding months around Christmas and June through August. As soon as you have compiled a list of prospective photographers, call and make appointments to see each one. It's not a good idea to get estimates by phone—you really need to visit the studios and check things out personally.

Remember that photography is both a service and a product business, so you should see samples of the work and also check out the personality of the staff. You don't want your wedding guests pushed around by an over-eager or bossy photographer.

Go to the first visit with a list of the photos you want, and let each photographer give you a price on them. That way, you're less likely to be confused or misled by package prices. Do get package prices, too, though.

Whether or not you're talking about a package price, find out what will be included. How many copies of formal portraits will you get? Will a black-and-white glossy be included for the papers? Does the price, especially a package price, cover only proofs, and must individual prints be ordered separately and at extra cost? If a package price is offered for a "wedding album" (a typical arrangement), who picks the photos for the album—you or the photographer?

Once you've gotten all the answers to your questions and decided on a photographer, meet with him or her to work out a time schedule and draw up a letter of agreement or a contract. You may want to draw up a separate list of the photos you have agreed on as well as the times they will be taken. Let the photographer know any personal prejudices or strong desires you may have—no garter shots, for example, but definitely one of your sister's face as she catches your bouquet.

COST

Photographer's fees are perhaps the most difficult of all the wedding costs to pin down because what you get varies so much from photographer to photographer. Most brides spend around $800 on wedding photography. The wedding portrait, if not included, usually costs $100–$150, and includes at least one color print and one or two black-and-white glossies suitable for reproduction in a newspaper announcement.

Of the photographers who offered package prices in the $500 to $600 range, most packages consisted of a wedding album of twenty to thirty color photos. Of those who offered a package price in the $700 to $800 range, the package usually included thirty to eighty photographs. For those brides who may be shying away from "the" wedding photographer in town, take note: The stars were not necessarily the most expensive. If their prices were higher, they often offered a bigger package as a result.

SHOPPING HINTS

- Always see sample wedding albums—not just pictures—before you settle on a photographer. Also ask to see any albums taken where your wedding will be held; they may give you some ideas.
- Be sure the photos you see were taken by a photographer who is still on staff and available to photograph your wedding.
- Take your time choosing photographers. Visit him or her two or three times, if necessary, to get all your questions answered and to be sure you know what you are getting.

- This is an area where you are most likely to encounter high pressure; try to resist it as much as possible.
- Compare package prices very carefully. There may be a real difference and the cheapest may not always be the best buy.
- Find out what additional prints will cost if you order them several weeks or months after making your initial purchase.
- To cut corners, ask several friends to take photos—but do get several so you're not relying on one amateur, and do make sure the people you select are willing to sacrifice being part of the festivities to take your wedding photos.
- Alternately, reduce the list of photos you request from the professional and ask friends to fill in on the extra shots.
- Some wedding photographers now offer videotaping services—ask about a combined price.

All About Videotaping

It is, literally, a movie of your wedding. Before you can make plans to videotape, however, check to see whether your church or temple has any restrictions against this. Having a camera going and lights on throughout your wedding does change the mood somewhat, so be sure that you are willing to sacrifice this amount of intimacy. A videotape of your wedding can be simple or complex: There may be one camera focused on the altar, or there may be several cameras to film you at the altar, your attendants, and even your guests. Be sure to meet with the videotaper you choose to talk about what you want. The more you contribute, the more likely you are to get exactly what you want.

COST

A two-hour quality videotape runs $500 and up.

SHOPPING HINTS

- Get a written contract, specifying what will be shot, how many cameras will be used, how much editing will be done.
- Follow a simple story line that requires no editing, and you will save a lot of money.
- Another way to save money is to use one camera instead of two.
- Consider the cost of playback equipment, which is expensive. See if you can get a one-time loan included in the overall price.
- See samples of the work before you buy it—especially samples of what you are buying. Check the quality of color and editing. And if you are not buying any editing, then don't look at sample tapes that have been edited—or if you do, realize that you will not be getting anything so technically sophisticated.

Photography

GETTING READY TO SHOP

Amount allotted for photography:_____

Amount allotted for video:_____
Draw up list of photos you want.

COMPARISON SHOPPING SHEET

Name of photographer: _____

Address: _____

Telephone: _____

Date of initial meeting: _____

Description of package or individual photos	*Cost*
_____	_____
_____	_____
_____	_____
_____	_____

Price of formal wedding portrait, if not included: _____

    Number of 4/color prints: _____ Number of b/w prints: _____

Reorder prices: _____

COMPARISON SHOPPING SHEET

Name of photographer: _____

Address: _____

Telephone: _____

Date of initial meeting: _____

Description of package or individual photos	*Cost*
_____	_____
_____	_____
_____	_____
_____	_____

Price of formal wedding portrait, if not included: _____

    Number of 4/color prints: _____ Number of b/w prints: _____

Reorder prices: _____

COMPARISON SHOPPING SHEET

Name of photographer: _____

Address: _____

Telephone: _____

Date of initial meeting: _____

Description of package or individual photos   *Cost*

_____ _____

_____ _____

_____ _____

_____ _____

Price of formal wedding portrait, if not included: _____

    Number of 4/color prints: _____ Number of b/w prints: _____

Reorder prices: _____

FINAL SHOPPING SHEET

Name: _____

Contact: _____

Description of purchase   *Cost*

_____ _____

Extras: (description and cost) _____
Notes on special arrangements and changes in contract:

_____

_____

Note dates of appointments on Bride's Calendar.

The Ceremony

All About the Ceremony

Protestants and Catholics are often married in churches, and Jews are married in temples or synagogues sometimes but also are often married in reception halls, hotels, or clubs. If you or your family belong to a church or synagogue, then that is probably where you will be married. On the other hand, if you live and will be married in a community other than where your parents live, then you may be able to "shop around" for a place to hold the ceremony. The newest trend is to be married in an old, charming church or some other historical site—an old inn or town hall or even a lovely public garden. One thing to keep in mind, though, if you are considering an outdoor site, is the weather. You may feel so blessed that you are sure it won't possibly rain on your wedding day, but rain has fallen on many a bride's special day—so if you are considering an outdoor site, be sure to have an alternate location that is available should Mother Nature interfere with your first choice.

The key people involved in the ceremony—who will expect to be paid for their work—are the clergyperson, the organist (if you decide to use the church or synagogue musician), and perhaps a church sexton.

Since many churches are booked a year or more in advance, if you have your heart set on a special one, you should call to request a meeting with the clergyperson as soon as possible after you have decided to get married. At the first meeting you should ask about the "rules" for getting married in this church or synagogue. Find out, for example, whether you can have an evening wedding if you want one, whether you can use candles anywhere other than on the altar, whether you can wear a low-cut or short-sleeved dress, whether the ceremony itself can be photographed or even videotaped, whether the clergyperson will come to another site to marry you.

If you are actually shopping around for a place in which to be married, end the meeting by thanking the clergyperson for his or her time and saying that you will call back as soon as you have made a firm decision. Remember that "shopping around" for a place to be married does not exactly please the clergy, with good reason, since they prefer to marry people who are members of their congregations. Try to be tactful and avoid letting the clergyperson know that you are heading off to look at three other houses of worship that same day. And to be perfectly realistic, you probably should not expect to shop around very much for a church, temple, or synagogue; if you find a clergyperson with whom you are compatible and who is willing to marry you, you would do well to settle on him or her right then and there.

COST

Some churches and synagogues marry members for free, but more often these days, there is a flat-fee charge for use of the sanctuary or chapel, in addition to the token fees paid for services. In a large "society" church, expect to pay $150 to $250 to be married in the sanctuary, about half that to be married in the chapel. In most other churches, the average fee is

$30 to $85 for the sanctuary; half that, but no less than $25, for the chapel.

The minister receives $50 to $150, depending on the size of the church; the church musician receives the same or possibly $10 to $20 less, depending upon how much time he spends working with you on the music; and the sexton receives $10 to $20 less than the minister.

SHOPPING HINTS

- Ask about having the reception in the church or synagogue parlor—it may be the best deal you'll find if you have a modest budget. Often the church will make arrangements to supply punch and other beverages (nonalcoholic, to be sure), tea sandwiches, and wedding cake.
- If you don't already belong to a church or synagogue, shop for a ceremony site that is pretty *and* reasonable.
- If you do have your heart set on being married in the largest church around, be practical about it, especially if you're planning a small wedding, and consider the chapel. (After all, 30 people or even 100 people can look pretty silly trying to fill a huge sanctuary, whereas a chapel filled with 30 to 100 people can be wonderfully intimate.)
- Look around for a pretty garden open to the public or an unusual historical building (often a church) in which to hold your wedding. Sometimes these sites are free; sometimes you are charged the usual per-person admission fee of $1 to $2; and sometimes there is a flat fee of $100 to $200.

All About the Ceremony Music

Before planning any music for the ceremony, you must check with the clergyperson to see what is permitted. You may be obligated to use the church organist, although this is rare. More common is to restrict your choice of music or to strongly advise that you choose only religious music. Many clergypersons and church musicians try to discourage two secular pieces of music that have nonetheless been popular with brides for several decades—the Wagner and Mendelssohn wedding marches. If you have your heart set on either of these pieces, though, stick by your choice, but first, listen to some of the other possibilities. Remember you can mix styles of music, too, perhaps by choosing a gospel such as "Amazing Grace" and an interesting piece of more traditional liturgical music.

In choosing musicians, particularly if you are planning any serious classical music, quality really matters, and you certainly do get what you pay for. There is no reason to skimp on the kind of music you want, but you may consider hiring one musician rather than two or three. Again, you may decide to go with something other than the traditional church organist and hire, for example, a guitarist, a violinist, or a pianist.

The kind of music you plan for your ceremony has little to do with the formality of your wedding. Very posh formal weddings are often conducted with the church organist, and very simple, intimate weddings, when the bride and groom care very much about music, may be real musical feasts complete with a string quartet.

The ideal way to find good musicians is to have attended a wedding and heard something played that is just what you want for your own wedding. If life hasn't been quite that serendipitous to you, word of mouth is another good way to find musicians. Or you might call the business manager of your local symphony to ask for some names.

COST

When you have lined up some possible musicians, it is time to think about what you will have to pay them. As noted elsewhere, the church organist or musician usually receives the same or $10 to $20 less than the minister; usually he is paid about $30 to $80. A classically trained musician charges approximately $100 an hour to play for a wedding. For more about musicians, see *All About Reception Music*.

SHOPPING HINTS

- Consider hiring musicians—usually singers—from the church choir. They may be less expensive than professionals.
- Also consider hiring students from a good music school. They, too, will possibly be less expensive than professional musicians.
- You always get what you pay for with music, so be sure to audition whomever you are thinking of hiring.
- Especially if you hire someone from the church or a student, you may not have a written contract, but you should still be very specific and put in writing what you expect to have played and when.
- If a musician, including the church organist, is not comfortable with the music you have chosen, then find another musician immediately. If it does not save money, it saves time and reduces the chances for disappointment.
- The least expensive kind of music for the ceremony is a tape; the next possibility is to hire one musician, preferably a very good amateur.

Ceremony
COMPARISON SHOPPING SHEET

Name of church or synagogue:_____

Name of clergy:_____

Address:_____

Telephone:_____

Date of initial meeting:_____

Description of sanctuary or room where ceremony may be held:_____

_____

Restrictions, if any:_____

Possible dates and times to hold ceremony:_____

_____

Fees   church or synagogue:_____
            clergy:_____
            sexton:_____
            musician:_____

COMPARISON SHOPPING SHEET

Name of church or synagogue:_____

Name of clergy:_____

Address:_____

Telephone:_____

Date of initial meeting:_____

Description of sanctuary or room where ceremony may be held:_____

_____

Restrictions, if any:_____

Possible dates and times to hold ceremony:_____

_____

Fees   church or synagogue:_____
       clergy:_____
       sexton:_____
       musician:_____

FINAL SHOPPING SHEET

Name of church or synagogue:_____
Name of clergy or contact:_____
Fees   church:_____ clergy:_____
       sexton:_____ musician:_____
Note dates of appointments on Bride's Calendar.

Ceremony Music

COMPARISON SHOPPING SHEET

Name of musician:_____
Address:_____
Telephone:_____
Date of initial meeting:_____
Instrument:_____ Cost:_____
Suggestions:_____
_____
Restrictions:_____
_____

THE BRIDE'S HANDBOOK

COMPARISON SHOPPING SHEET

Name of musician: _____

Address: _____

Telephone: _____

Date of initial meeting: _____

Instrument: _____ Cost: _____

Suggestions: _____

_____

Restrictions: _____

_____

FINAL SHOPPING SHEET

Name: _____

Choice of music: _____

_____

_____

Cost: _____

Notes: _____

_____

Note dates of appointments on Bride's Calendar.

The Reception

Your skill as a consumer will never serve you better than when you are planning your wedding reception. This is the biggest single chunk of money you will spend, and it is also the area where a lack of quality will be most obvious. Whether you buy a package or pull together the various elements of a reception on your own, you will need to shop very carefully and to think about what you are buying before you make any major decisions.

Too often, brides think that a limited budget means they must have a limited—and not very festive—reception, but this is hardly the case. Whatever you can afford to spend, your reception can still be a lovely party.

According to very strict etiquette, you need not invite everyone to the reception whom you have invited to the wedding. Practically speaking, it is better to pare down the guest list and invite everyone to both, or if your wedding is very small and private, at least to invite people to the party to celebrate your marriage.

As you begin to plan your reception, there are three major areas of concern: choosing the reception site, selecting the menu, and arranging for the beverages.

All About the Reception Site

Choosing the right kind of reception—held in the right place—may be even more difficult than planning the ceremony for you. If this is the case, you will want to start planning your wedding by organizing the reception—that is, by lining up the place and time of day and then planning the ceremony after this has been settled. Caterers, reception halls, hotels, and private clubs where weddings are usually held are often booked months in advance, so start shopping as soon as you get engaged, unless you plan to have a home reception.

Begin by drawing up a list of possible places where you might hold your reception. Ask friends who have recently married whether they were satisfied with the place they chose, check the Yellow Pages, and just get in the car and scout around for potential sites.

Next, make appointments to visit the sites. If at all possible, schedule your appointments for the time of day you hope to be married. Check out the size of the room to see whether it will hold the number of people you plan to invite. It's just as important that a room not be too large as it is to choose one that is not too small. You don't want your guests to feel lost and isolated, nor do you want them to be cramped—especially if you're getting married in the summer when temperatures can soar. Check out the ventilation—whether or not the room has adequate heat or air conditioning. Check the lighting. Finally, stand in the room and see whether it feels right to you. Can you create the kind of atmosphere you want in this room?

If you are planning a sit-down dinner, find out whether you can receive your guests in one room and dine in another. That way, you and your guests won't be confronted with the remnants of cocktail hour as you dine and dance the afternoon or evening away.

On your first visit, don't sign anything—don't commit yourself to anything. Just look around and talk with the manager of the hall or room to find out what will be available to you if you decide to hold your reception here. Be wary of the overly ambitious salesperson who pushes you for a speedy decision. The room should sell itself. Either it is what you want or it isn't. Incidentally, if you see immediately that the room is not right for you, say so. Don't waste your time and the salesperson's time.

As a rule, you will have to book any room that is often used for weddings at a "standard" wedding time. The room—and for that matter, the caterer and others supplying your wedding—will probably be handling more than one wedding on your wedding day. Usually, they work a wedding in the morning or at noon, one during the afternoon, and one in the evening, if they can. Thus, if you plan your wedding for 3 P.M., you will span the times for an afternoon and an evening wedding. You may find yourself having trouble booking a room at those hours, or you may find that it is suddenly far more expensive than if you booked at a standard wedding time.

If you are booking just the room and will buy the food and beverages from an outside supplier, you can book the room as soon as you have found what you are looking for. If, as is often the case with reception halls, hotels, and clubs, you will also be buying food and beverages from them, possibly in a package, then you will have to consider everything else at the same time you settle on a reception site.

All About Food

There are lots of ways to order the food for your reception, and, of course, what you order depends on the time of day you hold the reception. Breakfast is usually served for a morning or noon wedding, tea or a stand-up buffet for an afternoon wedding, and dinner is not only served but is usually expected at an evening wedding—anything held after 6 P.M.

As already mentioned, you can buy a package—that is, strike a deal that includes the room, food, and beverages. Or you can rent a room and bring in your own caterer. Or you can use the caterer to supply some of the food and you supply the rest (this is often done for home receptions). The particular combination you choose depends on your budget and what's available to you. It also depends to some extent on how much free time you have. Most brides who can afford to do so prefer to concentrate on themselves and let outside suppliers take care of the reception food and drinks. If you have a very tight budget, though, you may decide to do more for yourself, and you will buy from individual suppliers (whoever provides the best price and quality) rather than buying a package.

However you decide to buy the food and beverages for your reception, you should be aware that there are basically three kinds of food plans. Caterers and room and hotel managers will tend to divide things this way, and it will help you to do so if you are organizing your reception on your own.

The least expensive food you can plan is a tea or stand-up buffet. Best for an early or a late afternoon wedding, it usually consists of hors d'oeuvres and/or canapes and wedding cake. In the same price range, you also might serve cold cuts and salads.

The next level of food services is a sit-down buffet

dinner. At this type of meal, guests serve themselves (and you save on waiters' costs) and then carry the food to tables. Depending upon the time of day, this could be a cocktail spread or you may have to serve a more substantial meal.

The most elaborate kind of reception you can plan, and it's expected for a formal wedding and even an elaborate semiformal one, is a four- or five-course sit-down dinner. Your choice of food does help to keep the costs in line, but this kind of meal is usually expensive. If cost is no problem, you might serve filet mignon, prime rib, or lobster. If your budget is somewhat limited, consider serving chicken or fish or a chafing-dish entree.

When you sit down to discuss the menu with someone, whether it is an outside caterer or the catering service that comes with the room, ask lots of questions so you really know what you are getting. Study all the possible menus and ask to sample some of the foods you are considering. Find out, for instance, whether your guests can have a choice of dishes, whether you can make substitutions in a basic menu and at what cost to you, what you get with a no-frills menu, what you get if you create your own menu, what kind of service will be provided, whether a service charge is already included in the bill, and if so, whether you will be expected to tip more. It's also important to find out when you must supply a final head count of the number of guests you will be expecting. Some caterers want this as much as a week before the wedding, which can be a problem if your family and friends are rather relaxed about responding, and others don't require a final head count until about forty-eight hours before the reception.

Be sure to ask about cancellation fees. Most caterers and hotel catering services will have a standard cancellation fee in their contracts (and it is often limited by state law), but there is sometimes room for negotiating even this. For example, you can try to add a clause stating that, should you cancel, your cancellation fee will be reduced if the room is rebooked. When talking about contracts, you should also find out exactly how long the room will be available to you, as well as how much overtime will cost.

When discussing service, be sure the caterer will provide enough people to handle your guests graciously. This means about one bartender for every fifty people, a waiter for every ten people, and a server for every major food dish at a buffet table.

Hotel caterers and reception halls can supply you with lots of things you may not even have thought about and don't want to have to think about: dishes, glassware, tables, chairs, monogrammed napkins and matches, wedding cake, and wedding cake favors. If you buy a package, they also may supply you with some things you didn't think you were buying from them, such as their floral centerpieces or their photographer; so when you discuss packages, be sure to find out exactly what is included. If something you don't want is included, be sure it is written out of the contract that you sign. And if you have added anything, be sure it is written into the contract.

When comparison shopping, take the time to get prices for packages as well as for individual menus, and you should also get estimates for several different sizes of guest lists, especially when you're still in the early stages of planning and organizing. Then take all the information home with you, where you can spread it out and study it at your leisure before you make any decisions. Sometimes, the package price that looked so good when a salesperson was touting it is not really the best buy for you, after all.

Look especially carefully at no-frills packages. They may be so bare-boned that you ultimately won't be able to live with one of them, and anything extra may be outrageously priced—so that you would have been better off with the more expensive package anyway.

Think about negotiating regardless of whether or not you are buying a package. If you have done your comparison shopping, this will be especially easy for you to do since you will have a good fix on what things really cost. For example, you may know that the wedding cake at the hotel you are about to choose is really expensive, so you can try to bargain for a better price. You can either negotiate area by area or you can attempt to get the overall price reduced. The bigger the reception you are planning, that is, the more you are going to spend, the more room you will have to negotiate in. Even so, many established places still won't negotiate with you, except during a very slow season or a slow year. A newly established place will always be more eager for your business and, thus, more willing to negotiate.

An outside caterer should come to your home or to the reception room with you at an early stage of planning, as this will give him many ideas about the kind of food and service that is best suited to the room. Especially if you are planning a home reception, the caterer should take a look at the kitchen, as well as the serving and cooking dishes that are available for his use. Even if it costs extra, let him cook and serve with his own dishes if that's what he or she suggests. You probably aren't well-equipped for a party of this size, and it would only create an added expense to equip yourself.

If you are planning a home reception to save money, keep in mind that the food will probably be the highlight of the party since there probably won't be live music or dancing or a lovely setting. (Your home may be a lovely setting, but presumably it will not be anything your friends and relatives haven't seen before.)

As a general rule, when you use a caterer to plan a home reception, you may still want to do a lot of things yourself and buy many things individually. For example, you may let the caterer provide all or part of the food, while you buy the cake, rent the chairs and tables, borrow dishes, glasses, and flatware, and so on.

A final hint: Regardless of whether you are planning a reception in a hotel or reception hall or at home, do ask for and take the caterer's advice. After all, he or she is an expert and will have many good suggestions for you.

COST

As might be expected, prices are higher in large cities than anywhere outside metropolitan regions. A rock-bottom priced caterer in a large city charges $7.50–$10 per person for hors d'oeuvres or for a hot buffet. (The "hot buffet" is essentially cocktail food but is substantial enough so that guests can make a meal of it.) A sit-down dinner costs $10–$20 per person. Liquor costs would then be additional.

In restaurants and hotels that frequently cater weddings on their premises, cocktails and hors d'oeuvres run $15 to $35 per person in metropolitan areas. A buffet dinner costs $15–$40 per person, depending upon the type of food and service you request. Sit-down dinners average $35–$50 and sometimes run as high as $100 to $125 per person if a separate room is ordered and special foods not on the regular menu are selected.

In large cities, receptions are sometimes held in reception halls. The cost of the room is usually included, and most reception halls offer a variety of package prices on food and beverages. Prices are fairly similar from one place to the next, although some halls are known to provide better quality than others. Typically, a package for an informal or semiformal afternoon reception that includes domestic champagne and hors d'ouevres, with minimal service, would cost between $12 and $22 per person. A typical package for a formal wedding—that is, a sit-down dinner—that includes an open bar and hors d'oeuvres, chicken or fish dinners and wine with dinner, and a champagne toast would cost from $15 to $40 at a reception hall. If roast beef or prime rib are ordered, the price range will be from $20 to $50 per person.

Outside the metropolitan areas, an inexpensive caterer charges $3–$5 per person for hors d'oeuvres, and a buffet dinner is $9–$12. A fancier caterer or hotel typically charges $7–$10 for hors d'oeuvres, $12–$15 for a buffet dinner, and for a sit-down dinner, $15–$25.

SHOPPING HINTS

- An afternoon reception may be less expensive than an evening one.
- When working on a limited budget with a caterer, order only the main dishes, and you or a friend can make the side dishes and salads.
- Plan foods creatively. For example, not only will a wedding breakfast cost less than a wedding dinner, but crepes and an assortment of jams will be cheaper than omelets.
- Chafing-dish foods will provide a less expensive main course than will a roast or a ham.
- Think about planning an ethnic meal; they're usually cheaper than the traditional food served at a sit-down or buffet dinner.
- If you are having a small reception but still plan to hold it in a public place, consider a restaurant rather than a hotel or reception room. Don't take a separate room (that escalates the cost) and do order from the regular menu.
- Rather than using an unimaginative cut-rate caterer, use the best caterer you can possibly afford and then order his least expensive food. If he's any good, it will still be imaginative and of high quality.

- Ask for a guaranteed price if you're booking a room or caterer months in advance. That way, you can avoid the tacked-on inflation fee that some rooms and caterers add later.
- Any time you ask for "customized" services, find out what they will cost.
- If you make any changes in a package price, be sure to put them in writing, including the cost and cancellation arrangements.
- Do not sign any contract that does not allow you to cancel and to get most of your money back upon cancellation.
- When you draw up a contract for food, specify exactly what you are ordering, that is, five dozen watercress sandwiches, ten dozen cocktail franks, and so on.
- Do the same for the liquor, specifying quantity and brand.
- Read the contract carefully—this will probably be your single biggest purchase and the most complicated contract you will sign.

Reception

GETTING READY TO SHOP

Amount budgeted per person:_____

Tentative number of guests:_____

COMPARISON SHOPPING SHEET

Name: _____
Address: _____
Telephone: _____
Times and dates available: _____
_____
_____
Description of facilities: _____
_____
_____

Food and/or beverage packages (describe and list prices):

Cocktail buffet
  food _____
  beverages _____

Stand-up buffet
  food _____
  beverages _____

Sit-down dinner
  food _____
  beverages _____

Set-up/Corking fee _____
Open bar _____
Champagne toasts _____
Food service (describe): _____
_____
_____

Extras included in package (note whether optional or nonoptional):
_____
_____

Favors supplied (wedding cake boxes, matches, napkins):
  Yes _____ Cost _____
  No _____

Wedding cake—see page 125

COMPARISON SHOPPING SHEET

Name: _____
Address: _____
Telephone: _____
Times and dates available: _____ _____
　　　　　　　　　　　　　　　 _____ _____
　　　　　　　　　　　　　　　 _____ _____

Description of facilities: _____
_____

Food and/or beverage packages (describe and list prices):
Cocktail buffet
　food_____
　beverages_____
Stand-up buffet
　food_____
　beverages_____
Sit-down dinner
　food_____
　beverages_____
Set-up/Corking fee_____
Open bar_____
Champagne toasts_____
Food service (describe): _____
_____

Extras included in package (note whether optional or nonoptional):
_____

Favors supplied (wedding cake boxes, matches, napkins):
　Yes ____　Cost_____
　No ____
Wedding cake—see page 125

COMPARISON SHOPPING SHEET

Name: _____
Address: _____
Telephone: _____
Times and dates available: _____ _____
_____ _____
_____ _____

Description of facilities: _____
_____
_____

Food and/or beverage packages (describe and list prices):
Cocktail buffet
   food_____
   beverages_____
Stand-up buffet
   food_____
   beverages_____
Sit-down dinner
   food_____
   beverages_____
Set-up/Corking fee_____
Open bar_____
Champagne toasts_____
Food service (describe):_____
_____
_____

Extras included in package (note whether optional or nonoptional):
_____
_____

Favors supplied (wedding cake boxes, matches, napkins):
   Yes ____ Cost_____
   No ____
Wedding cake—see page 125

COMPARISON SHOPPING SHEET

Name: _____
Address: _____
Telephone: _____
Times and dates available: _____
_____
_____

Description of facilities: _____
_____
_____

Food and/or beverage packages (describe and list prices):
Cocktail buffet
   food_____
   beverages_____
Stand-up buffet
   food_____
   beverages_____
Sit-down dinner
   food_____
   beverages_____
Set-up/Corking fee_____
Open bar_____
Champagne toasts_____
Food service (describe): _____
_____
_____

Extras included in package (note whether optional or nonoptional):
_____
_____

Favors supplied (wedding cake boxes, matches, napkins):
   Yes ____ Cost_____
   No ____
Wedding cake—see page 125

FINAL SHOPPING SHEET

Name:_____

Contact:_____

Time and date for reception:_____

Number of hours facility is available:_____

Food service ordered:_____ Cost:_____
_____

Beverage service ordered:_____ Cost:_____
_____

Extras ordered:_____ Cost:_____
Note any special arrangements or changes in contract:
_____
_____

Deposit:_____ Balance:_____ Due by:_____
Note appointments on Bride's Calendar.

All About the Beverages

Unless you abstain for religious reasons, beverages at a wedding usually means something alcoholic, if only a round of champagne with which to toast the bride and groom. This isn't to say that you shouldn't provide soft drinks and punch for the teetotalers—only that this is an occasion for toasting.

Like food, beverages at a wedding come on three levels. The least expensive way to serve them is to provide a champagne punch. This is frequently served at afternoon receptions where the food consists of hors d'ouevres and wedding cake.

In the mid-range, suitable for an informal or semi-formal wedding, you can serve inexpensive wines and a round of champagne for the toasts.

The most expensive beverages you can serve, of course, are imported (usually meaning French) wines and champagne, with an open bar for cocktail hour preceding dinner.

If you want to save on your liquor bills, buy the alcoholic beverages separately by the case. Work out a deal—with the cheapest liquor store you can find—to return unopened bottles, Most hotels and reception halls won't let you bring in outside liquor if they're licensed to sell it, since this is a big profit-making area for them; but if the hall doesn't require that you use their food and beverages—or they don't have a license—you should make your own arrangements if at all possible. You will have to hire bartenders if you supply your own liquor (plan on one for every fifty guests) and you will probably have to pay a corking or bottle fee of $1 to $2 a bottle to the hotel or reception hall.

Even if you do buy the liquor from the caterer or reception hall, specify in writing how many cases of what liquors and what brands you want to buy—then check at some point during the reception to be sure this is what you got. Ask whether or not you can return unopened bottles for credit. If you can't, this could get expensive, and may be an important factor in deciding to hold the reception elsewhere.

COST

An inexpensive caterer charges $4 to $6 per bottle for domestic champagne (obviously bought in large quantities at a big discount) and $9 to $12 for domestic wine. A fancier caterer, who presumably uses a better domestic champagne, charges $12 per bottle, $15–$30 per bottle for imported champagne, and $12 to $30 per bottle for imported wines.

When you order drinks in a restaurant, you are usually charged the regular bar price, anywhere from $2 to $4, depending upon where you live and how fancy the establishment is. Hotels and reception halls also tend to charge by the drink—$2 to $2.50—for an open bar, although occasionally the cost is included in the package. When it is, you should ask how much liquor goes in each drink, and when you find out, you may want to buy the drinks separately, especially if your friends are a drinking crowd. Sometimes the drinks in a package price are strong enough, but the cocktail hour is very short. Again, if this won't satisfy you, break off this part of the package price and negotiate your own deal on your own terms.

Liquor prices vary so much from state to state that it is impossible to give even price ranges on bottles or cases. If you do bring your own liquor or wine, most hotels, caterers, and reception halls will charge the set-up or corking fee of $1–$2. And you'll still have to pay for service.

SHOPPING HINTS

- Consider hiring student bartenders or waiters; they're often well-trained and less expensive than full-time pros.
- To save on the liquor bill, use the house brands.

Beverages

GETTING READY TO SHOP

Number to be served_____
General needs

Wine_____ open bar_____
champagne_____ soft drinks/mixers_____

COMPARISON SHOPPING SHEET

Name:_____

Address:_____

Telephone:_____

Per case cost

   wine—domestic:_____

   wine—imported:_____

   champagne—domestic:_____

   champagne—imported:_____

   liquor—whiskey:_____ scotch:_____

             bourbon:_____ vodka:_____

             gin:_____

   mixers/soft drinks:_____

Return policy on unopened bottles:_____
_____

Discount, if available:_____

Delivery charge:_____

COMPARISON SHOPPING SHEET

Name:_____

Address:_____

Telephone:_____

Per case cost

   wine—domestic:_____

   wine—imported:_____

   champagne—domestic:_____

   champagne—imported:_____

   liquor—whiskey:_____ scotch:_____

           bourbon:_____ vodka:_____

           gin:_____

   mixers/soft drinks:_____

Return policy on unopened bottles:_____

_____

Discount, if available:_____

Delivery charge:_____

COMPARISON SHOPPING SHEET

Name: _____

Address: _____

Telephone: _____

Per case cost

   wine—domestic: _____

   wine—imported: _____

   champagne—domestic: _____

   champagne—imported: _____

   liquor—whiskey: _____ scotch: _____

           bourbon: _____ vodka: _____

           gin: _____

   mixers/soft drinks: _____

Return policy on unopened bottles: _____
_____

Discount, if available: _____

Delivery charge: _____

COMPARISON SHOPPING SHEET

Name: _____

Address: _____

Telephone: _____

Per case cost

  wine—domestic: _____

  wine—imported: _____

  champagne—domestic: _____

  champagne—imported: _____

  liquor—whiskey: _____ scotch: _____

            bourbon: _____ vodka: _____

            gin: _____

  mixers/soft drinks: _____

Return policy on unopened bottles: _____
_____

Discount, if available: _____

Delivery charge: _____

FINAL SHOPPING SHEET

Name: _____

Contact: _____

No. cases ordered

wine: _____ Cost: _____

champagne: _____ Cost: _____

liquor: _____ Cost: _____

soft drinks/mixers: _____ Cost: _____

Total cost: _____

Delivery arrangements: _____

Deposit: _____ Balance: _____ Due by: _____

Note delivery dates on Bride's Calendar.

All About Rentals for a Home Reception

If you decide to have the reception at home, or in a room that doesn't come equipped with tables and chairs or a bar, you will have to rent these things yourself. To find possible suppliers, look in the Yellow Pages. Most of the preliminary work of getting estimates can be done over the phone, and you probably won't find much variation in the charges. Price may not be so much of a factor in deciding which company to use as will be availability and whether delivery and pickup are free.

COST

The cost of renting such things as tables, chairs, and portable bars doesn't vary much throughout the country. Aisle carpets rent for $25 to $50 (in some communities, you rent these from a party supply rental; in others, from the florist). Portable bars rent

Shopping for Your Wedding

from $20 to $30; chairs, for 60¢ to $1.50 each; and tables that seat six to eight people, for $4 to $6 each.

SHOPPING HINTS

- Ask whether or not delivery is free.
- Find out if you must make a deposit.
- Be sure to ask at what time the rentals must be returned to avoid paying for an extra day or half day.

Small Equipment Rentals

GETTING READY TO SHOP

Number of guests: _____

COMPARISON SHOPPING SHEET

Name: _____

Address: _____

Telephone: _____

Description   Number needed   Cost

_____   _____   _____

_____   _____   _____

_____   _____   _____

_____   _____   _____

Delivery and pickup charge: _____

COMPARISON SHOPPING SHEET

Name: _____

Address: _____

Telephone: _____

Description   *Number needed*   *Cost*

_____   _____   _____

_____   _____   _____

_____   _____   _____

_____   _____   _____

Delivery and pickup charge: _____

FINAL SHOPPING SHEET

Name: _____

Contact: _____

Description of order placed   *Number*   *Cost*

_____   _____   _____

_____   _____   _____

_____   _____   _____

                              Total cost: _____

Additional fees: _____

Delivery arrangements: _____

Delivery date: _____

Pickup date: _____

Deposit: _____   Balance: _____   Due by: _____

Note delivery date on Bride's Calendar.

All About the Reception Music

You'll probably want some kind of music playing at your reception, whether it's live or not. Only rarely does a bride use the same musicians for the ceremony and the reception, and with good reason. The music at your reception will be used to create a festive atmosphere; perhaps you'll even want dancing. At the very minimum, it can be used to set the pace. For example, you might play a march as people arrive and go through the reception line, background music as they eat, dance music after the meal, and something slow when it's time to wind down the reception. If you really want a party atmosphere, you might ask the musicians to play popular music, although many brides skip the hard rock in favor of something that all their guests can enjoy. Ethnic or regional music is a popular choice today, and if it suits you, by all means look for a country and western band or a band that plays polkas and mazurkas.

For an informal or semiformal wedding where the budget for reception music is not large, you may want to opt for recorded music rather than live. It's much cheaper. At a semiformal wedding with a larger budget, consider hiring a trio or combo that plays popular music. At a lavish formal wedding, an entire band and sometimes even two bands—one for the couple's friends and one for the parents' generation—are hired.

Popular musicians are less expensive as a rule than are classically trained musicians, so if you've got your heart set on a string quartet or something like that, allot more money in the budget for them than you would otherwise. If you can't see your way to budgeting for classically trained musicians even though you badly want them, consider hiring one good musician—perhaps a strolling violinist.

The best way to find musicians is word-of-mouth. Alternately, you can call the musicians' union, tell them what you want, and ask for recommendations. When you have located a few groups, be sure to audition them before you sign anything.

And after the audition, get a signed contract that specifies when they are to play, how long they are to play, the number and length of breaks, the date, the regular rate, the overtime rate, and the dress of the musicians. Find out whether they will bring their own stands and what kind of electrical outlets they will need. The place where you hold the reception should also have a small room where the musicians can retire during their breaks. (You should provide them with coffee and cake during the breaks.)

COST

Regardless of whether you live in a city or a smaller community, union scale means little when paying musicians; you almost always pay more. In a small community, a five-piece combo can be hired for a flat fee of $500, a ten-piece band for around $3000. Classical musicians cost anywhere from $100 to $300 an hour.

In a large urban area, expect to pay $625 and up an hour for a classical trio; $675 an hour for a string quartet. A small combo costs anywhere from $100 an hour per man to $225 per man per hour, with a four-hour minimum. A large band costs $75 to $100 per person for four hours.

Where you are expected to kick in for a union tax or the union pension, the average cost is about ten percent of the total fee.

SHOPPING HINTS

- When using union musicians, ask about extras. Often you have to pay transportation in addition to the regular cost or make a donation to the union.

- Check out how much overtime costs. If you can't afford it, plan the reception carefully, and tell the musicians to start playing music that winds down the crowd about ten minutes before they will stop playing.
- When hiring a name band, make sure the contract specifies that the leader is to play.
- Write as specific a contract as you possibly can.
- About the only thing you need not include in a contract is the exact songs you want played, and that's only because you should give the leader a separate list of the songs you want to hear and when, along with introductions. For example, he might at your request announce, "The next dance will be the bride and her father."

Reception Music

COMPARISON SHOPPING SHEET

Name:_____

Address:_____

Telephone:_____

Date of initial appointment:_____

Description of group and instruments:_____
_____

Number of hours available:_____   Number of breaks:_____

Cost:_____

Notes:_____
_____

COMPARISON SHOPPING SHEET

Name:_____

Address:_____

Telephone:_____

Date of initial appointment:_____

Description of group and instruments:_____

_____

Number of hours available:_____ Number of breaks:_____

Cost:_____

Notes:_____

_____

COMPARISON SHOPPING SHEET

Name:_____

Address:_____

Telephone:_____

Date of initial appointment:_____

Description of group and instruments:_____

_____

Number of hours available:_____ Number of breaks:_____

Cost:_____

Notes:_____

_____

FINAL SHOPPING SHEET

Name: _____

Contact: _____

Final arrangements (time, number of breaks, dress requested, type of music agreed to): _____

_____

_____

Deposit: _____ Balance: _____ Due by: _____

Date ordered: _____

Flowers

All About Flowers for the Ceremony and Reception

After the wedding clothes, flowers are probably the next thing that everyone remembers and comments on about a wedding. Flowers help to set the mood for the wedding—in many cases, they *are* the mood. For example, a bride who chooses to get married in a garden has chosen flowers as the theme of her wedding. Whatever the theme of your wedding, flowers will be an important enhancement. Dreaming of a Victorian wedding? Then you may want to consider nosegays for you and your attendants. Are you the elegant, modern type? Then you may want to carry a single flower and use something like calla lilies on the altar.

Flowers are expensive, and if you really love them and want lots of them around you on your wedding day, then you either should budget a lot for them or be very careful that you don't blow your entire budget on them. Take heart, though, because even if your budget is limited, you can still have wonderful wedding flowers without spending a lot of money.

The kind of flowers and the elaborateness of the arrangements depend on the degree of formality of your wedding. At an informal home wedding, the flowers will be simpler, and there may be fewer of them than at a large, formal or semiformal wedding. Regardless of whether you are trying to stay within a limited budget or just keeping things simple, at an informal wedding, the decorations often consist of a single bouquet on the alter, which is then used on the bride's table during the reception. (Remember, the wedding cake is usually the centerpiece at the food table.) Pew decorations are kept simple—often just a sprig of fern, a single flower, and a ribbon. The chuppah at a Jewish wedding may be decorated with gaily colored ribbons and a few flowers or with nothing at all, although the florist usually supplies it. Since there is often no sit-down dinner at an informal wedding, the table decorations can be very simple or nonexistent.

Flowers lend a festive air to a home wedding. You can use bouquets, potted plants, or large ferns to create an altar effect, or you may want to use flower boughs to decorate curtains that you use for a backdrop to an altar. If you don't want an altar, then you can still fill the house or apartment with bouquets. For an outdoor or an indoor home wedding, small baskets of flowers on the tables are a lovely touch, or you can use individual flowers in elegant bud vases.

At a semiformal or formal wedding, the flowers are usually more elaborate and may be of the more expensive varieties. There may be two bouquets on the altar, and the altar candelabra may be elabo-

Shopping for Your Wedding

rately decorated with flowers. At a Jewish wedding, the chuppah may be covered with flowers. Small bouquets or even floral garlands may decorate all or some of the pews. Reception flowers might include a centerpiece for the bride's table and floral arrangements for the guests' tables. Obviously, you are limited only by your imagination and your pocketbook.

Whether you have a limited budget or can spend whatever you want, the key to being a wise consumer is to look for quality. There are good flowers and there are bad flowers. Good flowers have lovely long stems, are impeccably fresh, and do not wilt after a few hours. Bad flowers have short stems, are already a week old, and wilt in a few hours. Wilted flowers are not a good omen at a wedding, so if necessary, buy less expensive varieties of fewer flowers, but buy the very best quality.

Beyond that, the best way to save money on flowers is to buy only those that are in season. That means anemones, tulips, and forsythia in the spring; daisies and roses (in some parts of the country) and possibly bachelor's buttons and lilies in summer; chrysanthemums in the fall; and evergreen and pine cones in the winter. Actually, greens of any kind are an excellent way to cut costs. A bouquet of greens looks inviting and intimate in the winter and cool and refreshing in the summer. Long-stemmed orchids and other kinds of unusual flowers are available year-round, but they are always expensive.

The personal flowers you will need consist of your bridal bouquet; your attendants' flowers; boutonnieres for the groom, fathers, and groomsmen; and corsages for the mothers and grandmothers and possibly for honored guests, the soloist, and the organist. The groom's boutonniere is traditionally a flower from the bridal bouquet, or you might have the florist make up a boutonniere for him such as a single white rose. In addition to their bouquets, many brides wear flowers in their hair or use them to trim their hat or veil, as well as those of their attendants.

Start comparison shopping for a florist as soon as possible. Once you have made your final decision about which florist to use, you needn't make your final decisions about what flowers to order until four to six weeks before the wedding.

As is so often the case, the best way to find a florist is to have seen his or her work at another wedding and loved it. Word-of-mouth referral also works well. And you can walk into most florists' shops and look around at their work to see whether or not you like it.

When you meet with a florist for the first time, go with a list of what you need. For example, you might ask for two bouquets for the altar as your church flowers; reception flowers including a centerpiece for the bride's table and small floral arrangements for each guests' table; and personal flowers including one bridal bouquet, four bridesmaids' bouquets, five corsages for mothers and grandmothers, six carnation boutonnieres for groomsmen and fathers, and one rose boutonniere for the groom. Take your budget for flowers with you, too. A good florist should be able to suggest something that is within your budget. If he turns up his nose at what you have to spend, thank him politely and take your business elsewhere. Above all else, you want a florist who is enthusiastically on your team. If pressed, a florist who thinks your budget is inadequate may give you something, but it won't be his best effort—and it's pretty much a cinch that you won't like it either.

At the first meeting with a florist, ask to see samples of the bridal work he has done and look carefully (if discreetly) at any floral arrangements in the shop. Tell the florist what you have in mind, but listen to his suggestions, too. After all, this is his business, and a good florist will be able to suggest things you might never think of.

As soon as possible, supply the florist with color swatches of your dress, and those of your attendants, your mother, and your future mother-in-law. That way, he can be sure to design flowers that complement the clothes.

Keep proportion in mind as you choose flowers. If you have a tall bridesmaid, you won't want to dwarf her with a tiny bouquet, nor will you want to overwhelm a petite bridesmaid with a huge cascading bouquet.

Most brides buy all their flowers from the same florist. In fact, if you deal with one florist and your order is large enough, you may be able to negotiate a package price of some kind.

COST

At an inexpensive florist in a smaller town, you can expect to pay from $22.50 for flowers in season to $70 for out-of-season flowers, if available, for the bridal bouquet. (Despite the fact that flowers can safely be transported anywhere by air, exotic or out-of-season flowers are much more readily available in large metropolitan areas than outside them.) Bridesmaids' bouquets average $17.50 to $25; boutonnieres cost $1.75 to $7.50; mothers' flowers, $6–$20; and reception and altar bouquets, $17–$25.

From a more elaborate florist located outside of a large metropolitan area, the bridal bouquet will cost $35–$70; bridesmaids' bouquets, $12–$50; boutonnieres, $3.50–$8; mothers' flowers, $10–$25; altar and reception flowers, $25 and up. Small centerpieces on reception tables cost from $6.50 to $12.50 and up.

In a city, bridal bouquets from a fairly inexpensive florist cost $25–$35; bridesmaids' bouquets, $25–$35; boutonnieres, $1–$7; mothers' flowers, $7.50–$20; and altar and reception bouquets, $35–$50. From a more expensive florist or for out-of-season flowers for a fairly lavish wedding, bridal bouquets cost $35 to as much as $200 (with the average cost at about $100); bridesmaids' bouquets, $75–$100; mothers' flowers, $15–$30; and altar and reception bouquets, $60–$80 and sometimes as much as $100 to $150. Other table centerpieces average $20–$100.

Flowers for decorating a chuppah at a Jewish wedding cost anywhere from $200 for in-season flowers to as much as $500 for a lavish, out-of-season floral decoration. Elaborate church or synagogue decorations cost from $500 to $1000 and up.

SHOPPING HINTS

- In-season flowers are always less expensive than out-of-season ones.
- Potted plants are inexpensive and lovely on the altar and the tables at the reception. One bride used tiny pots of baby's breath as her table flowers, and they delighted everyone.
- Use fewer flowers but combine them with ribbons, which are generally inexpensive. For example, use a single rose and ribbon tie to set aside reserved pews. Instead of altar bouquets, use a few flowers and ribbons wrapped around candelabra.
- Think small or special. Particularly today, small arrangements or arrangements consisting of only one flower are very fashionable. No one will realize you are saving money—they'll just think you are very chic.
- Ask the florist about a package price. If you get one, ask whether you can make any substitutions without incurring extra cost. If you can't and this will be a problem for you, then you may be better off without the package price or with another florist.
- Find out about delivery charges before you make a final decision to use a florist.

- Also find out if the florist will charge extra to be at the church before the wedding and at the reception to check the final arrangements.
- If you or a friend have any talent for arranging flowers, buy fresh-cut flowers and arrange them yourself. That's the least expensive way to buy flowers for your wedding—especially if you live near a wholesaler. Not only can you arrange bouquets for the ceremony and reception, but you can always create charming baskets of flowers for you and your attendants to carry.
- If you have only one attendant, consider getting her a corsage rather than a bouquet. For that matter, if you have planned a very simple wedding and are wearing street clothes, you may prefer a corsage to a bouquet.

Flowers

GETTING READY TO SHOP
Write a list of what you think you need and how many of each will be required.

Amount budgeted:_____

COMPARISON SHOPPING SHEET

Name:_____

Address:_____

Telephone:_____

Suggestions	*Estimated Cost*
bride's bouquet_____	_____
attendants_____	_____
boutonnieres_____	_____
mothers' flowers_____	_____
altar/reception bouquets_____	_____
other_____	_____

COMPARISON SHOPPING SHEET

Name:_____

Address:_____

Telephone:_____

Suggestions	Estimated Cost
bride's bouquet_____	_____
attendants_____	_____
boutonnieres_____	_____
mothers' flowers_____	_____
altar/reception bouquets____	_____
other_____	_____

COMPARISON SHOPPING SHEET

Name:_____

Address:_____

Telephone:_____

Suggestions	Estimated Cost
bride's bouquet_____	_____
attendants_____	_____
boutonnieres_____	_____
mothers' flowers_____	_____
altar/reception bouquets____	_____
other_____	_____

COMPARISON SHOPPING SHEET

Name:_____

Address:_____

Telephone:_____

Suggestions	Estimated Cost
bride's bouquet	
attendants	
boutonnieres	
mothers' flowers	
altar/reception bouquets	
other	

FINAL SHOPPING SHEET

Name:_____

Contact:_____

Final order   *Cost*

bride's bouquet_____ _____

attendants_____ _____

boutonnieres_____ _____

mothers' flowers_____ _____

altar/reception bouquets_____ _____

_____ _____

Other_____ _____

_____ _____

                                            Total cost: _____

Delivery charge:_____

Address where flowers will be delivered:_____

_____

Time of delivery:_____

Services to be provided:_____

_____

Deposit:_____ Balance:_____ Due by:_____

Date ordered:_____

Note dates of appointments on Bride's Calendar.

Wedding Cake

All About Wedding Cake

Although the traditional wedding cake is a tiered, elaborately decorated white cake that is often topped with flowers or small figures of a bride and groom, you can get just about any kind of cake that suits you made for your wedding. Got a taste for chocolate filled with mocha or strawberry mousse? Or perhaps you want a top layer of fruitcake so you and your groom can enjoy your wedding cake on your first anniversary? Then this is what you should have. No matter what kind of cake you want, there are some things you should keep in mind as you shop around for a baker.

The quality of the cake you order can vary, depending upon the ingredients that are used to make it. For example, a cake made with real butter and a cake flour will taste lighter than one made with certain butter substitutes and regular flour. There are also several kinds (and qualities) of baking chocolate that can be used to make a chocolate cake. A baker can skimp on eggs or use a lot for a rich taste. The key to quality, though, is not to ask the baker whether he uses real butter or fifteen eggs instead of twenty, but rather to taste the cake and see what you personally like.

Before you start looking for a baker, you need to think about what you want. What size and shape of wedding cake do you prefer? A ten-inch tier will feed approximately fifty guests. What kind of filling do you like? Do you have any ideas about the icing, that is, whether you want it to be very ornate or fairly plain? Perhaps you love roses and want lots of icing roses on your cake. Do you want a white icing or a pastel—or even bright colors, for that matter? What kind of ornament, if any, do you want on top? A trend today is to skip the miniature bride and groom. Some couples even opt for a witty figure that says something about them. One couple, for example, were sailing enthusiasts so they found a tiny sailboat to sit atop their wedding cake. Many brides want real flowers on their wedding cakes (this is done by inserting small vials filled with water into the cake and placing the flowers in them).

While you will probably buy your cake from a baker with whom you have direct contact, wedding cakes are also sometimes supplied by the hotel, the caterer, the reception hall, or the church if you have your reception in the church parlor.

Once you have decided on a baker—one who satisfies your tastebuds and falls within your budget range—meet again with him to make your final choices and to specify the time and date of your wedding. Find out if the baker will deliver your cake to the reception and whether that will cost extra.

COST

Wedding cakes cost less in small communities than in large metropolitan areas. A three-tier cake that will serve 100 guests costs $65 to $80 in a small community, depending upon the baker used, whereas in a large urban area, wedding cakes run anywhere from $80–$150 to $250–$500 for a cake from a fancy bakery.

A surprising number of bakeries do not supply

Shopping for Your Wedding

small boxes so guests can take wedding cake home as favors, but when they are available, they cost anywhere from 25¢ to 90¢ a box.

SHOPPING HINTS

- If you have invited 100 or fewer people, consider a sheet cake rather than a tiered cake. It will be less expensive.
- You pay more for fancy, elaborate icing or for anything that is not a "stock" cake that the baker does all the time. You can get a wedding cake made specifically to your order, but realize that it will cost more than a standard, simply iced cake.
- The cheapest way to get a wedding cake, of course, is to bake your own. If you do this (or a friend does it for you), start making icing flowers several weeks in advance and refrigerate them, and make the cake at least two days in advance and ice it the day before your wedding.
- Another way to get a fairly inexpensive wedding cake is to seek out a "cottage industry"—someone who doesn't work in a bakery but who runs a small one-person, cake-baking operation. A word of caution though: These are usually not professional bakers, so you may be somewhat limited in your choice of cake.
- Ask if delivery is extra. If so, it may be cheaper to send someone to pick up the cake on the day of the wedding and then deliver it to the reception. If you do this, send two persons if the cake is large enough to be unwieldy. One person can drive and the other can keep an eye on the cake.

Wedding Cake

GETTING READY TO SHOP

Number of guests:_____

Preference: cake flavor(s)_____

   icing style_____

COMPARISON SHOPPING SHEET

Name:_____

Address:_____

Telephone:_____

Description of cakes   *Cost*

_____   _____

_____   _____

Delivery charge:_____

COMPARISON SHOPPING SHEET

Name:_____

Address:_____

Telephone:_____

Description of cakes   *Cost*

_____   _____

_____   _____

Delivery charge:_____

COMPARISON SHOPPING SHEET

Name: _____

Address: _____

Telephone: _____

Description of cakes   *Cost*

_____ _____

_____ _____

Delivery charge: _____

FINAL SHOPPING SHEET

Name: _____

Contact: _____

Description of order   *Cost*

_____ _____

Extras ordered   *Cost*

_____ _____

Delivery arrangements: _____

Delivery date: _____

Address where cake is to be delivered: _____

_____

Deposit: _____ Balance: _____ Due by: _____

Date ordered: _____

Note delivery date on Bride's Calendar.

Transportation

All About Transportation

Brides often choose unusual ways to arrive at their weddings—horse-drawn carriage, British taxi, and sleigh being among the more popular—but limousines are probably the most commonly used method of transportation, and plenty of brides arrive the cheapest way of all: in the family car. Traditionally, the bride arrives at the church with her father, but you should arrive in whatever way is most convenient for you. If you will be dressing at the church, you may arrive several hours in advance with your bridesmaids or your mother and not see your father until he picks you up at the dressing room door and walks you around to the back of the church or temple to escort you down the aisle.

You do need to provide transportation for your wedding attendants, and the least expensive way to do this is to enlist the groomsmen and close family friends as drivers. Transportation must be provided to the wedding and the reception, and it's nice to make sure the attendants will have a ride home after you leave the reception. It's also a nice touch to send someone to pick up and greet arriving out-of-town guests. As you can see, making the transportation arrangements may cost you more in time than money.

COSTS

Limousines (standard, white or black) can be rented for $25–$40 an hour (usually with a three- or four-hour minimum) plus tip (fifteen percent) in a large metropolitan area; for $15–$20 an hour in smaller communities. Many small communities do not have a limousine service. Unusual conveyances such as a sleigh or a carriage vary greatly in price, but you may rent them for about the same as a limousine or as much as several hundred dollars.

SHOPPING HINTS

- Rent a small limousine rather than a large one. They usually cost less.
- Rent a white or black sedan—it's cheaper still.
- The least expensive way to provide transportation, short of taking the subway, is to ask friends to help out with the driving.

Transportation

GETTING READY TO SHOP

Number in wedding party:_____

Amount budgeted:_____

COMPARISON SHOPPING SHEET

Name:_____

Address:_____

Telephone:_____

Number of cars suggested:_____

Type:_____

Hourly fee:_____

Minimum number of hours:_____

Gratuities or extras:_____

Estimated total cost:_____

COMPARISON SHOPPING SHEET

Name:_____

Address:_____

Telephone:_____

Number of cars suggested:_____

Type:_____

Hourly fee:_____

Minimum number of hours:_____

Gratuities or extras:_____

Estimated total cost:_____

FINAL SHOPPING SHEET

Name: _____

Contact: _____

Number of cars ordered: _____

Types: _____

Number of hours they will be used: _____

Delivery or pickup time: _____

Date ordered: _____

Total estimated cost: _____

Notes: _____

The Rings

All About Rings

Gone are the days when the man surprises the woman with an engagement ring; today, a couple is much more likely to shop together for both the engagement ring and the wedding rings. A diamond is still, however, the traditional engagement gem, and it behooves you to know a little bit about what you're buying before you make the plunge into the world of carats, cut, clarity, and color.

Carats are used to measure the size of a diamond or other gem. There are 100 points to a carat, but that doesn't mean that a half carat is 50 points; it might range from 47 to 53 or so. Large stones are rarer than small ones, so they are more expensive, but a one-carat diamond isn't necessarily twice as expensive as a half-carat one. The price, which may run anywhere from $200 to $40,000 for one carat, depends on other qualities, too.

The most obvious feature of a diamond apart from its size is its cut. Round is the most popular with brides, but before you decide on that, take a look at some of the other shapes: oval, marquise, pear, emerald, and heart-shaped.

The clarity of a diamond refers to the flaws in it. Most flaws are not visible to the naked eye, but your jeweler should show you several different diamonds under magnification so you can begin to understand what flaws are.

Your final concern when buying a diamond is color. The less color, the more valuable the stone is. Diamonds can have a blue, brown, black, and, most commonly, a yellow tint. They are color rated by an alphabetical system. A through F are the most expensive, and most engagement rings are F through J. In a diamond rated higher than J, the color will probably be visible to the naked eye.

Diamonds are usually set in 10-, 14-, or 18-carat gold; pure, or 24-carat gold, is too soft to wear well. They also are sometimes set in pure platinum, a strong metal that wears very well. Depending upon what the gold is alloyed with, it may look pink, green, or white; all are equally durable.

Wedding rings may be diamond or plain gold; sometimes they are platinum. The tricolored gold rings have become especially popular today.

COST

There are so many variables attached to jewelry, including the status of the jeweler from whom you buy it, that there is no very accurate way to predict costs. As noted, a one-carat diamond can be purchased for anywhere from $200 up to $40,000, depending upon its quality. Gold wedding rings range in price from about $100 to several hundred; and jeweled wedding bands can be as expensive as engagement rings.

SHOPPING HINTS

- Do shop around before making a final selection; the styles and prices will vary a great deal.
- To save money, buy from someone as close as possible to the source of the diamond, preferably a wholesaler.
- Remember when you buy from a prestige dealer, part of the cost of the jewelry is the status attached to the jeweler. You can often get just as fine a diamond from a smaller jeweler or a wholesaler.
- Custom-made wedding rings can be either more or less expensive than others depending upon where you buy them. Again, a prestige jeweler will charge more for custom work and so will most jewelers with large stocks. An independent jewelry designer may be able to make the rings for you at substantial savings over a larger jeweler.

Rings

GETTING READY TO SHOP

Amount budgeted:_____

COMPARISON SHOPPING SHEET

Name:_____

Address:_____

Telephone:_____

Descriptions   *Cost*

_____ _____

_____ _____

_____ _____

Registration and written guarantee available:
  yes____ no____

COMPARISON SHOPPING SHEET

Name: _____

Address: _____

Telephone: _____

Descriptions   *Cost*

_____   _____

_____   _____

_____   _____

Registration and written guarantee available:

yes____   no____

COMPARISON SHOPPING SHEET

Name: _____

Address: _____

Telephone: _____

Descriptions   *Cost*

_____   _____

_____   _____

_____   _____

Registration and written guarantee available:

yes____   no____

FINAL SHOPPING SHEET

Name:_____

Contact:_____

Ring(s) ordered:_____

Registration and guarantee: yes_____ no_____

Price of engraving:_____

Engraving

  his ring_____

  her ring_____

Date ordered:_____ Pickup date:_____
Move pickup date to Bride's Calendar.

Attendants' Gifts

All About Attendants' Gifts

Regardless of the size and formality of your wedding, you and the groom will want to give special gifts to your attendants. Usually, these gifts are mementoes of your wedding and are something of lasting value. Even if you and your groom give your attendants different gifts, you'll probably have fun shopping for them together.

You can give all your attendants the same gift or you can shop personally for each one. Sometimes, the honor attendants are given slightly different versions of the gifts the groomsmen and bridesmaids receive.

Suggested gifts for groomsmen are key rings, cuff links, wallets, tie bars or tacks, or pewter or sterling mugs.

Suggested gifts for the bride's attendants are small sterling pens, compacts, lockets or pins, earrings, a single-flower vase, or small mirrors.

Gifts that would work well for either sex are wine or brandy, dishes, wine glasses, pens, or book markers. A trend today is to give housewares rather than personal gifts.

Usually, the attendants' gifts come out of the miscellaneous funds you included in your wedding budget.

COST

What you spend on your attendants depends entirely on what you feel you can afford. Most couples report spending between $15 and $50 per person.

SHOPPING HINTS

- Buy from a wholesaler if you can.
- Choose the same gift for all your attendants and you may be able to get a quantity discount.
- Look for sales or specials, particularly of sterling goods. These aren't gifts that will be returned.
- Keep monogramming simple or skip it entirely if your budget is tight.

Attendants' Gifts

GETTING READY TO SHOP

Amount budgeted:_____

Number of women's gifts needed:_____

Number of men's gifts needed:_____

COMPARISON SHOPPING SHEET

Name:_____

Address:_____

Telephone:_____
Description of items   *Cost*

_____ _____

_____ _____

_____ _____

Engraving: free_____ charge_____

COMPARISON SHOPPING SHEET

Name:_____

Address:_____

Telephone:_____
Description of items   *Cost*

_____ _____

_____ _____

_____ _____

Engraving: free_____ charge_____

COMPARISON SHOPPING SHEET

Name:_____

Address:_____

Telephone:_____
Description of items   *Cost*

_____ _____

_____ _____

_____ _____

Engraving: free_____ charge_____

FINAL SHOPPING SHEET

Name: _____

Contact: _____

Items ordered   *Cost*

_____   _____

_____   _____

Engraved: yes_____ no_____
Messages, if engraved:

_____   _____

_____   _____

Date ordered: _____ Pickup date: _____
Move pickup date to Bride's Calendar.

The Bridesmaids' Luncheon

All About the Bridesmaids' Luncheon

This special and often very delightful occasion is usually held during the day, but there's no reason you couldn't plan a bridesmaids' dinner. Although if you're having a small, informal wedding, you may want to plan some special occasion for when you give your honor attendant her gift, a formal bridesmaids' luncheon is usually only held for a large, formal wedding where there are several attendants to fete.

Try to find a pretty setting for your luncheon.

Shopping for Your Wedding

Visit several restaurants, and when you have narrowed down your selection to two or three, sit down with the manager of each to discuss what's available to you. Since this is a luncheon, consider a light menu—chicken or a salad, perhaps—as a way of saving money. As soon as you've settled on a place, make your reservation (usually a few days before the wedding, sometimes the day before) and order the food if you will not be ordering from the regular menu.

COST

A simple bridesmaids' luncheon in a small community will cost anywhere from $5 to $6 per person at a modest restaurant; $7 to $10 at a fancier one. In a city, you're more likely to pay $10 to $12 for a modest luncheon, as much as $12 to $25 at an expensive restaurant. At a really top-quality restaurant, the price will run as high as $40 to $50 per person.

SHOPPING HINTS

- Don't take a separate room at a restaurant; they often cost more.
- Do try to order from the regular menu if at all possible. It will cost less than having food specially prepared, and your guests will have a wider selection this way.
- Bring your own floral centerpiece.
- Better yet, put your attendants' gifts in a pretty basket and make that the centerpiece.
- Order carafes of house wine rather than using the wine list.
- If you decide to toast with champagne, order a domestic one.
- Especially if your bridesmaids work, plan a supper rather than a luncheon, and to cut costs, give it yourself at home.

Bridesmaids' Luncheon

GETTING READY TO SHOP

Amount budgeted:_____

Number of persons:_____

COMPARISON SHOPPING SHEET

Name:_____

Address:_____

Telephone:_____

Description of meals available   Cost

_____   _____

_____   _____

Service extra: yes_____   no_____

Beverages	Yes	No	Cost
open bar	____	____	_____
wine with lunch	____	____	_____
champagne toast	____	____	_____

Cost of separate room:_____

Estimated total cost:_____

Suggested seating arrangements:_____

COMPARISON SHOPPING SHEET

Name:_____

Address:_____

Telephone:_____

Description of meals available   *Cost*

_____ _____

_____ _____

Service extra: yes_____ no_____

Beverages	Yes	No	Cost
open bar	____	____	_____
wine with lunch	____	____	_____
champagne toast	____	____	_____

Cost of separate room:_____

Estimated total cost:_____

Suggested seating arrangements:_____

COMPARISON SHOPPING SHEET

Name:_____

Address:_____

Telephone:_____

Description of meals available   *Cost*

_____ _____

_____ _____

Service extra: yes_____ no_____

Beverages	Yes	No	Cost
open bar	____	____	_____
wine with lunch	____	____	_____
champagne toast	____	____	_____

Cost of separate room:_____

Estimated total cost:_____

Suggested seating arrangements:_____

FINAL SHOPPING SHEET

Name: _____

Contact: _____

Food ordered: _____
_____

Beverages ordered: _____
_____

Estimated cost   Estimated cost
of food: _____   of beverages: _____

Final seating arrangements: _____

Hours available: _____

Date of luncheon: _____

Service arrangements: _____

Deposit: _____ Balance: _____ Due by: _____

Notes: _____

Move date of luncheon to Bride's Calendar.

Rehearsal Dinner

All About the Rehearsal Dinner

The rehearsal itself is usually held in the late afternoon or early evening of the day before the wedding. It serves to iron out little details and helps to make sure that everyone in the wedding party knows what is expected of him or her during the ceremony and reception.

The parents of the groom usually host the rehearsal dinner, but many brides and grooms who pay for their own weddings these days also give their own rehearsal dinners. The rehearsal dinner should include all members of the wedding party, parents and immediate families, the minister and his wife if they are close friends, and if you feel you can afford it, out-of-town guests who have already arrived for the wedding.

The dinner can be as simple or as elaborate as you like and can afford. Usually, it's held in a restaurant or a private club, but sometimes it is held in a home. The bride and groom are traditionally toasted by the best man and perhaps by the fathers, so it's nice to splurge on some champagne.

COST

It should come as no surprise to anyone that you can eat for less outside the major metropolitan areas: to wit, a rehearsal dinner at a moderately priced restaurant will run from $20 to $30 per person in a city and from $8 to $10 in a smaller community. At an expensive restaurant, in a small community it runs from $11 to $20, and in a city, it costs $35 to $50 a person. Private rooms are more expensive than sitting in the dining room and ordering from the regular menu; the cost can leap to $50 to $100 per person. These are food prices only, although sometimes a house wine is included in the price of dinner. For prices of wine and champagne, see reception costs.

SHOPPING HINTS

The least expensive rehearsal dinner is a casual buffet served at home and accompanied by an inexpensive wine—plus a round of inexpensive champagne.

- Serve champagne only for the toasts and wine or beer for the rest of the meal.
- Go to a favorite casual restaurant—maybe the one where your romance blossomed.
- If you're having a summer wedding, plan a picnic for your rehearsal dinner.
- If you're having a shoestring wedding but love to celebrate, then ask ten to twenty close friends and make the rehearsal dinner potluck.

Rehearsal Dinner

GETTING READY TO SHOP

Amount budgeted:_____

Number of persons:_____

COMPARISON SHOPPING SHEET

Name:_____

Address:_____

Telephone:_____
Description of meals available   Cost
_____
_____

Service extra: yes_____   no_____
Beverages   Yes   No   Cost

  open bar   ____   ____   _____

  wine with dinner   ____   ____   _____

  champagne toast   ____   ____   _____

Cost of separate room:_____

Estimated total cost:_____

Suggested seating arrangements:_____
_____

COMPARISON SHOPPING SHEET

Name: _____
Address: _____
Telephone: _____
Description of meals available   Cost
_____
_____

Service extra: yes_____   no_____
Beverages   *Yes*   *No*   *Cost*
  open bar   ____   ____   _____
  wine with dinner   ____   ____   _____
  champagne toast   ____   ____   _____
Cost of separate room: _____
Estimated total cost: _____
Suggested seating arrangements: _____
_____

COMPARISON SHOPPING SHEET

Name: _____
Address: _____
Telephone: _____
Description of meals available   Cost
_____
_____

Service extra: yes_____   no_____
Beverages   *Yes*   *No*   *Cost*
  open bar   ____   ____   _____
  wine with dinner   ____   ____   _____
  champagne toast   ____   ____   _____
Cost of separate room: _____
Estimated total cost: _____
Suggested seating arrangements: _____
_____

FINAL SHOPPING SHEET

Name: _____

Contact: _____

Food ordered: _____
_____

Beverages ordered: _____
_____

Estimated cost   Estimated cost of
of food: _____ beverages: _____

Final seating arrangements: _____

Hours available: _____

Service arrangements: _____

Deposit: _____ Balance: _____ Due by: _____

Notes: _____

Move date of rehearsal dinner to Bride's Calendar.

PART FOUR

The Bride's Calendar

To use this calendar, fill in the month and then add the corresponding dates in the individual squares. Note all appointments and other important dates on the calender.

THE MONTH IS _____

Sunday	Monday	Tuesday	Wednesday	Thursday	Friday	Saturday

THE MONTH IS _____

Sunday	Monday	Tuesday	Wednesday	Thursday	Friday	Saturday

THE MONTH IS ⎯⎯⎯⎯

Sunday	Monday	Tuesday	Wednesday	Thursday	Friday	Saturday

THE MONTH IS ⎯⎯⎯⎯

Sunday	Monday	Tuesday	Wednesday	Thursday	Friday	Saturday

THE MONTH IS ―――――

Sunday	Monday	Tuesday	Wednesday	Thursday	Friday	Saturday

THE MONTH IS ―――

Sunday	Monday	Tuesday	Wednesday	Thursday	Friday	Saturday

Important Telephone Numbers

Your groom: _____
Your future mother-in-law: _____
Wedding consultant: _____
Bridal shop or department: _____
Gift registry: _____
Church or synagogue: _____
Reception manager: _____
Caterer: _____
Liquor store: _____
Florist: _____
Baker: _____
Limousine service: _____
Jeweler: _____
Bridesmaids' luncheon restaurant: _____
Rehearsal dinner restaurant: _____
Your attendants: _____
Your best man: _____

Notes

Notes

Notes

Notes

Notes

Notes

About the Author

MARJABELLE YOUNG STEWART is the author of eleven how-to guides for young people and adults including the Signet book, *The Teen Girl's Guide to Social Success*. Her courses on etiquette for children, "White Gloves and Party Manners" and "Poise for Pre-Teens," franchised in 420 cities, have brought her national fame. A frequent guest on radio and talk shows across the U.S., Ms. Stewart has appeared regularly on the John Davidson, Phil Donahue and Mike Douglas shows. She lives in Kewanee, Illinois and Washington, D.C.

843760474-5

0010033

PB 500 P

148512 7,0 C

C0-DXB-588

Poesías completas

Letras Hispánicas

Consejo editor:
Francisco Rico
Domingo Ynduráin
Gustavo Domínguez

Luis Carrillo y Sotomayor

Poesías completas

Edición de Angelina Costa

CATEDRA

LETRAS HISPANICAS

Ilustración de cubierta: Martín Begué

© Ediciones Cátedra, S. A., 1984
Don Ramón de la Cruz, 67. Madrid-1
Depósito legal: M. 22.305.—1984
ISBN: 84-376-0474-5
Printed in Spain
Artes Gráficas Benzal, S. A. Virtudes, 7. Madrid-3
Papel: Torras Hostench, S. A.

Introducción

Noticia biográfica

La vida de Luis Carrillo que, por su brevedad, estuvo desprovista de hechos relevantes, ha sido necesariamente recompuesta, atendiendo más a las lucubraciones de los estudiosos que, a falta del hallazgo de auténticas noticias biográficas, han desarrollado las más variopintas hipótesis.

Sin embargo a pesar de la oscuridad que rodea la existencia del poeta, hoy se pueden formular algunas afirmaciones sobre su vida que unos años atrás no estábamos en disposición de establecer. Se sabe ya, por ejemplo, que Carrillo no fue «natural de Córdoba», tal como se lee en las portdas de las dos ediciones de sus *Obras* que se imprimieron en el siglo XVII, sino de Baena. Fue García Soriano el primero que aportó este dato pero sin que especificara de dónde lo había tomado [1]:

> El fundador del cultismo nació no en Córdoba sino en la villa de Baena, por los años de 1585-86. En el de 1604 era de edad de dieciocho años poco más o menos según declararon algunos testigos en cierta fehaciente información. Apenas contaba pues 24 cuando murió en el Puerto de Santa María el 22 de enero de 1610.

Dámaso Alonso siguió la pista de esta «cierta fehaciente información» y descubrió que el estudioso de Cascales se

---

[1] J. García Soriano, *Cartas Filológicas* de F. Cascales, vol. III, Madrid, Clásicos Castellanos, 1941, págs. 254-255.

había basado en las pruebas aportadas por testigos para la toma del hábito de Santiago practicadas en 1604, cuyo expediente se conserva en el Archivo Histórico Nacional. Los primeros folios están tan deteriorados que su lectura se hace imposible y, justamente, en éstos iría la genealogía del pretendiente al hábito, que Dámaso Alonso [2] reconstruye así:

ABUELOS PATERNOS

D. Luis Muñiz de Godoy
natural de Córdoba
D.ª Elvira de Valenzuela
natural de Baena

ABUELOS MATERNOS

El capitán Pedro de Valenzuela
natural y vecino de Baena
D.ª Isabel Faxardo
natural de Málaga

PADRES

D. Fernando Carrillo de Valenzuela
natural de Córdoba
D.ª Francisca de Valenzuela
natural de Baena

No están, sin embargo, los testigos de acuerdo en la edad que contaba el poeta en 1604 cuando se disponía a tomar el hábito. Para unos tenía de dieciocho a veinte mientras que para otros, era de dieciséis o dieciocho años.

Esta diversidad se da también, curiosamente, en todos los documentos que hasta ahora hacen referencia a la edad de Luis Carrillo. Quevedo, por ejemplo, dice en el *Epitaphium* que se publica en los preliminares de las *Obras* de su amigo, que este murió «anno 1610, aetatis 27» por lo que habría nacido en 1582 ó 1583, y Alonso Carrillo Lasso de Guzmán, historiador de la familia afirma que *murió en edad de veinte y seis años* [3] supondría que su nacimiento se fecha entre 1583 ó 1584. Pero, es aún más sorprendente que, su madre

---

[2] D. Alonso, «Para la biografía de don Luis Carrillo», en *Del Siglo de Oro a este siglo de siglas,* 2.ª ed., Madrid, Gredos, Campo Abierto, 1968, pág. 56.
[3] Alonso Carrillo Lasso, *Epítome del origen y descendencia de los Carrillos,* Lisboa, 1639, fol. 41 v.

doña Francisca Valenzuela Fajardo, en su Memorial dirigido a Felipe IV, veintidós años después de muerto el poeta, diga:

> A don Luis Carrillo mi hijo mayor, hiço merced su magestad, que está en el cielo, del áuito de Santiago, con que fue a serbir a las galeras de España, desde hedad de diez y siete años, de entretenido en las dichas galeras, de capitán de la Patrona de España y de quatralvo y murió sirviendo el dicho ofiçio de *hedad de veinte y quatro* años; [4].

Tal vez doña Francisca no recordara, pasado el tiempo, la edad que tenía su hijo cuando murió. Sin embargo, Nicolás Antonio mantuvo, como la madre del poeta, estos mismos años: «in ipso aetatis flore, annum scilicet agens quartum supra vigesimum extinguitur (...) obiit quidem ille XXII ianuarii MDCX» [5] lo que supone, por tanto, el nacimiento en 1585 o los primeros días de 1586. La misma edad, piensa Ramírez de Arellano, que tenía al morir Luis Carrillo, pero retrasa un día y un año la fecha ya que afirma: «Debió nacer en 1587 porque a su muerte, en 23 de enero de 1611, tenía veinticuatro años» [6].

Si la incertidumbre oscurece la fecha de nacimiento a falta de documentos fidedignos —la partida de bautismo no ha sido posible encontrarla— las escasísimas noticias que se tienen de su corta vida no entran menos en el ámbito de lo hipotético. Por el mismo poeta, ya que así lo dice en la dedicatoria a su hermano Alonso del *Libro de la Erudición Poética*, sabemos que estudió en Salamanca y Ramírez de Arellano afirma que fue durante seis años [7], a pesar de lo cual no ha quedado de su etapa salmantina constancia en los libros de matrícula de la Universidad. Han sido comprobados [8] desde el año 1595 al de 1608, aunque faltan los de los

---

[4] «Madrid, 8 de junio 1622», *AHN*, Consejos, libro 1427, folios 218-222. Publicado en *La Junta de Reformación*, t. V, Valladolid, 1932, págs. 351-352.

[5] Nicolás Antonio, *Bibliotheca Hispana Nova*, Madrid, 1783, II, pág. 27.

[6] Ramírez de Arellano, *Ensayo de un catálogo bibliográfico de los escritores nacidos en la provincia de Córdoba*, vol. I, Madrid, 1922, pág. 116.

[7] *Ibídem.*

[8] La comprobación se ha efectuado gracias a la colaboración inestimable de Aurelia Hernández.

cursos 1596-1597 y de los de 1601-1602, 1602-1603, 1603-1604 y que muy bien podrían ser precisamente los que más corresponderían con su edad como estudiante. Si como dice Ramírez de Arellano, y es lo más razonable, que «después entró en la Marina»[9] esta sucesión cronológica, en desacuerdo con el Memorial de su madre a Felipe IV que afirma, como se recordará, que con diecisiete años ya era marino y por tanto había acabado sus estudios universitarios —y estaba investido del hábito de Santiago— me parece muy temprana y que, como opina Fiorenza Randelli, bien pudo ser «una punta d'orgoglio materno»[10].

Sólo podemos suponer cuáles fueron sus andanzas de marino por el Mediterráneo. Tal vez llegó hasta Italia y estuvo en alguna ocasión frente a Valencia. Al menos, así se desprende del romance «A la caza de unas galeras turquescas».

> Escurrimos, ya cansados,
> lastimando las arenas
> las áncoras, arrojadas
> en la costa de Valencia
> (vv. 65-68).

Debió, igualmente, frecuentar el puerto de Cartagena, donde entabló relación con el círculo literario del humanista Cascales, con quien mantuvo, además, correspondencia, como prueba la *Carta Segunda,* incluida en sus *Obras:* «y al Licenciado Cascales le dé mil encomiendas y que se acuerde de una deuda de una carta mía»[11]. Estaba, por otro lado, unido, familiarmente, a Murcia por la rama materna de los Fajardo. Probablemente, llegó en sus navegaciones hasta Egipto (Soneto XXXV, «Epitafio a Pompeo el Magno») y por el Sermón funerario que pronunció el P. Núñez en las exequias del poeta, conocemos sus devociones y que, al pisar tierra, lo primero que hacía, era visitar los santuarios marianos y así tenemos noticia de que, además de la bahía gaditana: «en llegando a Gibraltar, salía de sus galeras a visitar la iglesia de Nuestra Señora de Europa (...). Lo mismo hacía cuando

---

[9] Ramírez de Arellano, *Ensayo...* I, *op. cit.,* pág. 116.
[10] *Poesie. I Sonetti* de Luis Carrillo y Sotomayor, introduzione, testo, traduzione e commento a cura di Fiorenza Randelli Romano, Messina-Firenze, Casa Editrice D'Anna, pág. 117.
[11] *Obras* de Luis Carrillo, fol. 142 v.

llegaba al Puerto de Santa María, visitando la Virgen de los Milagros y Nuestra Señora de la Vitoria», frecuentó Barcelona donde «visitaba todos los días la Virgen de Monserrate» [12].

Posiblemente, visitó con frecuencia en Sanlúcar de Barrameda, sede del ducado de Medina Sidonia, a don Manuel Alonso Pérez de Guzmán el Bueno, octavo duque y conde de Niebla [13], a quien Carrillo y otros muchos poetas de la época, sobre todo andaluces, como Góngora, dedican su obra. Tal vez hubiese entre ellos algún grado de amistad —más que relación de mecenazgo del que no estaba muy necesitado el poeta— ya que ambos eran de edades parecidas —el duque nació en 1579— y sobre todo porque éste era el Capitán General del mar Océano y costas de Andalucía, a cuyas órdenes estaba el cuatralbo de galeras. Además, don Manuel Alonso casó con la hija del duque de Lerma, primer ministro de Felipe III de quien el padre de Carrillo fue Presidente del Consejo de Hacienda, un motivo más que suficiente para que ambos nobles se encontrasen en el Puerto de Santa María y, posiblemente, en la corte, a donde el poeta debió de ir a menudo ya que su familia vivía allí, según consta en el expediente de hábito de Santiago de su hermano Alonso, en el que se da noticia de que éste habría nacido en Madrid y vivía «junto a los Ángeles» [14]. Conocemos, al menos, de uno de estos viajes, el que realizó con Suárez de Figueroa desde el Puerto de Santa María y que relata en *El Pasajero* [15]:

> Allí (en el Puerto de Santa María) me detuve un mes, y tratando de volver a la Corte, fue llamado a ella, de sus padres, el mismo don Luis. Estimé tan buena ocasión de hacerle compañía, gozando juntos de alegrísimo viaje.

---

[12] Véase Dámaso Alonso, *Del Siglo de Oro...*, op. cit., páginas 67-68.
[13] *Genealogía de los señores de la casa de Medina Sidonia escrita por don Luis de Salazar y Castro, chronista mayor del Rey nro. sor. Formada para que el Señor duque don Juan Claros sea recivido cavallero de la orden de Santiespiritus*, Madrid, 19 de noviembre de 1702. Archivo casa Ducal de Medina Sidonia, Leg. 229, fols. 10v-11v.
[14] Según Dámaso Alonso, en la actual Costanilla de los Ángeles, *Del Siglo de Oro...*, op. cit., pág. 59.
[15] Suárez de Figueroa, *El Pasajero*, Alivio VIII, Madrid, Renacimiento, 1913, págs. 281-282.

Por el exordio de fray Luis Núñez de Prado se tiene constancia de que don Manuel Alonso Pérez de Guzmán fue, además, «Albacea testamentario» y quien le encargó predicar las honras fúnebres de Luis Carrillo [16], por lo que la amistad entre ambos nobles debió de perdurar hasta la muerte del poeta.

Tan sólo una noticia más tenemos sobre su vida. Concretamente la que corresponde a los meses anteriores a su muerte, cuando interviene en una expedición naval, según se dice en el poema de Juan Méndez de Vasconcelos, *Liga deshecha por expulsión de los moriscos de los reynos de España* (1612), en noviembre de 1609, contra los moriscos de la sierra del Laguar [17]. Méndez de Vasconcelos dedica una laudatoria octava a Carrillo:

> El de la roja Cruz del Patrón Santo,
> a quien Apolo y tú dais la corona,
> es don Luis Carrillo cuyo espanto,
> la canora trumpeta al mundo entona.
> Aquí bañó su rostro Marte en llanto
> y Neptuno a sus ojos no perdona,
> cuando vieron la muerte tan cercana
> de un divino sujeto en forma humana.

y nuestro poeta parece que le correspondió con sus *Redondillas* «Si diere lugar mi llanto...» [18]. Entre ambos y Suárez de Figueroa —a quien Méndez Vasconcelos también dedica un poema— debió de haber cierto grado de amistad. Así, al menos nos lo hace saber respecto a Carrillo el autor de *El Pasajero*:

> DOCTOR: Trabé amistad allí (en el Puerto de Santa María) con don Luis Carrillo (...) Jamás pierdo de la memoria sus vivas virtudes, su real ánimo, por quien era amado de

---

[16] Dámaso Alonso, *Del Siglo de Oro..., op. cit.*, pág. 62.
[17] Tomo la noticia de E. Asensio, «España en la época filipina», en *RFE* XXXII, 1949, págs. 88 y ss., que cita el poema de Méndez Vasconcelos.
[18] Es Randelli quien afirma que estas *Redondillas* no están dedicadas, tal como aparece en M1, M2 y *Alonso*, al Conde de Niebla, sino a Méndez Vasconcelos, a quien alaba llamándole «Camöes nuevo, Horacio vivo» y no como enmendaron sus editores en «*Como* nuevo Horacio vivo», *Poesie..., ed. cit.*, pág. 30.

todos ternísimamente (...) No me obliga la afición a detenerme en sus alabanzas, por saber con certeza fue su valor tenido por único en opinión de todos. Así, no me dividirá de su amor, y mientras viviere, accidente humano; antes, si tanto se concediese a mis escritos en ellos ensalzaré incesablemente sus singulares dotes para que en todo los estime y venere la posteridad, y se celebren de siglo en siglo.
MAESTRO: ¡Oh, cuánto se debe estimar vuestra amistad!, ¡qué tierna, qué constante, qué agradecida muestra ser!... [19].

Pero, a pesar de estas alabanzas, no resiste la tentación de incluir en *La Constante Amariliis,* algunos sonetos de Carrillo [20]. Hecho este que Dámaso Alonso califica de «robo» [21], y que Fiorenza Randelli justifica como «fictio poetica o riproduzione quasi figurativa» [22].

Si exceptuamos estos dos casos, y el de Cascales que ya he citado, a los demás amigos de Carrillo, sólo podemos suponerlos. Quevedo, por ejemplo, le dedicó a su muerte un *Epitaphium* en latín y una bella canción, que se incluyen entre los preliminares de las *Obras,* y tal vez fuera amigo del poeta o de su hermano Alonso, a quien parece que dejó algunos libros, según consta en una nota autógrafa en la guarda del manuscrito original de su *España defendida* [23]. Participan también en estos preliminares, don Antonio de Monroy, que le dedica la *Elegía a la muerte de don Luis Carrillo;* el humanista Tribaldos de Toledo, que escribe en latín *Elegía in obitum Ludovici Carrillo;* y en la edición de 1613, un soneto de un tal doctor Romero y otro del licenciado Tomás de Carleval. Hay que notar, sin embargo, que el hecho de participar en los prolegómenos no significaba, necesariamente, amistad con el autor y, a veces, ni conocimiento del mismo, sino compromisos del impresor.

El poeta menciona, además, dentro del ambiente literario,

---

[19] Suárez de Figueroa, *El Pasajero, op. cit.,* págs. 281-282.
[20] Véase Erasmo Buceta, «Carrillo de Sotomayor y Suárez de Figueroa», en *RFE* VI (1919), págs. 299-305 y en las notas de esta edición a los Sonetos IV, V, IX, XII, XIII, XXIV, XXV, XXXII.
[21] Dámaso Alonso, *Poesías completas* de Luis Carrillo de Sotomayor, Madrid, Signo, Col. «Primavera y flor», 1936, pág. 10.
[22] Randelli, *Poesie...,* ed. cit., págs. 26-27.
[23] Véase, Justo García Soriano, «Don Luis Carrillo y Sotomayor y los orígenes del culteranismo», *BRAE,* 1926, págs. 604-605.

a Alonso Cano y Urreta, del grupo de Cascales, ante el que escribe la citada *Carta Segunda:* «nuestro amigo licenciado Cano, en cuya presencia escrivo estos últimos renglones», que Randelli cree el editor de 1613 [24].

Es esto, todo lo que hasta hoy conocemos de su posible círculo de amistades. Su profesión de marino no favorecía, precisamente, una relación continuada ni en la amistad ni en el amor. Y en realidad, menos aún sabemos de sus amores y, en este caso, la razón del secreto era, por añadidura, literaria [25]. Los nombres de las damas se velaban bajo el disfraz poético, y así aparecen Laura, Celia, Lisi, que hacen exclamar a Dámaso Alonso: «¡qué luces pálidas las de estos amores!, ¡qué viento frío: de lejanía de muerte!» [26]. Sin embargo, no todas son meras criaturas desvaídas y difuminadas para su poesía. De sus versos —la mayor parte amorosos— deducimos qué sintió por cada una de estas damas, e incluso una —la que le inspira tan feroces celos, y tan duras palabras—, Laura, fue identificada por Orozco Díaz. Con toda probabilidad se trata de doña Gabriela de Loayssa a quien se refiere, desvelando su nombre en acrósticos, en las *Décimas a Pedro Ragis* y a quien dedica los versos preliminares de su traducción del *De remedio amoris,* llamándola «su cuñada» ya que una hermana del poeta, doña Elvira Carrillo, estaba casada con don Alonso de Loayssa, hermano de doña Gabriela [27]. Laura/Gabriela abandona repentinamente al poeta parece que después de darle alguna esperanza, para casarse con don Juan Pedro Veneroso, rico comerciante, que será mencionado en la poesía de Carrillo con el virgiliano nombre de Mopso.

Es, sin embargo, Celia y su belleza la más cantada. Debió de tratarla el poeta durante sus estancias en la bahía gaditana pues suele relacionar su nombre con el del río Guadalete, con frecuencia mencionado también en la poesía carrillesca. No admito, pues, que, como opina Colao, Celia sea «una

---

[24] Randelli, *Poesie...,* ed. cit., pág. 32.
[25] Según aconsejaba Castligione en *Los quatro libros del Cortesano compuestos en italiano por el conde Balthasar Castellón y agora nuevamente traduzidos en lengua castellana,* ed. y notas de A. M. Fabié, estudio preliminar de M. Menéndez Pelayo, Madrid, CSIC. Anejo XXVII, *RFE,* 1942, pág. 306.
[26] Dámaso Alonso, *Poesías...,* ed. cit., pág. 20.
[27] E. Orozco Díaz, *Amor, poesía y pintura en Carrillo de Sotomayor,* Universidad de Granada, 1967.

cartagenera de nácar y rubí»[28]. Lisi, que también se muestra esquiva con el poeta y le hace sufrir de ausencia y celos, es, no obstante, quien más le corresponde, pero esta felicidad se trunca con la muerte de la amada (Sonetos XXXVII, «A la muerte de Lisi» y, tal vez el XXXII, «A la muerte de una dama»).

La diferenciación de sentimientos hacia estas damas (desdén, ausencia, celos, alguna alegría) no nos hace vislumbrar, de todos modos, nada extraordinario que se salga de los patrones establecidos como tópicos en los cancioneros de ascendencia petrarquista de los poetas líricos de la época. Sólo Laura/Gabriela parece inspirarle emociones convencionales. Pero sean o no sus amores sinceros, el resultado literario de la poesía erótica de Carrillo no se afecta esencialmente.

Los titubeos documentales que, hasta ahora, vienen alterando la verdadera fecha de nacimiento del poeta, con una oscilación, como vimos, que va desde 1582 a 1588, no se extiende a la fecha de su muerte. Todos, excepto Ramírez de Arellano, están de acuerdo, en que el fallecimiento se produjo el 22 de enero de 1610.

Pero es el mencionado P. Núñez de Prado quien, en el Sermón de las honras del poeta, mejor nos ilumina sus últimos días[29]. El predicador alaba, sobre todo, la piedad, las devociones y las prácticas ascéticas de Carrillo. Esta religiosidad que, al decir de Núñez de Prado, había practicado a lo largo de su vida, no se deduce de la lectura de su obra. Si exceptuamos el perdido *Poema de Santa Gertrudis* y del que sólo tenemos referencias por su hermano, Carrillo es, en todo, un poeta laico, por lo que Dámaso Alonso supone que hubo una «conversión». Bien es verdad que ya Alonso nos dice que «dos años antes de que muriese, todo ocupado en maciza virtud de santidad, ni aun se daba a estos ejercicios de ingenio»[30]. Pero este abandono de la actividad literaria había sido interpretado por la crítica como causado por la enfermedad que, poco después, le llevaría a la muerte[31].

---

[28] Alberto Colao, *Intelectuales en la Cartagena del Siglo XVII*, Cartagena, Athenas Ediciones, Col. Almarjal, 1974, pág. 67.

[29] El sermón fue parcialmente publicado por Dámaso Alonso en *Del Siglo de Oro...*, op. cit., págs. 67-73.

[30] *De las obras del autor, por don Alonso Carrillo, su hermano. Al lector*, en *Obras*, 1611.

[31] Dámaso Alonso, *Del Siglo de Oro...*, op. cit., págs. 64-65.

Las noticias sobre su intervención en la sierra del Laguar en los últimos meses de 1609 y los datos ofrecidos por el P. Núñez de que esta enfermedad duró «once días», han llevado a un replanteamiento de la cuestión y Orozco Díaz [32] ha supuesto que, el «punto de enlace, la conversión» por la que se preguntaba Dámaso Alonso, fue fruto de la desolación que le produjo el abandono de doña Gabriela de Loayssa.

La muerte le sobrevino en el Puerto de Santa María «con sentimiento general de todos, y declaró que tenía hecho voto de castidad y religión. Fue su cuerpo depositado en el Convento de San Francisco, hasta que fue traydo a Córdoba, donde yaze» [33]. Concretamente, en la capilla de San Pablo de la Mezquita-Catedral.

Ramírez de Arellano descubrió el cadáver del poeta en esta capilla, que había llegado a ser patronato de su familia, y nos da esta curiosa referencia: «Don Luis estaba armado, pero la coraza se deshizo al tocarla. Debajo se veían los encajes de la ropa, que también se redujeron a polvo al contacto del aire. La cabeza estaba deshecha y parecía un montoncito de sal. Estaba intacto el manto de la Orden de Santiago, que es de seda, y la empuñadura (dorada) de la daga, y las espuelas, aunque muy corroídas, representaban unas mariposas con las alas abiertas. Las espuelas y la empuñadura de la daga las conservamos en nuestra colección; todo lo demás quedó en su sitio» [34]. Estas últimas palabras indignaron a Dámaso Alonso que dice: «Ignoro qué derecho pudo tener el Sr. Ramírez de Arellano para enriquecer su colección de aficionado a las antiguallas con los despojos de la tumba del puro poeta» y añade: «Mal se cumplieron los deseos del anónimo que pedía:

> Respeta este sepulcro, que es trofeo
> del nombre de Carrillo y de Fajardo,
> que al Lete dio más nombre que su olvido.
> Para en los desengaños el deseo,
> y vete, pues has visto el más gallardo,
> en poca tierra, en tierra convertido» [35].

---

[32] Orozco Díaz, *Amor...*, *op. cit.*, pág. 112.
[33] Carrillo Lasso, *Epítome...*, *op. cit.*, fol. 41v.
[34] Ramírez de Arellano, *Ensayo...* I, *op. cit.*, pág. 117.
[35] Dámaso Alonso, *Poesías...*, ed. cit., pág. 13. Se refiere a los versos 9-14 de un Soneto de los preliminares de M2 que aportó completo en esta edición.

Carrillo y Sotomayor en la encrucijada estética de su tiempo: teoría y praxis poéticas

Si siempre es arriesgado circunscribir un autor a unos límites estéticos concretos, el atrevimiento se convierte en temeridad cuando a quien se quiere ubicar es a un poeta que, como Carrillo, nació en el último tercio del XVI —siglo que había supuesto la gran renovación de la lírica culta— y que sólo vive la primera década del XVII, cuando Góngora aún no había dado a conocer sus *Polifemo* y *Soledades,* auténtico punto de partida para la que se llamó «nueva poesía» [1].

Como sus contemporáneos, Carrillo no se adscribe a una sola corriente estética. Es un poeta de transición y no arraiga, por tanto, de manera decidida en ninguno de los movimientos literarios de su época. Sin embargo, esta falta de nitidez en sus posturas artísticas, esta ambigüedad son, en mi opinión, uno de sus mayores atractivos. Pero la poesía carrillesca no es excepcional, y se sitúa, por tanto, en la encrucijada de tres estéticas: Renacimiento, Manierismo y Barroco. La delimitación cronológica entre cada uno de estos movimientos —como todo intento de periodización de conceptos culturales—, no es nada fácil y esta dificultad se acrecienta, además, cuando, precisamente, el Manierismo y el Barroco «se producen como transformación desde dentro del mundo de formas y temas de la tradición clásica» [2]. En efecto, el que

---

[1] Cfr. Andrée Collard, *Nueva poesía. Conceptismo, Culteranismo en la crítica española,* Madrid, Castalia, 1967.
[2] E. Orozco Díaz, *Manierismo y Barroco,* Madrid, Cátedra, 1975, págs. 41-42.

ambos estilos hundan sus raíces en el Renacimiento, no ha dejado de crear confusiones nacidas, a mi parecer, de la utilización simultánea de ópticas interpretativas que afectan a distintos enfoques. Es frecuente, por ejemplo, encontrar mezclados conceptos temáticos y estilísticos, que complican cualquier intento diferenciativo entre las tres estéticas. Así, mientras es común hablar de unos temas renacentistas y otros específicamente barrocos [3], no es posible proceder, tan claramente, para el Manierismo, en el que priva más la «manera» que la «materia» [4], y siempre que se han catalogado repertorios temáticos han dado la sensación de ser muy generales y poco significativos. En realidad, la creación manierista no busca temas diferentes de los propuestos por el Renacimiento, pero abandona la unidad clásica en pos de una estética de la variación y la multiplicidad. De este modo, se puede dar el hecho, aparentemente paradójico, de que dos críticos presenten un mismo tema como específico del Manierismo y del Renacimiento. Así, Dubois piensa que la melancolía escenificada con ruinas, evocando civilizaciones poderosas, es un motivo característico del Manierismo [5]; mientras que para Margot [6] lo es del Renacimiento. Pero lo curioso es que ambos se apoyan en el grabado de Alberto Durero, *Melancholia,* como representación simbólica de las dos épocas, corroborando así la incrustación de elementos entre estas estéticas [7]. Sin embargo, es necesaria alguna —aunque mínima— sistematización. Preciso es acotar, en lo posible, límites artísticos tan confusos, para que, sin superponer diferentes puntos

---

[3] Véanse los excelentes ensayos de Orozco Díaz, *Temas del Barroco,* Granada, Universidad, 1947, y de Jean Rousset, *Circe y el Pavo real,* Barcelona, Seix Barral, 1972.

[4] G. Dubois, *El Manierismo,* trad. de E. Lynch, Barcelona, Península, 1980, pág. 205.

[5] *Idem,* pág. 216.

[6] Margot Arce, *Garcilaso de la Vega. Contribución al estudio de la lírica española del siglo XVI,* 3.ª ed., Puerto Rico, Ed. universitaria, 1969, págs. 40-51.

[7] Sin embargo, los intentos delimitativos no han sido abandonados por la crítica. Recuérdense los estudios de Arnold Hauser, *El Manierismo. Crisis del Renacimiento y origen del arte moderno,* Madrid, Guadarrama, 1971, págs. 321-322; E. R. Curtius, *Literatura europea y Edad Media latina,* 2.ª reimp., vol. I, México, F. C. E., 1976, págs. 384-422; E. D'Ors, *Lo Barroco,* Madrid, Aguilar, 1964, por citar sólo algunos.

de vista, pueda la poesía carrillesca ser apreciada en su justo valor. La necesidad se acentúa cuando recordamos que Carrillo es, además de poeta, autor de una teoría poética. Difícilmente podríamos cerrar los ojos a la evidencia de que, no sólo se ejercita en una poesía nacida de esta confluencia de estéticas, sino que se pronuncia, en el plano teórico, sobre sus ideas. Se inserta así entre aquellos autores de preceptivas literarias que tanto proliferaron en los últimos años del siglo XVI, y engrosa con su *Libro de la Erudición Poética,* la larga nómina de tratados que se proponen, con una postura intelectualista, la interpretación de los teóricos antiguos. Sin embargo, no es ésta la única ocasión en que Carrillo manifiesta sus preocupaciones estéticas. En la Elegía «Coronaban bellas rosas...» se plantea uno de los temas que, tal vez, le preocupaban más: la elección entre sencillez y dificultad. En realidad, sus ideas, independientemente de la valoración que se haga de su teoría poética, configuran un espíritu seleccionador y un afán de apartarse de lo vulgar, llevando hasta las últimas consecuencias la máxima de Horacio: *odi prophanum vulgus et arceo.*

Me he referido antes a la valoración del tratado, porque si algo caracteriza a la obrita del cuatralbo es, precisamente, la equívoca y, a veces, hasta contradictoria opinión que le ha merecido a la crítica. Así desde la escasa atención que le presta Menéndez Pelayo, para quien sólo es «digna de memoria» aunque no «de análisis» [8]; hasta el aprecio en que Vilanova tiene al tratado de Carrillo, como «el verdadero manifiesto del culteranismo naciente» y como «la primera poética del Barroco» [9], existe todo un conjunto de opiniones que hacen pensar que el *Libro de la Erudición Poética* se ha valorado interesadamente, según a qué molino se quisiera llevar el agua. Además, Carrillo ni siquiera parece vislumbrar que, con el tiempo, iba a ser considerado el iniciador de ciertas tendencias poéticas originadoras de polémicas, cuyos seguidores parecerán irreconciliables. No quiere esto decir que el poeta no estuviera orgulloso de su obra. Así se deduce, al

---

[8] M. Menéndez Pelayo, *Historia de las Ideas Estéticas en España,* vol. I, Madrid, CSIC, págs. 836-837.
[9] Vilanova, «Preceptistas españoles de los siglos XVI y XVII», en *Historia General de las Literaturas Hispánicas,* dirigida por G. Díaz-Plaja, III, Barcelona, Vergara, 1967, pág. 643.

menos, de la *Carta Segunda* [10] dirigida a alguien del grupo murciano de Cascales y que se supone contestación al envío de su tratado. Por la respuesta, sabemos que le reprochó «demasiado cuidado en la prosa y demasiada confusión (que es la verdadera oscuridad viciosa) en un Soneto». Respecto a la primera crítica, Carrillo se justifica: «me ha parecido responder así según las ocasiones, así son los estilos del escribir, y éstos supuesto que su fin sea (...) y el medio deste fin sea con palabras, según el fin que yo propusiere en mi disputa, así ha de ser el medio de las palabras con que lo intentara».

De estas palabras se deduce que Carrillo escribió con cuidado su obra, porque así convenía a su materia —ratificándose en uno de los principios aristotélicos que había expuesto en el tratado— y que no piensa rectificar porque fue fruto de una larga meditación: «merecerá su priessa (la de la carta) alguna disculpa, no mi opinión, pues ha sido imaginada días ha, y despacio». Manifiesta Carrillo una vocación de tratadista a la que debió dedicar bastantes horas de reflexión y, casi me atrevería a decir, que colocaba su obra teórica en un lugar de preferencia. Así se explica que pida opinión a los humanistas murcianos sobre ella y que no parezca haber procedido del mismo modo con la poesía: «desconozco esta culpa (ser confuso) pues no sé cuál Soneto mío haya llegado a sus manos de V. M.»; esta preocupación del poeta va más allá de un mero deseo de convalidar teoría y praxis poéticas como cree Battaglia «a se stesso prima che con gli altri» [11].

Sus ideas no parecen, además, debilitarse con las observaciones de los expertos como se hubiese esperado en quien humildemente pide opinión desde una postura poco ventajosa. Lejos de retractarse, se reafirma y repite, al final de la carta, lo que se ha propuesto: «y en lo que toca a mi discurso, el fin suyo y mío es probar, siendo vicio la oscuridad, como lo es, no ser escuro a lo que el vulgo da tal nombre y esto basta a quien sabe tanto». Se impacienta, nuestro poeta, al no ser entendido y termina con cierto tono irónico.

---

[10] Las citas de esta *Carta segunda,* están tomadas de las *Obras* (1611) de Luis Carrillo, fols. 141-142v.

[11] Salvatore Battaglia, «Un episodio dell'Estetica del Rinascimento spagnolo: Il *Libro de la Erudición Poética,* de Luis Carrillo», en *Revista de Filología Romanza,* núm. 2, Turín, 1954, página 27.

Cuando un escritor se decide a expresar en un tratado sus ideas, éstas, lógicamente, no son contrarias a su práctica poética. En el caso concreto del cuatralbo, es evidente que si su obra en verso no fuese exquisita y con rasgos cultistas, no hubiera insistido en su tratado sobre el aristocratismo de la «dificultad docta» y la necesidad de separarse de lo vulgar. Creo que en este sentido debe ser interpretada la observación que Dámaso Alonso hace de Luis Carrillo: «Tal vez jamás haya habido poeta más consciente de su arte en quien las cualidades críticas y las de creación hayan ido más parejas» [12]. Pero, si esta afirmación del ilustre crítico se tomara literalmente, sería desde luego el de Carrillo un caso poco frecuente, porque las innovaciones estéticas suelen desarrollarse con independencia de las teorizaciones de los preceptistas y, como observa Vilanova, la iniciativa parte siempre «del genio individual del escritor y en modo alguno de las normas y preceptos de una escuela» [13].

La importancia del tratado de nuestro poeta fue señalada por primera vez por el hispanista belga L. P. Thomas [14], interés que fue reclamado después por Justo García Soriano para quien la distinción y el aristocratismo literario de la producción carrillesca se sistematiza y defiende en el *Libro de Erudición Poética*. Para el estudioso de Cascales, la obra del cuatralbo se convierte, pues, en una apología y exposición doctrinal del estilo culto y en la proclama de presentación del culteranismo, convirtiéndolo en sistema estético [15]. Esta tesis no encontró al principio la atención que merecía, pero la revalorización de la obra gongorina hizo volver los ojos a la poesía de Carrillo y a su breve exposición teórica y, efectivamente, la idea de que es un verdadero manifiesto que contribuyó a intensificar la complicación gongorina, ha sido, después, insistentemente repetida, generando a veces polémica entre carrillistas y gongoristas. No es este el lugar [16] de hacer-

---

[12] Dámaso Alonso, *Poesías...*, ed. cit., pág. 19.
[13] Vilanova, «*Preceptistas...*», estudio citado, pág. 569.
[14] Lucien-Paul Thomas, *Essai sur le lyrisme et preciosité cultistes en Espagne, étude historique et analytique,* París, Honoré Champion, 1909, págs. 74-77.
[15] J. García Soriano, «Don Luis Carrillo y Sotomayor y los orígenes del culteranismo», en *BRAE* (1926), pág. 608.
[16] Remito al lector a mi estudio, *La obra poética de Luis Carrillo y Sotomayor,* Servicio de Publicaciones de la Diputación

nos eco de la controversia, que, de un modo un poco forzado, planteó la crítica en los aledaños del centenario de Góngora, pero sí creo oportuno hacer notar que, en lo que respecta al *Libro de la Erudición Poética,* casi todos están de acuerdo en considerarlo como la base teórica de la poesía culterana [17]. La coincidencia no es unánime y frente a quienes valoran el tratado como manifiesto revolucionario e innovador, se coloca Battaglia, al juzgarlo como epígono de la teoría estética renacentista [18]. Ante posturas aparentemente encontradas, lo más certero sería ir punto por punto al texto del poeta. No hay aquí espacio para ello, pero creo ineludible referirme a algunos aspectos que me parecen útiles para configurar el diseño de la teoría y la praxis poéticas de Carrillo. Ya desde su título completo se revela la idea que, aparte de matizaciones, obsesionaba al poeta: *Libro de la Erudición Poética ó lanças de las Musas contra los indoctos, desterrados del amparo de su deydad.* Es esta la intención primera de su tratado porque el vulgo pretende, erróneamente, entender y juzgar la Poesía. Tan clara es la postura de Carrillo al respecto que fue tomada como argumento por Pedro Díaz de Rivas, defensor de la artificiosidad gongorina, cuando apunta:

> el poeta no tiene obligación de regular la alteça de su ingenio con el juizio del vulgo, antes todos huyeron de agradarle. De lo cual solo hizo un tractado don Luis Carrillo (ilustre ingenio cordobés) a quien tituló *Erudición poética* [19].

Para el apologista de Góngora no hay duda del motivo que impulsó a nuestro poeta a expresar su aristocratismo estético. Carrillo siente peligrar la auténtica Poesía si, incitada por los ignorantes, abandona la «elocución». Se impone, por

---

Provincial de Córdoba, 1984, donde resumo el estado de la cuestión.

[17] Véanse, además de los estudios citados de L. P. Thomas, García Soriano y Vilanova, el trabajo de Sanford Shepard, *El Pinciano y las teorías literarias del Siglo de Oro,* Madrid, Gredos, 1970, págs. 190-193 y la opinión que sobre el tema expresa, A. García Berrio, en *España e Italia ante el conceptismo*, Madrid, CSIC, 1969, pág. 41.

[18] Battaglia «Un episodio...», art. cit.

[19] E. J. Gates, *Documentos gongorinos. Discursos apologéticos de Pedro Díaz de Rivas y Antídoto de Juan de Jáuregui,* El Colegio de México, 1960, pág. 20.

esto, reafirmar la valoración del lenguaje poético y, para ello, lo primero es marcar las diferencias con otros posibles:

> Diferente es el estilo del Historiador al del Poeta, en quanto al hablar: en él solo se diferencian estos dos diuersos géneros de eloquencia. Historia con fábulas es el argumento del Poeta, historia lo es el del Historiador [20].

El tratadista distingue entre tres empleos lingüísticos cuyos fines son también diversos: el *común* para comunicarnos, el *útil* y *educativo* para la Historia y el *deleitoso* para la Poesía. En realidad, la teoría no es novedosa. Bajo estas ideas se reconocen las de Horacio y Aristóteles a través de la exégesis de Escalígero, sobre todo. Pero Carrillo va más allá y, en un intento de colocar a la Poesía en el lugar más privilegiado, establece la distinción entre los meros versificadores y los Poetas:

> los que contaron senzillamente, hicieron solo versos, llamados Versificadores. Pero los que ygualaron con toda variedad perficionando la imitacion en su materia anchisima, fueron Poetas [21].

Sin embargo, como he anotado anteriormente la verdadera Poesía está, en opinión de Carrillo, velada a los ignorantes:

> ¿De quando acá el indocto presumió de entender al Poeta (...)? (...) Engañóse por cierto quien entiende los trabajos de la Poesía auer nacido para el vulgo (...) Mal se atreuerá el indocto a mirar las obras del que no lo es [porque] no le es dado al vulgo juzgar derechamente de la virtud perfecta de una cosa y todo aquello que fuesse perfecto será sumo y él esso ignora (...) El Orador cuelga de la aprouación del pueblo sus buenas o malas razones, con los buenos, o malos discursos (...) De sí el Poeta se cuelga y se es el oyente, él es el juez en su misma causa [22].

---

[20] De ahora en adelante cito el *Libro de la Erudición Poética* por la edición y numeración de M. Cardenal Iracheta, Madrid, CSIC, *BALH,* 1946, pág. 9.
[21] *Ídem,* pág. 11.
[22] *Ídem,* pág. 13-17.

No es posible, asegura Vilanova «una afirmación más tajante de independencia artística y de soberbia intelectual que la que encierran las palabras de Carrillo, verdadera profesión de fe de un arte de minorías»[23].

Para nuestro tratadista, el Poeta, además tiene que esforzarse. La inspiración llega tras la disciplina del intelecto y se consigue con fatiga:

> no sin trabajo se dejan ver las Musas, lugar escogieron bien alto, trabajo apetecen y sudor[24].

El motivo tomado de Horacio, fue repetido por los preceptistas del Renacimiento y, entre ellos, por el Pinciano en cuya paráfrasis tal vez se inspiró Carrillo[25]. Se aleja, por tanto, del idealismo platónico de Herrera que hace suyas las doctrinas del *Fedro* y el *Ion* sobre la inconsciencia artística que, como una divina enajenación, inspira el genio creador de los poetas[26]:

> y sucede muchas vezes que, resfriado después aquel calor celeste en los escritores ellos mismos, o admiren o no conoscan sus mismas cosas; alguna vez no las entiendan en aquella razón a la cual fueron enderezadas[27].

En esta actitud de Carrillo encuentra Battaglia la nota más vibrante del tratado porque, entre todas sus proposiciones críticas —tomadas de las poéticas de su tiempo y de la erudición tradicional— pone el acento en la convicción de que es la virtud la sublimadora del arte[28].

Debe poseer el Poeta, para diferenciarse del Versificador, ciertas cualidades ineludibles:

---

[23] Vilanova, «Preceptistas...», citado, pág. 645.
[24] *Libro,* ed. cit., pág. 18.
[25] A. López Pinciano, *Philosophia Antigua Poetica,* ed. de Carballo Picazo, vol. I, Madrid, CSIC, *BHLH;* serie A, vol. XX, páginas 152-154.
[26] Véase al respecto, Vilanova, «Preceptistas...», pág. 579.
[27] *Anotaciones* de F. de Herrera, en *Garcilaso de la Vega y sus comentaristas,* ed. de A. Gallego Morell, Madrid, Gredos, 1972, pág. 318.
[28] Battaglia, «Un episodio...», págs. 34-35.

> Forçosa consequencia será pues que la Poesía usada de algunos modernos deste tiempo, será la buena y imitándoles se ha de tratar con su agudeza, elocuciones y imitaciones, y no ignorar de todas las ciencias los puntos que se le ofrecieren [29].

Y esta teoría no es otra que la aristotélica de la *mímesis* a la que hicieron referencia todos los tratadistas. Ya el Brocense, en el prólogo a la segunda edición de su *Anotaciones y Enmiendas,* había afirmado de manera tajante que no podía ser buen poeta quien no imitase a los excelentes antiguos. Seguía así las doctrinas poéticas renacentistas y, sobre todo, a Escalígero, que tan claramente las había expuesto en sus *Poetices Libri Septem* en 1561. En este mismo sentido se expresan el Pinciano —el más aristotélico de nuestros preceptistas—; Cascales en las *Tablas Poéticas,* etc. La excepción es, sin duda, Herrera que arremete contra la imitación servil de antiguos e italianos porque:

> ombres fueron como nosotros, cuios sentidos y juizios padecen engaño y flaqueza, i así pudieron errar y erraron [30].

Cree el crítico sevillano que la originalidad es compatible con la imitación siempre que no sea ésta sumisa repetición de ideas e impulse a encontrar nuevos modos. Intenta conciliar, así, el concepto aristotélico con la teoría platónica del genio poético. Pero Carrillo ya ha dado muestras de rebosar admiración por Aristóteles y acepta sin reservas su idea de *mímesis* y al autorizarla con ejemplos camina hacia el núcleo de su tratado, que no es otro que el de situar a la Poesía en el lugar más elevado, al que sólo tendrá acceso una minoría culta. Este concepto de imitación, tan exageradamente defendido por Escalígero y el Brocense, tiene, sin embargo, para nuestro poeta, un sentido más literario e intelectual y se dirige a un ideal erudito logrado con el estudio. La clave ya no está tanto en la consecución de un lenguaje poético singular, como en que éste sea bello y perfecto por *difícil.* De este modo, y aunque se apoya en los preceptistas clásicos —Horacio y Quintiliano sobre todo— y su pensamiento ya estaba implícito en las teorías herrerianas, al exigir la difi-

---

[29] *Libro...,* ed. cit., págs. 24-25.
[30] *Anotaciones,* ed. cit., pág. 320.

cultad como signo distintivo de la expresión poética, propugna una poesía inaccesible al lector ignorante, de la que no será culpable el Poeta:

> lícito le será al Poeta, y todo, diferente género de lenguage que el ordinario, y común aunque cortesano y limado, no en las palabras diferentes, en la disposición dellas, digo en su escogimiento. ¿Por qué razón no le obligará? a nouedad tanta variedad de tropos, si no conviene su galantería con el curso del estudio? (...) Los Poetas, de la común manera de hablar, y costumbre del vulgo se apartan (...) quien no está acostumbrado a oyr estas licencias, ni esta nueua disposición de palabras, ¿por qué será el pecado del Poeta no entenderlo? ¿No será más justo de su floxedad, y de su ignorancia? [31].

Creo que tiene razón Vilanova al atribuir a este pasaje una trascendencia incalculable porque «se propugna por primera vez en la literatura de los siglos XVI y XVII la necesidad de una poesía difícil, escrita en una lengua distinta de la del vulgo, y que ofrezca, incluso para los doctos, una cierta dificultad para ser entendida» [32]. Se trata tan sólo en cambio para Battaglia del resultado de todo el pensamiento estético del Renacimiento y se mantiene, por tanto, dentro de la línea tradicional, por lo que se reafirma en su tesis de que no es tan evidente «che con le sue brevi pagine il Carrillo ei abbia dato il *manifesto* della maniera gongorina e culterana» [33].

Lo cierto es que Carrillo, aunque se apresura a censurar la *oscuridad,* la restringe sólo a aquello que no tiene sentido o es defectuoso y establece una ingeniosa y casuística distinción entre *oscuridad/dificultad docta*. Admite esta última ampliando sus límites, de tal manera que se adentra en el terreno de una oscuridad poética muy cercana a la practicada después en el *Polifemo* y las *Soledades* por Góngora quien, al ser censurado por ella, la defiende con los mismos argumentos que Carrillo:

> Demás que honra me ha causado hacerme escuro a los ignorantes que esa es la distinción de los hombres doctos, hablar

---

[31] *Libro...*, ed. cit., págs. 39-40.
[32] Vilanova, «Preceptistas...», citado, pág. 647.
[33] S. Battaglia, «Un episodio...», art. cit., págs. 38-39.

> de manera que a ellos les parezca griego; pues no se han
> de dar piedras preciosas a los animales de cerda [34].

La ambigüedad y sutileza con que Carrillo distingue entre conceptos tan cercanos, rechazando uno y aceptando otro, ha conducido a la crítica a establecer una valoración equívoca de su teoría poética. Para unos, es evidente el tono rotundo que nuestro poeta emplea para condenar la oscuridad. Además, y antes que Battaglia, lo había señalado Menéndez Pidal cuando afirma que «la oscuridad es simplemente abominable hasta para el joven don Luis Carrillo en su *Libro de la Erudición Poética* que es un manifiesto del nuevo gusto entonces incipiente» [35]. Para otros, especialmente para Vilanova, la vituperación que de la oscuridad hace el cuatralbo, es más formularia que sentida y no merece ningún crédito. Incluso opina que su convincente defensa de la *claridad* frente a la *oscuridad* es sólo aparente [36]:

> Esta manera pues de escriuir defiendo, esta estimo: la claridad ¿quién no la apeteció? ¿O quién tan enemigo del parecer humano, que osasse preferir la noche al día, las tinieblas a la luz? [37].

Creo ver en estas palabras de Carrillo el magisterio de su amigo Cascales, quien en sus *Tablas Poéticas* —redactadas alrededor de 1604, es decir, por los mismos años que el *Libro de la Erudición Poética*— defiende, en parecidos términos y con argumentos semejantes la claridad. El humanista murciano que sólo condenaba en estas páginas la poesía oscura también para los doctos es más inflexible cuando al volver sobre el asunto en las *Cartas Filológicas,* impugna decididamente la oscuridad gongorina porque ésta no es más que el producto de una vana ostentación, «para que se entienda que ellos solos saben» porque:

---

[34] Cita tomada de la selección de textos que Martínez Arancón hace en *La batalla en torno a Góngora,* Barcelona, Bosch, 1978, pág. 43.

[35] Menéndez Pidal, «Oscuridad, dificultad entre culteranos y conceptistas», en *Castilla. La tradición. El idioma,* Buenos Aires, Espasa-Calpe, Austral, núm. 501, págs. 219-228.

[36] Vilanova, «Preceptistas...», citado, págs. 648-649.

[37] *Libro...,* ed. cit., pág. 48.

qué otra cosa nos dan el Polifemo y Soledades, y otros poemas semejantes, sino palabras trasformadas, con catacreses y metáforas licenciosas que cuando fueran tropos muy legítimos, por ser tan continuos y seguidos unos con otros, habían de engendrar oscuridad, intrincamiento y embarazo y el mal es, que de sola la colocación y abusión de figuras nace y procede el caos desta poesía. Que si yo no la entendiera por los secretos de naturaleza, por las fábulas, por las historias (...), cruzara las manos y me diera por rendido, y confesara que aquella oscuridad nacía de mi ignorancia y no de culpa suya, habiéndolo dicho dilucido y claramente como debe [38].

Cascales insiste en censurar no la oscuridad de los conceptos, pues éstos deben ser comprendidos por los lectores cultos, sino la que afecta, por arbitrariedad del poeta, a la forma de expresarlos. Esta teoría será después recogida por Jáuregui en el *Discurso poético,* cuando defiende la claridad formal y admite, únicamente, la dificultad y elevación de los conceptos. Postura que es la que, para Vilanova, «sienta las bases de la posterior distinción entre conceptismo y culteranismo». Así para el eminente crítico, mientras el *Libro de la Erudición Poética* es «el verdadero manifiesto de la poesía barroca que contiene a la vez los principios de la escuela conceptista y culterana» el *Discurso poético,* será el de «la reacción clásica, severamente antibarroca, de la que paradójicamente han extraído sus armas, no sólo los detractores de la escuela culterana, sino también los partidarios de la manera conceptista» [39].

Opino, no obstante, que el reparto de «manifiestos» entre Carrillo y Jáuregui que hace Vilanova y su interpretación bipolarizada, es más un fruto crítico de nuestro tiempo —al que hay que reconocerle un indudable valor metodológico— que una realidad acorde con la perspectiva con que se escribían este tipo de tratados en el siglo XVII.

Además el *Libro de la Erudición* y el *Discurso* coinciden en las ideas generales. Los dos sienten como necesidad la consecución de un lenguaje que enaltezca la Poesía y la separe

---

[38] *Cartas Filológicas,* ed. de J. García Soriano, Madrid, Espasa-Calpe, Clásicos Castellanos, vol. I, págs. 146-147.
[39] Vilanova, «Preceptistas...», págs. 650-651.

de otros géneros, aunque se haga difícil a los iletrados, llevando a Jáuregui a expresarse en términos carrillescos:

> Cierto es que los ingenios plebeyos y los no capaces de alguna elegancia no pueden extender su juicio a la majestad poética, ni ella podría ser clara a la vulgaridad menos que despojada de las gallardías de su estilo, (...) circunstancias y adornos forzosos en la oración magnífica (...) Es cierto que la obra excelente no puede ser estimada en su justo valor menos que por otro sujeto igual a quien la compuso [40].

Aunque también es cierto que el poeta sevillano en su ataque a los culteranos asegura que éstos son oscuros incluso a los doctos. Sólo admite la oscuridad de los conceptos, abominando de la derivada de las palabras, que, en contra de lo que hacen creer los poetas oscuros, no cuesta ni trabajo ni estudio porque «dar luz es lo difícil, no conseguirla facilísimo» [41].

En realidad, entre las ideas estéticas de la época existe un hilo conductor derivado de la común interpretación que de los preceptos aristotélicos y horacianos habían hecho los exégetas italianos. De aquí la concurrencia de pensamiento entre las *Anotaciones* de Herrera, el *Libro de la Erudición* de Carrillo y el *Discurso poético* de Jáuregui [42]. Aumentan, por ello, las posibilidades de cometer un error de óptica interpretativa, si desgajamos del contexto general de las teorías poéticas de la época, sólo el aspecto que interese a nuestra tesis, argumentada, además, con puntos de vista del siglo XX. En consecuencia —y aún a riesgo de mostrar cierta irresolución crítica— ni me parece aceptable en todos sus términos la calificación de «manifiesto revolucionario» que se le ha dado al *Libro de la Erudición* —no tiene suficiente entidad para ello, ni debió divulgarse más allá de círculos restringidos— ni valoro el tratado de Carrillo sólo como la mera revelación

---

[40] Jáuregui, *Discurso poético,* ed. de M. Romanos, Madrid, Editora Nacional, 1978, págs. 127-128.
[41] *Idem,* pág. 142.
[42] Véanse, L.-P. Thomas, *Essai sur le lyrisme et preciosité cultistes en Espagne,* París, Honoré Champion, 1909, págs. 125-128 y M. Romanos, prólogo a la ed. cit. del *Discurso poético,* páginas 45-46.

de su temperamento poético, incapaz de ordenarlo en un sistema orgánico. Opino, en cambio, que su contribución —aunque modesta— a la tratadística de la época es un hecho irrecusable y, por otro lado, sin poder asegurarlo, las innegables similitudes entre la teoría carrillesca y la práctica gongorina, me llevan a creer que, si no el determinante, sí fue el tratado de Carrillo, un acicate más o una ratificación que las propias ideas del gran poeta cordobés necesitaban.

Es evidente que las preocupaciones teóricas de Carrillo se insertan, como su praxis poética, en el cruce del trío de estéticas de la época.

Ya me he referido a la dificultad que entraña acotar movimientos culturales y más aún cuando, como en este caso, las tres estéticas, coinciden en algunos aspectos generales, aunque no en los matices. Así, por ejemplo, tanto el Renacimiento como el Manierismo, vuelven sus ojos al mundo clásico, pero este fenómeno se produce de modo distinto para uno y otro movimiento, sobre todo en lo que concierne a la imitación de los antiguos. Porque, mientras el artista y el poeta del primero se recrearon en la contemplación de los clásicos con espontánea libertad y las opiniones de los tratadistas contaron como algo secundario respecto a las grandes creaciones que se admiraban y recordaban, en el segundo, la interpretación de los tratadistas se fija como norma [43].

En la creación manierista ha sido explícitamente reivindicado el concepto de *mímesis* porque al colocarse «bajo la inspiración de un modelo magistral», considerarse «un honor el derecho a reproducirlo» [44]. La diferenciación está más en la «manera» de tratar el mismo repertorio temático. Como fruto de la actitud intelectualizada del Manierismo —muy acorde con su carácter restringido— las variaciones que, dentro de un tema, se propone el manierista, están siempre dentro de una normativa que respeta y que tiene conscientemente asumida.

Las alteraciones que los poetas se permiten se orientan, en la mayoría de los casos, a los recursos estilísticos que, aunque no difieren demasiado de los empleados por los líricos del Renacimiento, desde una perspectiva manierista gustan de complicar artificiosamente pero sin llegar nunca a romper con lo establecido. Es precisamente en este respeto a la nor-

---

[43] E. Orozco Díaz, *Manierismo...*, op. cit., págs. 161-162.
[44] Dubois, *El Manierismo...*, op. cit., pág. 11.

ma —además de en la intensificación de recursos formales— en lo que se distingue de la actitud barroca. Con acierto observa Orozco al respecto, que las *Soledades* fueron, atacadas por su oscuridad, pero, sobre todo, «por esa ruptura con una normativa en muy buena parte vigente entonces entre los hombres cultos y hombres de letras»[45].

Casi me atrevería a aventurar que el hipérbaton, el léxico cultista, los encabalgamientos, metáforas, etc., del gran poema gongorino, hubiesen sido un pecado más perdonable por los enemigos de Góngora si hubiese respetado el precepto aristotélico acatado por el Manierismo de «Según sea la materia, así ha de ser el estilo» porque no se debe componer un poema lírico con la extensión de un poema épico.

Como otro matiz diferenciador más, podría referirme a la posible incidencia social de estos movimientos. Mientras existe un sincretismo entre el arte, la sociedad y el pensamiento en el Renacimiento y en el Barroco, el Manierismo, como hecho exclusivamente artístico, para nada influye ni se deja influir de la sociedad[46]. En el mismo sentido se expresa Hatzfeld cuando asegura que «mientras el Manierismo tiene un carácter más restringido, el Barroco asumió una función pública y representativa»[47].

En la praxis poética de Carrillo encontramos elementos derivados de estas tres estéticas. Por un lado, los temas responden, en muchos casos, a esquemas renacentistas. Así en lo que respecta a la poesía amatoria —auténtico eje temático de su obra— nuestro poeta recoge la tradición erótica provenzal a la que añade las teorías amorosas que habían llegado al Renacimiento procedentes del petrarquismo. Enriquecido todo ello con la depuración que del sentimiento del amor cortés habían hecho los autores del «dolce stil nuovo» y por el platonismo o, más exactamente, por la interpretación que del filósofo griego habían efectuado Ficino, León Hebreo y, sobre todo, Castiglione en *Il Cortegiano* (1528).

Se reconoce, pues, en Carrillo una cultura y tradición que se podría concretar como petrarquista y herreriana. Sin embargo, y a pesar de esta persistencia de patrones —común a

---

[45] Véase la extensa nota de Orozco Díaz en *Manierismo...*, *op. cit.*, pág. 163.
[46] *Idem, Manierismo...*, pág. 42.
[47] Hatzfeld, *Estudios sobre el Barroco,* Madrid, Gredos, 1973, pág. 227.

los poetas amatorios de la época literaria de Carrillo— se observa que en nuestro autor van surgiendo elementos nuevos, tales como el progresivo abandono de la introspección psicológica —tan petrarquista— y de las historias subjetivas y la aparición paulatina, en cambio, de cierta objetividad representada por medio de unos valores ejemplares característicos de la poesía carrillesca, además de una aceptación, que se podría calificar de estoica, del dolor y del desengaño que no sumerge al poeta en el pesimismo absoluto [48]. Tal vez, inconscientemente, Carrillo va adoptando de este modo una actitud que lo acerca al Barroco.

No obstante, del conjunto de la temática amorosa del poeta (desdén, ausencia, celos, alguna alegría por la belleza o presencia de la dama), no se vislumbra nada extraordinario que se salga de los moldes establecidos como tópicos en los cancioneros petrarquistas de los poetas líricos de su época. En fin, el sentimiento amoroso en la poesía de Carrillo cuenta con los rasgos esenciales heredados y depurados por la tradición, corroborando la polémica tesis de Otis H. Green cuando defiende que la vieja temática del amor cortesano está aún vigente en el siglo XVII y en poetas tan significativos como Quevedo [49].

Tal como cabía esperar, es su actitud frente a la naturaleza, donde Carrillo se nos manifiesta más renacentista. Habían sido precisamente los humanistas del Renacimiento quienes habían configurado una perspectiva peculiar en el análisis de este motivo temático. La vida sencilla del campo fue considerada por los hombres cultos de las ciudades, como un ideal de paz, pero también como la nostalgia de una existencia más bella que se concreta en el concepto utópico de la *Edad de Oro* de origen clásico y en nombres como Hesíodo, Platón, Virgilio, Ovidio, etc. [50].

Carrillo sabe seleccionar los fondos paisajísticos que enmarcan las doloridas quejas de los personajes bucolizados

---

[48] Véase lo que opina al respecto, F. Randelli en su edición *Poesie...*, citada, págs. 63-64.

[49] Cfr. Otis H. Green, *El amor cortés en Quevedo,* Zaragoza, Biblioteca del hispanista, 1955 y también del mismo autor, *España y la tradición occidental,* vol. I, Madrid, Gredos, 1969, pág. 299.

[50] Véase el estudio de B. Isaza Calderón, *El retorno a la naturaleza,* 2.ª ed., Madrid, Ind. gráficas España, 1966 y, más concretamente, las págs. 159 y ss.

—trasuntos de su propio sentir— sobre todo, en *Églogas* y *Canciones,* donde resuenan ecos de la pastoral clásica y renacentista.

Pero para un poeta de los Siglos de Oro, la naturaleza no es sólo el marco estático donde se oyen las quejas del amante-pastor, aunque sea éste uno de sus aspectos más característicos. El paisaje participa también de sus sentimientos y se ofrecerá a su vista bello o desolado —según el ánimo de su contemplador—; o bien la naturaleza es tomada como confidente y, en otros muchos casos, tal vez del modo más frecuente, sirve de término de comparación con la belleza de la amada, su esquivez o con su presencia/ausencia. Carrillo refleja así su apego a la tradición renacentista. Pero, a pesar de no vivir los cambios que el pleno Barroco operó en poetas que, como él, habían nacido en los últimos años del quinientos y que no murieron hasta bien entrado el siglo XVII, como Góngora, Quevedo, etc., nuestro poeta apunta ciertos atisbos barrocos [51], incluso en un tema tan peculiarmente renacentista como el de la naturaleza. Así se observa en la octava VIII de la *Fábula de Acis y Galatea* donde describe, con toda la suntuosidad de la estética barroca, un amanecer en el que no faltan las alusiones mitológicas, como alarde de erudición, muy acorde con la mentalidad de este movimiento literario. En otros momentos de su poesía, manifiesta, en cambio, una actitud intelectualizada y normativa en consonancia con la estética manierista, como en las bellas *Décimas a Pedro Ragis* donde Orozco Díaz, a quien debemos su conocimiento, cree ver el ejemplo más significativo del paso del Manierismo al Barroco porque si, por un lado, este poema es la perfecta «conjunción de lo poético-pictórico, típica del Barroco», el material que maneja Carrillo es, sin embargo, el «casi tópico que le lega la tradición manierista de Herrera y los poetas antequeranos-granadinos» [52].

Si el amor y la naturaleza forman parte de la temática de nuestro poeta como herencia de la tradición clásica, la mitología como materia poética se puede considerar, sin duda, como una de las notas más acusadas del perfil literario, primero del Renacimiento y más tarde del Barroco. El trata-

---

[51] Cfr. el estudio de M. J. Woods, *The Poet and the Natural World in the age of Góngora,* Oxford University Press, 1978.

[52] E. Orozco Díaz, *Amor, poesía y pintura en Carrillo de Sotomayor,* Granada, Universidad, 1967, págs. 163, 173 y 178, 179.

miento del mito —como el de los otros grandes temas de la poesía culta de la época— presenta algunas diferencias de actitud, según se adopte una óptica renacentista o barroca. Los poetas del XVI —Garcilaso, Aldana, Herrera— toman el mito como término comparativo de su propia experiencia personal amorosa, dentro de la más pura línea petrarquista. Las alusiones míticas, muy abundantes, se escogen entre aquellos personajes y ficciones que mejor conciertan con los propósitos expresivos de estos poemas que se sirven del mito como recurso [53].

Luis Carrillo se muestra también como poeta de encrucijada en su posición respecto al tema. Por un lado, como Garcilaso y los poetas renacentistas, ratifica sus sentimientos amorosos por medio de la comparación mitológica adecuada. Con este fin elige las historias de Faetón (soneto XXXIV) y las de Dafne y Anaxarte (soneto XLV). Pero atiende también a la llamada que, desde el nuevo punto de vista del Barroco, le hace la mitología exenta de connotaciones personales. Para la concepción barroca, el tema mítico interesa en sí mismo. En su desarrollo predomina lo descriptivo y narrativo sobre lo lírico, y es, además, un magnífico pretexto para mostrar habilidades retóricas. Carrillo, al recrear la fábula de Píramo y Tisbe (soneto XLVI) y, más que nada, en su extenso poema sobre Polifemo y Galatea, ha vencido la tentación de buscar comparaciones con su ámbito personal, lo que ya es indicativo de un cambio de época. Sin embargo, que el tratamiento del tema, sin incidencia subjetiva, sea característico del Barroco, no garantiza, en el caso de Carrillo, al menos, que cuente con todos los elementos propios de este movimiento literario. Precisamente, la *Fábula de Acis y Galatea* es el poema de Carrillo que, en mi opinión, mejor manifiesta el cruce de estéticas. Por un lado, el tema está tomado de los poetas latinos y cumple, así, con la imitación de los antiguos. De hecho, en algunas de sus partes, sigue muy de cerca a Ovidio. El poeta se mueve, no obstante, con libertad, aunque sin violentar la norma, apoyándose en las posibilidades que le proporcionan los procedimientos estilísticos. En éstos y en la construcción de las octavas, creo ver un afán selectivo e intelectual, del que resulta una obra para los entendidos en la más pura actitud manierista. Sin embargo los tonos y sua-

---

[53] Véase A. Gallego Morell, *El mito de Faetón en la Literatura Española,* Madrid, CSIC, 1961, pág. 37.

vidades renacentistas se perciben a cada paso como cuando en la octava IX recrea un auténtico *locus amoenus* y la estética barroca se deja ver en el mismo comienzo del poema (octava VI), en la violenta sintaxis, los materiales suntuarios y las complicadas alusiones mitológicas.

Carrillo, inserto en la tradición erótica de cuño petrarquista, en al actitud casi plenamente renacentista respecto a la naturaleza y a caballo entre el Renacimiento y el Barroco en lo que se refiere al tratamiento del mito, se manifiesta ya, enteramente, acorde con este último movimiento cuando se ocupa de un tema preferido por la estética barroca, como es el del tiempo. La idea que sobre la temporalidad tiene el hombre del siglo XVII se basa, sin duda, en el concepto general sobre la brevedad de la vida, pero, sobre todo y más concretamente, en la rapidez con que ésta se desenvuelve, imposibilitando cualquier intento de retener el presente, lo que se convierte en fuente de angustia.

La explicación que la crítica viene dando al sentimiento de la fugacidad del tiempo en el periodo barroco, se fundamenta en la opinión generalizada que lo relaciona con el pensamiento estoico y, en concreto, senequista, sobre todo cuando estos criterios se dirigen a clarificar la posición de un autor tan preocupado por la temporalidad como Quevedo, gran admirador del filósofo cordobés.

El tiempo se convierte, pues, en el «verdadero protagonista (...) del Barroco»[54]. Carrillo se hace eco de este protagonismo y en su obra, principalmente en los sonetos, el tiempo será el elemento destructor que acaba hasta con lo que parecía más seguro. El tono sentencioso del poeta se condensa en este verso que resume todo su pensamiento respecto al tema: *que el cano tiempo, en fin, todo lo acaba.* Pero el tiempo no sólo destruye sino que destruye deprisa. Lo inasible del instante y la inconsistencia del vivir humano que se consume desde el nacimiento son captados en el soneto IV, en clave quevediana, donde da muestras de haber soltado ya todo el lastre renacentista y cuyo comienzo ya es significativo:

> ¡Con qué ligeros pasos vas corriendo!
> ¡Oh, cómo te me ausentas, tiempo vano!

---

[54] Orozco Díaz, *Manierismo...*, *op. cit.*, pág. 75.

La percepción de la fugacidad del tiempo se concreta en uno de los tópicos más repetidos entre los líricos de los Siglos de Oro: el *Carpe diem* o *Collige, virgo, rosas* [55]. El tema, tomado tanto por el Renacimiento como por el Barroco, aunque mantiene sus rasgos esenciales, muestra un tono más gozoso en aquél y más pesimista en éste [56]. Carrillo cede al tópico en el soneto XIII de construcción peculiarmente barroca.

Sólo la fama y algunos sentimientos son inmortales y escapan, por tanto, al paso del tiempo y al olvido. La poesía de Carrillo admite esta suerte de perennidad de lo fugitivo en valores como la creación poética y artística, la sabiduría, etcétera. En ocasiones, al hacerse el poeta estas reflexiones ante un sepulcro, linda con el tema elegíaco para convertirse en algunos poemas en elegía funeral exenta, a veces con tonalidades heroicas (soneto XXXV) o grotescas en el «Epitafio al marido de una mujer flaca».

Se sujeta así Carrillo a la normativa elegíaca del Barroco que alterna el tono grave y la actitud nihilista con la sátira y cuya forma preferida es, como en nuestro poeta, el breve epitafio ingenioso con el juego de palabras [57].

Se comporta también Carrillo en el aspecto formal como un poeta de su tiempo. Es decir, se sirve de unos cauces métricos y estilísticos adecuados a cada tipo de poema. Así utiliza fórmulas italianizantes de base esencialmente endecasilábica, para, Églogas, Canciones y *Fábula de Acis y Galatea*, donde muestra la maestría técnica que, ya en los años en que escribe Carrillo habían fijado tanto la teoría como la práctica de los buenos poetas; y para composiciones tradicionales, romances, redondillas, letrillas y décimas emplea, básicamente, el octosílabo polirrítmico.

Los recursos retóricos participan de este encauzamiento, sedimentado por la tradición petrarquista. Existe en Carrillo un deseo de no alejarse demasiado del legado renacentista.

---

[55] Para una noticia de conjunto, véase B. González Escandón, *Los temas del «Carpe diem» y la brevedad de la rosa en la poesía española,* Barcelona, Universidad, 1938, especialmente págs. 9-77.

[56] Cfr. Carballo Picazo, «En torno a *Mientras por competir con tu cabello* de Góngora», en *El Comentario de textos,* Madrid, Castalia, 1973, págs. 62-78.

[57] Véase el completo estudio de E. Camacho Guizado, *La elegía funeral en la poesía española,* Madrid, Gredos, 1969, concretamente pág. 162.

Esto se percibe en la habitual utilización de metáforas del tipo agua = cristal; sol = amada; fuego = amor; hielo = desdén, etc. Pero, al mismo tiempo, hallamos cierto empleo metafórico de materiales suntuarios, en mayor proporción que en Garcilaso, sin alcanzar el uso desmesurado de Góngora. Símiles («pisáis cual bajel suele blanca espuma» - soneto XII, 6); sinécdoques («Este cetro que ves, ¡oh pecho!, ardiente / por oro o majestad, de roble ha sido» - soneto XXVII, 1-2); metonimias («veloz madero» - canción X, 6, 7), así como algunos tipos de epítesis, se insertan también en lo que podríamos calificar como tópica de procedimientos. Se deben, no obstante, exceptuar los epítetos integrantes de metáforas o perífrasis alusivas, que evidencian por su abundancia y esquema, la transición de la base renacentista al colorismo barroco: «florido manto» (soneto X, 14); «cano volador» (soneto XII, 4); «laurel docto» (soneto XXXVIII, 2); «morador escamoso» (canción X, 6, 6). Sin embargo, destaca en la poesía de Carrillo su capacidad de recurrencia sintagmática, prueba de un indudable virtuosismo. Así, aliteraciones: «Deja el aljaba, afloja el arco fuerte» (soneto XIX, 12); anáforas: «este Arcángel peregrino, / este sujeto divino / este trono soberano» (décimas a Pedro Ragis, XVIII, 2-4); pero, sobre todo, paralelismos: «Basten los pasos por mi mal andados, / basten los pasos por mi mal perdidos» (soneto III, 3-4) y bimembraciones : «Pajizos techos y doradas alas» (canción XIII, 1, 6), donde, con frecuencia, utiliza la técnica de contrarios, evidente peculiaridad manierista. De auténtica diferenciación de estilo, considero la tendencia existente en Carrillo a violentar las estructuras preconstituidas —propias de la armonía petrarquista—, por medio del quiasmo o bien repartiendo la simetría bilateral en dos versos, dotándolas así de un dinamismo dialéctico propio: «cenizas guarda aquí; que en solo un día / Amor robó, y en hora desdichada / diestra quebró cuanto sangrienta, airada, / lazo que olvido y tiempo no temía» (soneto XXXII, 5-8). En el camino hacia fórmulas típicamente gongorinas, hallamos en la poesía carrillesca, aunque con moderación, construcciones como la de «A, si no B», vaciándolas, en ocasiones, de contenido adversativo y yuxtaponiendo los términos, como observamos en el Góngora de la madurez.

Carrillo no es tampoco ajeno al proceso evolutivo que, desde Juan de Mena, se estaba operando en el uso del cultismo —recordemos que fue llamado por Gracián «el primer culto de España»[58]—, contribuyendo a la condensación e intensificación que llevó a cabo el autor de las *Soledades,* y cuyos precedentes se rastrean, sobre todo, en Herrera y los poetas andaluces de su época. Es cierto que también en este aspecto sigue los cánones renacentistas, destacando, sobre todo, en el cultismo sintáctico más que en el léxico, pues, en su mayor parte estaba convalidado por la tradición. La complejidad estilística es para Carrillo un excelente medio de lograr una poesía aristocrática y minoritaria, entendida sólo por los doctos, aspiración que había expresado teóricamente en su *Libro de la Erudición Poética.*

En resumen, la poesía de Carrillo parte de fuertes raíces petrarquistas, abonadas por las obras de Garcilaso y sus primeros seguidores —Cetina, Acuña, Aldana, etc.—, se desarrolla a la sombra del magisterio de Herrera y otros poetas andaluces, para desembocar en el río de la gran poesía gongorina. Por tanto, con lastre clasicista, el poeta de Baena muestra, además, su fe en postulados y formas propias del Manierismo, soportadas, en ocasiones, por contenidos barrocos.

---

[58] B. Gracián, *Agudeza y arte de ingenio,* ed. de Correa Calderón, 2 vols., Madrid, Castalia, 1969, pág. 60.

Esta edición

Para esta edición he tomado como base las dos publicadas en Madrid en los años 1611 y 1613 (en adelante M1 y M2), cuando ya el poeta había muerto. Ambas ediciones presentan divergencias, principalmente de puntuación, pero, sobre todo en M2 se prescinde de varias composiciones en metro breve y se incluye, por el contrario, un romance que no estaba en M1. Sin embargo —por razones que expongo en las notas— he preferido admitir como de Carrillo todos los poemas contenidos tanto en M1 como en M2. He confrontado, además, la edición que Dámaso Alonso *(Alonso)* realizó en 1936 y la de los *Sonetos* que publicó Fiorenza Randelli en 1970 *(Randelli)*. Aunque en menor grado, he cotejado también las composiciones que Gracián incluye en su *Agudeza y arte de ingenio (Gracián)*, y la selección de Sonetos, más la *Fábula de Acis y Galatea* que efectuaron en 1929 Henríquez Ureña y Enrique Moreno. He confrontado, asimismo, el manuscrito que de la *Fábula* se conserva en la Biblioteca Nacional, y la antología de sonetos y canciones publicada en el tomo XLII de la Biblioteca de Autores Españoles *(BAE)*. En su lugar, he señalado las variantes que, por su importancia semántica o estilística, afectan al contexto y no aquéllas —numerosísimas— relacionadas con las grafías y puntuación. Por primera vez se incluyen en una edición de la obra poética de Carrillo, las *Décimas a Pedro Ragis,* dadas a conocer por Emilio Orozco en 1967.

Ha sido ajustado a la ortografía moderna el arbitrario sistema fonológico de la época de Carrillo *(ss/s>s; x/j>j* o *g,* etc). He adoptado también, al uso normativo actual, la acentuación y puntuación. Se han conservado, en cambio, las vacilaciones en la conjugación del tipo de las desinencias del pretérito *(-astes, istes),* las asimilaciones con pronombre *(vello, decillo,* etc.) y algunas contracciones *(desto, del).*

Tanto en la introducción como en las notas, he tratado de evitar la erudición farragosa que hubiera alejado, sin duda, a posibles lectores no especialistas. He creído necesario, no obstante, anotar con detalle las alusiones mitológicas —tan alejadas del ámbito cultural de nuestros días— algunas particularmente complicadas en la poesía carrillesca. Del mismo modo, me ha parecido ilustrativo, para la justa valoración de un poeta culto como Carrillo, señalar, siempre que me ha sido posible, las fuentes de su poesía.

No abundan, en cambio, los comentarios lexicográficos, que sólo he estimado imprescindibles cuando los términos se refieren a campos semánticos específicos, como los relacionados, por ejemplo, con la marinería, muy frecuentes en la poesía de Carrillo por razones profesionales.

Cuando existe explicación de vocablos, se han tenido en cuenta el *Diccionario de la Lengua Española,* Madrid, Real Academia Española, 1970 *(DRAE);* el *Diccionario crítico etimológico de la Lengua Castellana* de J. de Corominas, 4 vols., Madrid, Gredos, 1954 *(Corominas);* el *Tesoro de la Lengua Castellana o Española* de S. de Covarrubias, Madrid, Turner, 1977 *(Covarrubias);* el *Diccionario de Autoridades,* 3 vols., Real Academia Española, ed. facsímil, Madrid, Gredos, 1963 *(Autoridades)* y el *Vocabulario de las obras de don Luis de Góngora y Argote,* de B. Alemany Selfa, Madrid, RABM, 1930 *(Alemany).*

He procurado, en fin, mantener el equilibrio entre erudición/divulgación, siempre difícil y preocupante para quienes nos atrevemos a recordar a un clásico casi olvidado.

Bibliografía

Manuscritos

Fábula de Atis y Galatea por Don Luis Carrillo, Dirigida al Conde de Niebla Don Alonso Pérez de Guzmán el bueno; la qual según el Juicio de algunos que lo tienen bueno, han juzgado que dio motivo a Don Luis de Góngora para hacer en la misma materia y en el mismo Poema, la obra que intituló Polifemo por aver salido la de Don Luis Carrillo primero o se llevaron poco tiempo; Pónese aquí por merecerlo la obra, que es buena y de buen Autor, Biblioteca Nacional de Madrid, ms. 5.566 (fols. 200r-213r). Letra del siglo XVIII. Faltan algunos versos, posiblemente por error del copista.

Ediciones

Obras/De Don Luys/Carrillo y Soto/mayor, cauallero/de la Orden de Santiago, Comen/dador de la Fuente del Maestre,/Quatraluo de las Galeras de/España, natural de la ciudad de Córdoua./A Don Manuel Alonso Pérez de Guzmán el Bueno, Conde/de Niebla, Gentil hombre de la Cámara/de su magestad, y Capitán Gene/ral de la costa de An/daluzía, con privilegio. En Madrid, por Juan de la Cuesta. Año de MDCXI. Sin colofón. Con esta primera edición no quedaron satisfechos los familiares ni los amigos del poeta porque, según se dice en la segunda «salió el libro tan mal correto, tan mal puntuado, y tal, que casi se

43

tuuiera por mejor no auer salido» (*Desta segunda impression al Letor,* s. f.).

Obras de Don/Luys Carrillo y/Sotomayor, Comen/dador de la Fuente del/Maestre, Quatraluo/ de las gale/ras de Es/paña Natural de Córdoua/ A Don Manuel/Alonso Pérez de Guzmán el bueno/Conde de Niebla, capitán general de/ la costa de Andaluzía/con priuilegio/En Madrid por Luys Sánchez/P. Perret, fe. 1613. Enmienda la puntuación pero algunas de sus correcciones, lejos de mejorar al conjunto, banalizan el artificioso estilo de Carrillo. No incluye algunos poemas que estaban en M1.

Poesías completas, de Carrillo de Sotomayor ed., prólogo y notas de Dámaso Alonso, Madrid, Signo, Col. «Primavera y flor», 1936. Sigue, por considerarla más perfecta, M2. Cambia los títulos de 21 sonetos y organiza la confusa distribución de *Églogas* y *Canciones.* Moderniza y ajusta la defectuosa puntuación de las ediciones del XVII y de las ediciones antiguas.

Poesie. I. Sonetti, de Luis Carrillo y Sotomayor, introduzione, testo, traduzione e commento a cura di Fiorenza Randelli Romano, Messina-Firenze, Casa Editrice D'Anna, Università degli studi di Firenze, Facoltá di Magisterio-Istituto Ispanico, 1970. Edición bilingüe modernizada de los 50 sonetos de Carrillo. Randelli se basa en M1 y M2 pero no cree tan incorrecta M1, como se dice en M2, y prefiere, a menudo, la primera edición. La extensa introducción, los comentarios y abundantes notas son de gran utilidad.

Fábula de Atis y Galatea. Sonetos, edición al cuidado de Pedro Henríquez Ureña y Enrique Moreno, La Plata, Cuadernos de Don Segundo Sombra, 1929; cuidada impresión de la *Fábula* y de 21 sonetos (I, II, XI, XVI, XVII, XXII, XXV, XXVI, XXVII, XXVIII, XXIX, XXX, XXXIII, XXXVII, XLI, XLII, XLIII, XLIV, XLV y XLVIII). Sigue M2.

Poetas líricos de los siglos XVI y XVII, edición de Adolfo de Castro, Madrid, Atlas, Biblioteca de Autores Españoles (BAE), t. XLII, 1951, págs. 529-530. Reimprime nueve sonetos (XX, IV, V, XXXIV, VIII, XLVI, IX, III, XXIV) y dos canciones: «Huyen las nieves...» y «Desátate risueño...» (VI y IV en M1 y M2).

GRACIÁN, B., *Agudeza y arte de ingenio.* Como apoyo de sus argumentos toma once sonetos completos de Carrillo (III, IV, V, VIII, IX, XIV, XX, XXIV, XXXIV, XLVI). Los tercetos del XXIX, fragmentos del romance «Pártome en estas galeras...» y los cuatro primeros versos de las Letras «Es la duda...». Anoto en el texto los comentarios de Gracián en cada uno de estos poemas. Cito por la edición con introducción y notas de E. Correa Calderón, 2 vols., Madrid, Clásicos Castalia, 1969.

THOMAS, Lucien-Paul, *Gongora et le gongorisme considèrés dans leurs rapports avec le marinisme,* París, Champion, 1911, páginas 167-176. Incluye en su estudio el texto de la *Fábula de Atis (Acis) y Galatea* según M2.

Fábula de Acis y Galatea en Góngora. Fábula del Polifemo y otros poemas, edición de J. M. Blecua y J. Alda Tesán, Zaragoza, Aula, 1960, págs. 159-167. Se imprime la *Fábula* de Carrillo junto a la de Góngora.

OROZCO DÍAZ, E., *Amor, poesía y pintura en Carrillo de Sotomayor,* Granada, Universidad, 1967, págs. 23-30. Nos da a conocer las bellas *Décimas de Don Luis Carrillo y Sotomayor a Pedro de Ragis, pintor excelente de Granada, animándole a que copie el retrato de una Señora deuda suya, en figura del Arcángel San Gabriel,* según el manuscrito encontrado por Rodríguez Moñino en la Biblioteca de la Hispanic Society y ofrecido para su publicación al profesor Orozco.

SUÁREZ DE FIGUEROA, C., *La Constante Amarilis,* Valencia, 1609. El amigo de Carrillo publica —o plagia— ocho sonetos de éste con escasas variantes que, en la mayoría de los casos, vulgarizan el estilo carrillesco. En las notas a estos sonetos reproduzco los de Suárez de Figueroa.

Estudios

ALONSO, Dámaso, «La poesía de Luis Carrillo», en *Estudios y ensayos gongorinos,* Madrid, Gredos, 1944, págs. 247-260 y 1955, págs. 397-401.

— «Para la biografía de don Luis Carrillo» (págs. 55-63) y «La santidad de Luis Carrillo» (págs. 64-74), en *Del Siglo de Oro a este Siglo de siglas,* 2.ª ed., Madrid, Gredos, 1968.

— «La supuesta imitación por Góngora de la *Fábula de Acis y Galatea*», en *Estudios y ensayos gongorinos*, 3.ª ed., Madrid, Gredos, 1970, págs. 324-370.
— *Góngora y el «Polifemo»*, 5.ª ed., 3 vols., Madrid, Gredos, 1967; vol. I, págs. 201-207.

Antonio Sánchez, Nicolás, *Bibliotheca Hispana Nova*, Madrid, 1783, II, pág. 27.

Asensio, Eugenio, «España en la época filipina», *RFE*, XXXII, 1949, págs. 88 y ss.

Battaglia, Salvatore, «Un episodio dell'estetica dil Risnacimento spagnolo: il *Libro de la Erudición Poética* di Carrillo», en *Revista de Filología Romanza*, II, Turín, 1954, págs. 26-58.

Buceta, Erasmo, «Carrillo de Sotomayor y Suárez de Figueroa», *RFE*, VI, 1919, págs. 299-305.

Carrillo Laso de Guzmán, Alonso, *Epítome del origen y descendencia de los Carrillos*, Lisboa, 1639, fols. 41r-41v.

Colao, Alberto, *Intelectuales en la Cartagena del Siglo XVII*, Cartagena, Athenas Ediciones, Col. Almarjal, 1974, págs. 63-128.

Conde, Carmen [«Florentina del Mar» seud.], «El poeta Don Luis Carrillo de Sotomayor ante la fugacidad del tiempo», en *BRAC* núm. 54, 1945, págs. 351-360.

Cossío, José María de, *Fábulas mitológicas en España*, Madrid, Espasa-Calpe, 1952, págs. 300-317.

Costa Palacios, Angelina, *La obra poética de Luis Carrillo y Sotomayor*, Córdoba, Servicio de Publicaciones de la Diputación Provincial, 1984.

Díaz-Plaja, Guillermo, *Historia de la poesía lírica española*, Barcelona, Labor, 1948, págs. 173-175.

García Soriano, Justo, «Luis Carrillo y Sotomayor y los orígenes del culteranismo», en *BRAE*, 1926, págs. 591-629.
— Introducción a las *Cartas Filológicas* de F. Cascales, Madrid, Espasa-Calpe, Clásicos Castellanos, núm. 103, 1930.

Henríquez Ureña, Pedro, *Obra crítica*, Méjico, 1981, páginas 556-559.

Jammes, Robert, *Études sur l'oeuvre poétique de Don Luis de Góngora y Argote,* Burdeos, Institut d'Études Ibèriques, 1967, págs. 534-536.

Orozco Díaz, Emilio, *Amor, poesía y pintura en Carrillo de Sotomayor,* Granada, Universidad, 1967.
— «La lírica amorosa de Carrillo de Sotomayor a la luz de un poema inédito», en *Cuadernos de Arte y Literatura* I, Facultad de Letras, Universidad de Granada, 1967, págs. 3-20.

Pabst, W, *La creación gongorina en los poemas «Polifemo» y «Soledades»* (trad. del alemán de N. Marín), *RFE,* Anejo LXXX, Madrid, 1966.

Palomo, M.ª Pilar, *La poesía de la Edad Barroca,* Madrid, SGEL, 1975, págs. 62-64.

Pfandl, Ludwig, *Historia de la literatura nacional española en la Edad de Oro,* Barcelona, 1933, págs. 523-524.

Ramírez de Arellano, Rafael, *Ensayo de un catálogo biográfico de escritores de la provincia y diócesis de Córdoba,* vol. I, Madrid, Revista de Archivos, 1922-1923, págs. 116-117.

Randelli Romano, Fiorenza, «La poesía di Luis Carrillo attraverso i sonetti», en *Quaderni ibero-americani,* núm. 31, Giappicchelli, Turín, 1965, págs. 451-471.

Segura Covarsí, Enrique, *La canción petrarquista en la lírica española del Siglo de Oro,* Madrid, CSIC, 1949, pág. 29.

Shepard, Sanford, *El Pinciano y las teorías literarias del Siglo de Oro,* 2.ª ed., Madrid, Gredos, 1970, págs. 190-193.

Suárez de Figueroa, Cristóbal, *El Pasajero,* ed. de Rodríguez Marín, Madrid, Renacimiento, 1913, págs. 225-282.

Thomas, Lucien-Paul, *Góngora et le gongorisme considerés dans leurs rapports avec le marinisme,* París, Champion, 1911, páginas 79-92.
— *Le lyrisme et la preciosité cultistes en Espagne,* París, Halle, 1909.

Vilanova, Antonio, *Las fuentes y los temas del Polifemo de Góngora,* 2 vols., Madrid, *RFE,* Anejo, LXVI, 1957.

— «Preceptistas de los siglos XVI y XVII», en *Historia General de las Literaturas Hispánicas,* vol. III, dirigida por G. Díaz-Plaja, Barcelona, Barna, 1953, págs. 643-649.

En esta selección sólo cito la bibliografía específica sobre Carrillo y Sotomayor. No incluyo, por tanto, otros estudios que he manejado y que se indican en la introducción y en las notas correspondientes a los textos.

Poesías completas

Sonetos

I

HABLANDO UN AUSENTE A LA FUENTE

Lloras, oh solitario, y solamente
tu llanto te acompaña, que, lloroso,
el eco usurpa deste valle umbroso
y el triste oficio desta dulce fuente.

¡Ay, cómo en escucharte alivio siente   5
mi pecho, en sus diluvios caudaloso!
A no ser natural tu son quejoso,
mereciera una ausencia tu corriente.

Lloremos juntos, pues, y dure tanto
que al brío desta fuente presurosa   10
le dilate sus términos el llanto.

Mas vencerá mi ausencia querellosa,
pues de una ausente ingrata el dulce encanto
es causa a más efectos poderosa.

En M2 y, por tanto en *Alonso,* se ha suprimido del título de M1, *a la fuente.*
1-4 El paisaje con cierto valor autónomo es en estos versos una excepción, respecto al resto de los *Sonetos* de Carrillo.
9-11 La hipérbole lacrimosa es actitud muy pertrarquista.
12-14 El tema de la ausencia —ya anunciado en el título y desarrollado a lo largo del poema— de posibles raíces platónicas, fue común a los poetas amatorios de la época, aunque en Carrillo, llegue a convertirse en reiterativo.

II

A UNA AUSENCIA, PARTIÉNDOSE EN GALERAS

    Usurpa ufano ya el tirano viento
a las velas los senos extendidos.
¡Adiós, playas, ya os pierdo! ¡Adiós, erguidos
montes a quien venció mi pensamiento!

    Ya es mar también el uno y el otro asiento   5
en mis ojos, de lágrimas ceñidos,
por perderos, oh montes, más perdidos:
tal pierdo, triste tal, así tal siento.

    Ya esconde el ancho mar, en sí orgulloso,
las frentes de los cerros levantados,   10
en sus soberbias olas caudaloso.

    Así divide ausencia mis cuidados;
mas no podrá jamás, oh dueño hermoso,
de ti, mis pensamientos abrasados.

---

[3] En M1 se lee «heridos» en lugar de «erguidos» de M2 y *Alonso*, que, en mi opinión, está más en consonancia con el sentido global del soneto.

Sin embargo, *Randelli considera* a M2 como *Lectio facilior* y prefiere «heridos» que anticiparía «venció» (*Poesie..., op. cit.*, página 154).

III

A LA ALTEZA DEL PENSAMIENTO Y SU CONSUELO

Pues servís a un perdido, y tan perdidos,
dejadme, pensamientos desdichados.
Basten los pasos por mi mal andados,
basten los pasos por mi mal perdidos.

¿Qué, osados, me queréis? ¿A do, atrevidos,   5
montes altos ponéis de mis cuidados?
Mirad vuestros iguales fulminados,
mirad los robles de su piel vestidos.

Dan vida a mi mediano pensamiento
el ver un pino y una fuente clara   10
en esta soledad que el alma adora.

El árbol tiembla al proceloso viento,
corrida el agua, de humildad, no para;
que el alto teme y el humilde llora.

«Son los conceptos vida del estilo, espíritu del decir, y tanto tiene de perfección cuanto de sutileza, mas cuando se junta lo realzado de lo estilo y lo remontado del concepto hacen la obra cabal, como fue este gran soneto de don Luis Carrillo» (B. Gracián, *Agudeza y arte de ingenio,* 2 vols., ed. de Correa Calderón, Madrid, Castalia, 1962; Disc. LX, II, págs. 229-230).

La estructura basada en relaciones bimembres repartidas en dos versos (3 y 4), paralelísticos de significación complementaria (7-8 y 12-13) y dos bimembraciones sintácticas aún imperfectas, dota al soneto de una arquitectura tal que no extraña la admiración de Gracián.

7-13 El valor ejemplar, tan característico de la poesía de Carrillo, se refleja en estos versos donde se alterna con referencias de estirpe garcilasiana a lo largo del poema.

IV

A LOS DESPOJOS DEL RAYO DE JÚPITER

Viste de ejemplo el tronco y de fiereza,
este que ves Centímano arrogante,
aun muerto, dura en el feroz semblante
el ánimo que opuso a tanta alteza.

Parias en humildad da a la grandeza   5
del siempre vencedor Altitonante,
y así el árbol humilde el arrogante
rostro humilla, humillando su cabeza.

«De las contingencias suele tomar pie el discurso para grandes conceptos, como se dice en cada especie de agudeza; del mismo modo para la semejanza, y suelen ser las más gustosas, por lo pronto y tan a la ocasión. De un acaso formó este gran soneto don Luis Carrillo» (*Gracián Disc.* IX, I, págs. 121-122).

Lo incluye Suárez de Figueroa en *La Constante Amarilis,* como hace con otros sonetos de Carrillo (para este asunto, cfr. Erasmo Buceta, «Carrillo de Sotomayor y Suárez de Figueroa», *RFE,* VI [1919], págs. 299-305). Pero intenta suavizar la sintaxis, con las variantes introducidas:

Viste el tronco de ejemplo y de fiereza
este que ves Centímano arrogante
aún muerto vive el feroz semblante
con que igualar propuso tanta alteza.
Parias da en humildad a la grandeza
del siempre vencedor Iove tonante;
tal el árbol humilde el blasfemante
rostro oprime, humillando su cabeza.
Señales hay en él del rayo ardiente,
el paso ten, respeta los despojos
o tú que triste admiras tal memoria.
Aún frescas duran en la altiva frente,
toma en ellas consejo, abre los ojos,
y verás cuánto debes a su historia.

Carrillo impregna, el tema mítico del tono ejemplificador, que le es tan peculiar.

[2] «Centímano», uno de los hijos de la Tierra y Urano llamados por la mayoría de los mitógrafos, los Hecatonquires, o de «cien-

Señales mira en él del rayo ardiente
de Júpiter; respeta los despojos,　　　　10
¡oh tú!, que admiras, triste, esta memoria.

Frescas aún viven en la altiva frente;
toma en ella consejo, abre los ojos,
y vete, que harto debes a su historia.

---

brazos», que tuvieron por nombre, Coto, Briaréo, al que parece referirse Carrillo, y Giges. Briareo, según la tradición más antigua, ayudó a Júpiter en la conspiración, pero por el sentido del Soneto, el poeta parece que sigue la leyenda más tardía (Hesíodo, Apolodoro, Virgilio), según la cual, Briaréo tomó parte en la rebelión. Puede tratarse, de la fusión de las dos leyendas (Ruiz de Elvira, *Mitología clásica,* Madrid, Gredos, 1975, págs. 38-39).

El tono de advertencia moral que, desde el primer verso, Carrillo da al Soneto, no es otro que el derivado del tratamiento que Horacio imprime al tema (Odas III, 42-80), al llamar «impíos Titanes» a los que osaron rebelarse y fueron derrotados por Júpiter el «siempre vencedor Altitonante», Horacio infunde cierta actitud ética que inspira una tradición en los poetas que recurren a esta historia, como Carrillo y Arguijo en el que, por cierto, se sigue mejor la fábula que en el soneto de nuestro poeta.

V

AL EJEMPLO DE COSAS QUE FUERON
Y SE ACABARON

> El imperioso brazo y dueño airado,
> el que Pegaso fue, sufre paciente;
> tiembla a la voz medroso y obediente,
> sayal le viste el cuello ya humillado.
>
> El pecho anciano de la edad arado, 5
> que amenazó desprecio al oro, siente,

«(...) y dásele con la aplicación la relevante salida, que si fuere moral se estima más. De don Luis Carrillo, a un caballo, ejemplo de lo que fue, gran soneto (...) con enseñanza, pondera la contrariedad de tiempos, hace reparo en el infeliz dejo y da una gran moralidad por solución» (*Gracián, Disc.* XI, I, pág. 132).

El Soneto fue también incluido por Suárez de Figueroa en *La constante Amarilis*:

> El imperioso brazo y dueño airado
> quien fue Pegaso, ya sufre paciente;
> tiembla a la voz medroso y obediente,
> zagal viste su cuello ya humillado.
> El fuerte pecho, y de la edad arado
> que altivo al oro en poco tuvo, siente
> humilde ya le afrente el tosco arado.
> Cuando ardiente pasaba la carrera
> sólo su largo aliento le seguía,
> ya el flaco brazo al suelo apenas clava.
> Su gran ferocidad ¿qué no emprendiera?
> su edad primera ¿qué verdad tenía?
> más la fuerza del tiempo, ¿qué no acaba?

Con razón observa Randelli (*Poesie..., op, cit.,* pág. 156) que Suárez de Figueroa ha banalizado el poema con las variantes que introdujo en el segundo terceto y, sobre todo, en el último verso tan rotundo en Carrillo, ganándose la admiración de Gracián.

[2] *Pegaso:* mítico caballo alado, hijo de Poseidón y de la Gorgona, según algunas leyendas; o nacido de la tierra fecundada por la sangre de Medusa, cuando ésta fue muerta por Perseo, según otras. Para Carrillo es símbolo de lo «veloz».

[5] En *Gracián,* «surcado» en vez de «arado», tal vez para evitar

humilde ya, que el cáñamo le afrente,
   humilde ya, le afrente el tosco arado.

   Cuando ardiente pasaba la carrera,
   sólo su largo aliento le seguía;   10
   ya el flaco brazo al suelo apenas clava.

   ¿A qué verdad temió su edad primera?
   Llegó, pues, de su ser el postrer día,
   que el cano tiempo, en fin, todo lo acaba.

---

la identidad de rima con el verso 8, aunque se trata, en realidad, de dos categorías gramaticales distintas.

12-14 Randelli ejemplifica en estos versos las diferencias que encuentra en la poesía carrillesca entre los conceptos de *edad* y *tiempo,* ya que «edad 'ha il significato particolare di momento contingente (...) contrapposto a 'tiempo'; l'assoluto, l'universale che pone fine alle illusioní e suela la 'verdad'» (*Poesie..., op. cit.,* página 157).

14 Este verso, preñado de conceptismo, concentra todo el pensamiento de Carrillo sobre el paso del tiempo destructor.

VI

A LA LIGEREZA Y PÉRDIDA DEL TIEMPO

¡Con qué ligeros pasos vas corriendo!
¡Oh, cómo te me ausentas, tiempo vano!
¡Ay, de mi bien y de mi ser tirano,
cómo tu altivo brazo voy sintiendo!

Detenerte pensé, pasaste huyendo; 5
seguíte, y ausentástete liviano;
gastéte a ti en buscarte, ¡oh inhumano!:
mientras más te busqué, te fui perdiendo.

Ya conozco tu furia, ya, humillado,
de tu guadaña pueblo los despojos; 10
¡oh amargo desengaño no admitido!

«Tiene sus realces también la disonancia; el aumento de parte del uno de los extremos cae mejor en ella que en la proporción (...), ingenioso (...), don Luis Carrillo discurrió del tiempo en este soneto (*Gracián,* Disc. V, I, pág. 84).

Carrillo expresa en este soneto la fugitividad de la existencia humana, viejo tema que Pedro Laín Entralgo remonta a la antigüedad semítica y que ya se encuentra en los textos bíblicos, pero que, con auténtica maestría, recrean los escritores barrocos y, sobre todos, Quevedo («La vida del hombre en la poesía de Quevedo», incluido en *La aventura de leer,* Madrid, Espasa-Calpe, Col. Austral, 1964, págs. 11-45).

[1-2] Ecos de estos versos resuenan en el Salmo del «Heráclito cristiano» de su amigo Quevedo, tan cercanos, que Henríquez Ureña supone que lo imitó (*Obra crítica,* México, Fondo de Cultura Económica, 1960; reimp. 1981, pág. 558). Quevedo dice en su primer terceto: «¡Cómo de entre mis manos te resbalas! / ¡Oh, cómo te deslizas, Vida mía! / ¡qué mudos pasos traes, oh muerte fría, / pues con callado pie todo lo igualas!»

[4] En *Gracián* «siguiendo» por «sintiendo» que *Randelli* supone error por asimilación del «seguíte» del v. 7 (*Poesie..., op. cit.,* pág. 157).

Ciego viví, y al fin desengañado,
hecho Argos de mi mal, con tristes ojos
huir te veo, y veo te he perdido.

---

[13] *Argos* o Argo, personaje mítico que con sus cien ojos libró a Arcadia de algunos peligros. Encargado por Hera de que vigilase la vaca Io, la diosa, en agradecimiento, cuando Argos murió, quiso inmortalizarlo y trasladó sus ojos al plumaje del pavo real, ave que le estaba consagrada. La utilización del nombre mítico con valor funcional aparece con cierta frecuencia en la poesía de Carrillo para indicar, concisamente, su estado de ánimo.

VII

AL CUIDADO DE LA MEMORIA DEL AMOR

Mientras que bebe el regalado aliento
de tu divina boca, ¡oh Laura mía!;
mientras asiste al Sol que roba al día,
por más hermosa luz, luz y contento,

tu dueño; o ya repose —¡oh blando asiento!—   5
su cuello en ése que a la nieve fría
prestar color, prestar beldad podría,
¡vuelve, si no la vista el pensamiento!

¡Ay, si acaso, ay de mí, lucha amorosa
la lengua oprime! ¡Oh bien dichoso amante,   10
si no más, si oprimiere desdeñosa!

No olvides a tu ausente, a tu constante:
que es ave el pensamiento, ¡oh Laura hermosa!
y llegará a tu Fabio en un instante.

El título de M1, fue uno de los cambiados por *Alonso*, «por demasiado vagos o mendaces» (*Poesías..., op. cit.*, pág. 168). Propone el de *A Laura, empleada en otro dueño*, que recoge, efectivamente con más exactitud el asunto del soneto, sobre todo si atendemos a la identificación Laura-Gabriela de Loayssa, propuesta por el Profesor Orozco (*Amor, Poesía..., op. cit.*, págs. 107-108). La dama granadina, casó inesperadamente, con Pedro Veneroso, abandonando al poeta, lo que le produjo unos justificados celos.

[14] *Fabio*: nombre poético que disfraza, como era costumbre, la personalidad de Carrillo.

VIII

AL DESENGAÑO DE LA FIEREZA DEL AMOR

Cuando me vuelvo a mí, y el dulce engaño,
que en deleznables lazos busco y sigo,
conozco al alma, aunque tirano amigo,
por corto tengo el mal, por corto el daño.

Mas cuando no, con el dolor tamaño   5
que el alma abraza, querelloso digo:
«¡Ciega mi enfermedad, duro enemigo!
¡Oh Amor, tal eres en tu enojo extraño!»

Cruel estrella se entregó a mi suerte,
pues de ciegos recelos oprimida,   10
desconociendo el bien, el mal advierte.

Mas sólo alienta en mí tan honda herida,
el ver que el tiempo, si me da la muerte,
el mismo tiempo me ha de dar la vida.

«Con esta misma sutileza (agudeza de contrariedad o discordancia entre los mismos extremos del concepto) concluye don Luis Carrillo, el primer culto de España, este soneto al desengaño (...). Vese (...) aquella oposición y discordancia (...) concluye el soneto con el dar muerte y dar vida al mismo tiempo» (*Gracián*, Disc. III, I, pág. 60).

1-4 En la estela dejada por el Soneto I de Garcilaso, «Cuando me paro a contemplar mi estado», de evidente inspiración petrarquista: «Voi ch'ascoltate in rime sparse il suono / di quei sospiri ond'io nudriva 'l core / in sul mio primo giovenile errore, / quand'era in parte altr'nom da quel ch'i sono...» (Soneto I, ed. de C. Muscetta y D. Ponchiroli, Turín, Einaudi, 1958) debemos incluir este poema de Carrillo, pues, aunque no se ajusta exactamente al patrón establecido por Rozas, («Petrarca y Ausías March en los Sonetos prólogo amorosos del Siglo de Oro», *Homenajes. Estudios de Filología Española,* págs. 57-75, cita a nuestro poeta en la pág. 73), es un soneto de rememoración amorosa, ayudado por el temporal *cuando.* Como estudio de conjunto y como prueba de la fortuna del tema cfr. E. Glaser, «*Cuando me paro a contemplar mi estado.* Trayectoria de un Recheuschaftssonet», en *Estudios hispano-portugueses,* Valencia, Castalia, 1957, págs. 59-95).

6 Abraza *Alonso,* en contra de M1 y M2, prefiere «abrasa».

IX

A LA SENTENCIA QUE DIERON
A SANSÓN LOS JUECES

Vese: duda Sansón, y duda el lazo
lo que él; duda Sansón, duda y procura
hurtarse fuerte en vano a la atadura,
ella tiembla temor y fuerza el brazo.

Aquel valiente, aquel que de un abrazo   5
puso puertas a un monte y su espesura,
flaca para él, un tiempo, ligadura
es a su libertad fuerte embarazo.

«Aumenta también mucho la sutileza el encarecimiento con que se pondera la improporción y si hay dos juntas, mejor. Así don Luis Carrillo, en este valiente epigrama al varón más valiente, digo a Sansón, nota dos improporciones: una en el juez que le condena y otra en él que no vio los engaños de una mujer (*Gracián,* Disc. XXVII, I, pág. 270).

El soneto fue también plagiado a Carrillo por Suárez de Figueroa en *La Constante Amarilis*. Las modificaciones que introduce, no consiguen sino vulgarizar el culto estilo del cuatralbo:

> Sansón se mira y duda, y duda el lazo
> lo mismo que Sansón, que al fin procura
> feroz hurtarse en vano a la atadura,
> en vano muestra su vigor el brazo.
> Aquel valiente, aquel por cuyo abrazo
> puertas cobró del monte la espesura,
> halla su afrenta en fácil ligadura
> contra su libertad, firme embarazo.
> Llega el fiero juez, condena a muerte
> los ojos; y él risueño y sosegado,
> dijo con voz heroica y pecho fuerte.
> Si tres veces de Dálida burlado
> sus engaños no vi, juez, advierte
> que ya dellos estaba despojado.

[1] *Verse duda,* en M1 y en *Gracián,* pero el sentido se enriquece, estilísticamente, en M2, que adopto, como *Alonso* y *Randelli*.

Llega el fiero juez, condena a muerte
los ojos. Y él, risueño y sosegado,
dijo (más que su fuerte brazo, fuerte): 10

«Si tres veces de Dálida burlado
sus engaños no vi, juez, advierte
que ya dellos estaba despojado».

X

A LA FLOR DE LA JUVENTUD

De Flori tierna flor, coroné el suelo,
cual de gloria la frente de un Albano.
Albano gime, Flori llora en vano.
¡Ay, cuánto ríe aquesto el alto cielo!

De larga envidia mi purpúreo velo   5
colmó la presunción de algún verano.
Pues Diciembre me vio, mas inhumano,
como era tierna flor, me robó el hielo.

Vaso lloroso, oh caminante, encierra
—y bien lloroso, pues lo ha sido tanto—   10
de mi caduca flor, caduca tierra.

Blandas palabras di, sosiega el llanto;
así tu juventud burle la guerra
de aquel ladrón de su florido manto.

Alonso cambió el título de M1 y M2 por el de *En el sepulcro de un hijo de Flori*.

[1-3] Parece referirse a algún miembro de la Casa de Alba, muerto en la infancia, ya que otros poetas habían aludido a esta familia con el nombre poético de Albano o Albanio.

[5] *purpúreo*: además de referirse al particular color de la púrpura, es el de las flores de cierta planta llamada lampazo (*DRAE*) pero también, como observa Herrera: «comúnmente usan los poetas de este vocablo (...) por hermoso (...). Así dice Virgilio en el I de la obra perfectísima *purpúrea lumbre de la juventud* por la hermosura de la púrpura» (*Anotaciones* en *Garcilaso de la Vega...*, ed. cit., pág. 489).

velo: en el sentido de «velo mortal» como era frecuente en los poetas de la época, como en Garcilaso (Égloga I, v. 398 y Égloga II, v. 1777) y en Herrera (Égloga I, 9, v. 34).

[11] *tierra*: equivale a «cenizas».

[14] *florido manto*: metáfora pura. «Manto» se relaciona con «velo», como en Garcilaso: «el mortal velo y manto el alma cubren» (Égloga II, v. 1777).

XI

A LA ETERNIDAD DEL PENSAMIENTO

No sólo envidia al suelo, no envidiada
sólo tu altiva frente de una estrella
era, ¡oh gallarda torre, cuanto bella
temida, y cuan temida respetada!

Ya (¿qué no allana el tiempo?) derribada   5
creces llanto a Sagunto; niega vella
la yedra, huésped que se abraza en ella,
o ella se esconde en ella de afrentada.

No le prestó su fe, su fortaleza;
mas ¿qué homenaje deja el tiempo duro   10
que en brazos de sus alas no dé al viento?

No hay bronce que a su fuerza esté seguro.
Tú, triste, eternidad, valor, firmeza
busca, no a bronce o torre, a un pensamiento.

La contemplación de la torre derribada, recuerda toda la poesía de ruinas al estilo del soneto de Castiglione «Superbi colli, e voi sacre ruine...» de gran resonancia en los poetas de los Siglos de Oro —Cetina, Arguijo, Medrano, Y. Leonardo Argensola, Quevedo, etc.— y la cumbre del gran poema sobre el mismo asunto de Rodrigo Caro, seguido por todos, «A las ruinas de Itálica» algunos de cuyos versos me parecen muy cercanos a los de Carrillo: «Las torres que desprecio al aire fueron / a su gran pesadumbre se rindieron» (vv. 16-17). Véanse, Foulché-Delbosc, «Notes sur le sonnet *Superbi colli*», en *BH*, II, 1904, págs. 225-243 y J. Fucilla, *Superbi colli e altre saggi. Notas sobre la boga del tema en España,* Roma, Carucci, 1963.

[6] *Sagunto:* símbolo de dolor por su heroica y trágica resistencia frente al enemigo.

[10-11] Randelli observa, con razón, la casi identidad de estos versos de Carrillo con los que Suárez de Figueroa incluye en *El Pasajero* (Alivio, VII, pág. 440): «mas ¿qué firme homenaje el tiempo deja, / que en brazos de sus alas no dé al viento?» (*Poesie..., op. cit.,* pág. 163).

XII

A LA FAMA DE UN VARÓN ILUSTRE

Mayor la altiva frente que el olvido
(por más que, anciano, de su ser presuma),
envidia sola a la arrogante pluma
del cano volador nunca vencido,

hoy dél la frente alzáis, hoy atrevido, 5
pisáis, cual bajel suele blanca espuma,
de la amarilla envidia, aunque presuma
más su amargo ladrar, su cuello erguido.

Incluido también por Suárez de Figueroa en *La Constante Amarilis*. Aunque las modificaciones parezcan más profundas a simple vista el plagiario no se ha molestado en sustituir el característico léxico de Carrillo:

> Quien os ve, no recela que el olvido;
> vuestro ser y valor jamás consuma,
> que ya teme a los dos la osada pluma
> del cano volador nunca vencido.
> Menandro con renombre merecido,
> ufano holláis la venenosa espuma
> de la amarilla envidia, aunque presume
> más su largo ladrar, su cuello erguido.
> Mientras el Tajo rico y arrogante,
> y el Betis caudaloso al mar de España
> émulos arrimaren su corriente;
> en nombre creceréis y en cuanto baña
> Tetis, y alcanza con su frente Atlante
> norte seréis de venideras gentes.

[5] Carrillo en la *Carta dedicatoria* de la Égloga I se expresa en términos muy similares: «Sacáis la altiva frente vitoriosa / venciendo vuestra suerte / el negro cuello de la envidia odiosa».
[6] *Cual bajel suele blanca espuma:* las comparaciones náuticas de raigambre clásica son, por razones profesionales, todavía más abundantes en la poesía carrillesca, de lo que ya eran en otros poetas de su época.

Desde hoy, mientras viviere el arrogante
Tajo en su roja arena, el mar de España,   10
y del gran Betis las corrientes frías,

en nombre creceréis, y en cuanto baña
Tetis y alcanza con su frente Atlante:
envidia de años y caducos días.

---

⁹⁻¹⁴ En la poesía de Carrillo aparece con frecuencia la idea de que la fama es una suerte de perennidad de lo fugitivo, sobre todo si se asienta sobre valores personales.

¹³ *Tetis,* Esposa de *Océano,* de quien tuvo como hijos a todos los ríos del mundo. Su morada se sitúa en el extremo occidental, donde el Sol acaba su carrera.

Atlante, gigante condenado por Zeus a sostener sobre sus hombros la bóveda del cielo, por encabezar a los Titanes en su lucha contra los dioses. Habitaba el país de las Hespérides. Acabó su vida petrificado, convertido en la cordillera del Atlas.

XIII

A UNAS FLORES PRESENTADAS

Las honras, la osadía del Verano,
con que se ennobleció y atrevió al cielo,
al mejor cielo del más fértil suelo
hoy las traslada mi atrevida mano.

Parece es por demás al que es tirano, 5
de cuanta presunción honra su vuelo,
dar flores, si tus flores son recelo
a las del cielo, rostro soberano.

Dallas es por demás, si estás segura
envidian de tu rostro las más bellas 10
partes (y partes no, por no atreverse).

¡Ay, cuales, Celia, son! da vida el vellas.
Flor eres; mientras flor, de tu hermosura
coge la flor, que es flor, y ha de perderse.

13-14 No se sustrae Carrillo a la tentación de recurrir al lugar común del *carpe diem* o más específicamente, del *Collige, virgo, rosas* según el reiterado modelo ausoniano. (Cfr. B. González Escandón, *Los temas del «carpe diem» y la brevedad de la rosa en la poesía española,* Barcelona, Universidad, 1938.) La disposición de los tiempos y modos verbales confirma, en los versos del cuatralbo, el tópico: presente de indicativo, exhortación en imperativo y el valor de futuro que tiene la construcción 'haber + de + infinitivo'. El adverbio 'mientras' ratifica la estructura temporal característica de estos poemas.

XIV

PERSUADIÉNDOLE A SU HUMILDAD AL BETIS

No luches con los remos, no arrogante
opongas tu cristal, ¡oh Betis claro!
Allana el verde cuello, ¡oh dulce amparo
en puerto a nave, en sombra al caminante!

Así tu hermosa frente el que el Levante   5
mide —pródigo en alma, en oro avaro—
ciña ya de coral, ya del más claro
aljófar vista el cuello rutilante.

Deja el grueso tridente, y con la mano
ayuda, ¡oh Rey!, la quilla, no la iguale   10
flecha que tarda deje el aire vano.

Mas si tu gusto a mi rogar no sale,
su acento escucha, río más que cano,
valdrá contigo, pues con mares vale.

Alonso modifica el título de M1 y M2 por el de *Al Betis, pidiéndole que favorezca una llegada.*
«Por otra paridad, arguyendo con el ejemplo, formó una valiente exageración don Luis Carrillo, cuya musa fue siempre bizarra e ingeniosa. Habla con el Betis» (*Gracián*, Disc. XXII, I, página 223).

[2] El Betis o Guadalquivir, se convierte en referencia casi obligada de los poetas andaluces, que lo someten a un proceso de personificación: Cetina, Herrera, Góngora, etc. (cfr. Gallego Morell, «El río Guadalquivir en la poesía española», en *Studia Philologica. Homenaje a Dámaso Alonso*, II, Madrid, Gredos, 1961, págs. 1-30).

[9] El poeta imagina al Betis con los atributos del dios Marino Neptuno y le llama «Rey».

[11] *Tardo* en M2 y *Alonso*. Me inclino, sin embargo, por *tarda*, predicativo del sujeto *flecha*, como en M1 *Gracián* y *Randelli*.

XV

AL SEPULCRO DE UN VARÓN ILUSTRE

Blandamente en los mármoles reposa
quien ves, ¡oh caminante!, adormecido,
no muerto, que la muerte no ha podido
en él, bien que soberbia y poderosa.

No pidas triste, no, con voz llorosa,   5
poco peso a la tierra, la ha vestido
cual fuerte vencedor, cual de vencido
despojo; antes le es carga vitoriosa.

Si llorares su muerte, no, que al cielo
vencedor vive; mil desdichas siente   10
en ésta, en nombre tuyo y de la tierra.

Haz compañía en esto, triste, al suelo,
y luego de tus ojos la corriente
trueca, en respeto al mármol que lo encierra.

En esta ocasión, las reflexiones sobre la perennidad de la fama las hace el poeta ante un sepulcro, lindando, de esta manera, el motivo con el género elegíaco (cfr. Camacho Guizado, *La elegía funeral en la poesía española,* Madrid, Gredos, 1969).

[11] En M2 y *Alonso,* «en nombre *suyo*». Sin embargo, pienso que, al dirigirse al caminante (v. 2), es más lógico «en nombre *tuyo*» es decir, del caminante.

XVI

A LA SUERTE DE LOS CELOS DE SU AMOR

    Lava el soberbio mar del sordo cielo
la ciega frente, cuando airado gime
agravios largos del bajel que oprime,
bien que ya roto, su enojado velo;

    hiere, no sólo nubes, mas al suelo,   5
porque su brazo tema y imperio estime,
olas, no rayos, en su playa imprime.
Tiembla otro Deucalión su igual recelo.

    Envidia —cuando, fuerte y espantosa,
la mar la rota nave ya presenta   10
ya al cielo, ya a la arena de su seno—

    al rústico el piloto vida exenta.
Yo así en mis celos, libertad dichosa,
no cuando alegre, cuando en ellos peno.

Alonso cambió su título por *De los peligros del mar y de la pena de los celos*.

[1] *sordo cielo:* En sentido metafórico, insensible a las súplicas del navegante-poeta.

[3-4] La misma idea expresa Carrillo en la Égloga I, vv. 151-152: «gime/airado en ver que aún el bajel oprime».

[7] *olas, no rayos:* «A, no B», fórmula estilística gongorina.

[8] *Deucalión:* protagonista de la versión griega del mito del Diluvio.

[9-11] La artificiosa sintaxis de Carrillo dificulta el sentido, que no es otro que una derivación del tópico de la Edad de Oro pintada por los poetas, desde Hesíodo como la etapa en que la humanidad fue más feliz. La vida rústica es envidiada por los que tienen preocupaciones o están en peligros, como aquí el piloto-poeta.

[13-14] La función recolectiva que, por lo general, tiene el último terceto de la estrofa, es aquí resolutiva y se acentúa en la bimembración del último verso, que encubre la fórmula «no cuando A, cuando B».

XVII

AL TEMOR DE LA FORTUNA FAVORABLE

    Alto estoy, tanto que me niega el velo
pardo el suelo a mis ojos, por airado,
en mirar que por nubes le he trocado,
o porque niega, en fin, humano cielo.

    Águila en vista fui, águila en vuelo, 5
mas como ajenas alas he volado,
temo me falten: miro que han parado
en ejemplos, mis émulos, del suelo.

    Desprecio, altivos, dieron a su suerte,
al tiempo, a la fortuna: si han caído, 10
sus manos dieron puertas al mal suyo.

    Conozco mi verdad, merezco acierte.
¡Desdicha, si me humillas, habrá sido,
no por mi mal o culpa: por ser tuyo!

---

¹⁻⁴ *velo/pardo:* se refiere a la atmósfera terrestre enfurecida contra quien no le ha dado la importancia debida al confundirla con las *nubes* (*Randelli, op. cit.,* pág. 171).
⁷⁻⁸ *miro en qué han parado / mis contrarios, ejemplo a mi del suelo* en M1.

XVIII

A LA PACIENCIA DE SUS CELOSAS ESPERANZAS

Ausente el claro sol, el cielo hermoso,
viudo, tristeza viste, viste celos
(pues, por pequeño que es, llega a los cielos
Amor niño, gigante poderoso);

de su querido ausente tan celoso   5
se muestra, ¡oh amor fuerte!, que sus velos
cubren ojos nacidos de recelos
del largo olvido del ausente esposo.

Triste, con ser ejemplo de mudanzas,
siente firme, cual cielo, no cual peña,   10
mientras abre a su bien la Aurora puerta.

Pues si a temer, amando, el cielo enseña,
¡tened paciencia, muertas esperanzas,
hasta que el Sol de Celia dé su vuelta!

El tema de la ausencia y los consiguientes celos, se simboliza aquí por la frecuente imagen «cielo sin sol-poeta / Sol-Celia. Al motivo temático de los celos recurre, a menudo, Carrillo, sobre todo, en las *Églogas* y *Canciones*. Para una detallada descripción de la que se consideraba en la época una enfermedad, véase, Robert Burton, *The Anatomy of Melancholy,* ed. de Hulbrook Jackson, Nueva York, 1977, pág. 65. En cuanto a su aparición literaria, de inspiración petrarquista, cfr. Reyes Cano, «Cuatro versiones españolas de un soneto de Sannazaro (Garcilaso, Rey de Artieda y J. Delitala)», en *RFE,* LVII (1974-75), págs. 277-284.
1-2 Guardan semejanza estos versos con los de su Canción II (2-4) «triste / celos y agravios viste / el viudo prado y viudo cielo hermoso».

XIX

RINDIÉNDOLE A AMOR SU MAL

Confieso tu poder, ¡oh Amor!, rendido:
tu hierro en mí tal dice, y mi cuidado;
baste, ¡oh fuerte gigante!, haber poblado
brete que tantas gentes han vestido.

Sufre tu planta un cuello que no ha sido   5
tantas veces, ¡oh fiero!, sujetado,
que merezca desprecio, desechado
ya por común, por vil, ya por fingido.

¿Qué me quieres, cruel? Entre unos ojos,
llamándolos mi bien, hallé mi muerte,   10
dichosa, por ser tú la causa della.

Deja el aljaba, afloja el arco fuerte,
que ella me niega sangre, y mis enojos
volverá, y tú podrás mejor vertella.

---

[8] *común* (...) *vil* (...) *fingido* son los pecados que se condenan por el amor cortés.

[10-11] Calificar a la muerte de *dichosa* cuando la causa es el amor, fue asiduo en la poesía petrarquista.

XX

PIDIÉNDOLE PIEDAD DE SUS MALES AL AMOR

Amor, déjame; Amor, queden perdidos
tantos días en ti, por ti gastados;
queden, queden suspiros empleados,
bienes, Amor, por tuyos, ya queridos.

Mis ojos ya los dejo consumidos, 5
y en sus lágrimas propias anegados;
mis sentidos, ¡oh Amor!, de ti usurpados,
queden por tus injurias más sentidos.

Deja que sólo el pecho, cual rendido,
desnudo salga de tu esquivo fuego; 10
perdido quede, Amor, ya lo perdido.

¡Muévate (no podrá), cruel, mi ruego!
Mas yo sé que te hubiera enternecido,
si me vieras, Amor, ¡mas eres ciego!

«En la solución o desempeño del reparo, hay muchos y valientes primores: hallar correspondencia y materia de concordar los extremos repugnantes, es lo esencial de la razón que se da. Así el profundo y culto don Luis Carrillo dio por razón de la crueldad del amor, y su terribilidad siendo tan niño, el ser ciego para ver el mal que causa; es perfecto el epigrama, como todos los deste autor» (*Gracián*, Disc. VIII, I, pág. 109).

XXI

AL ENOJO DE LA FORTUNA EN SUS PENAS

Desatad mi veneno convertido,
amargos ojos, en amargo llanto,
no por burlar mi mal, mas porque es tanto
que le niega lugar al que ha nacido.

¿Qué, tristes, receláis donde ha perdido
el alma al pecho? El pecho al alma espanto,
veneno os causa. ¿Fuego teméis tanto?
¡Dejad que corra tras quien causa ha sido!

De mis injurias y tu brazo escudo,
viste, ¡oh Fortuna!, el corazón deshecho,
un consuelo: mis penas inmortales.

Deshicísteme, en fin: tu brazo pudo;
y, en deshacerme, haces pueda el pecho
no temer más ni darle tú más males.

Alonso lo titula: *Defensa contra la fortuna*.
[10] *Fortuna*, diosa ciega del Destino. Con frecuencia se describen, poéticamente, los amores cortesanos como impulsados por la fortuna o el hado (véase, Otis H. Green, *España y la tradición...*, II, *op. cit.*, pág. 365).
[11] Las penas inmortales, como consuelo, es una idea extraída de todo el entramado petrarquista, tan rico en conceptos antitéticos.
[9-14] *Randelli*, observa que el primer terceto parece posterior al segundo en el desarrollo cronológico de la vivencia del poeta (*Poesie...*, *op. cit.*, pág. 175).

XXII

A LA PLANTA DE CELIA EN GUADALETE

De tributos y mares olvidado
(que es natural en Guadalete olvido),
cuanto un tiempo corriente, detenido,
miró a Celia, de juncia coronado.

Y celoso de ver había estampado   5
la playa el pie pequeño, el atrevido
hurtósela, y confiesa haber corrido,
después del dulce robo, más salado.

Soberbio en su cristal y en pensamientos,
olvidando sus márgenes, triunfante   10
estaba de la arena que bebía.

«Vámonos —dijo Celia—; de mi amante
nuevo conozco, ¡oh Fabio!, los intentos;
¡no te me lleve, ay Dios, por prenda mía!».

---

² El río Guadalete posee para Carrillo doble significación: la realidad geográfica, donde se desarrolla parte de su vida (Puerto de Santa María, Bahía de Cádiz); y la derivada del valor simbólico que el poeta atribuye a este nombre, al que cree compuesto del mitológico Lete o río del Olvido.

³⁻⁴ El río personificado participa de la belleza de Celia.

⁷⁻⁸ Carrillo muestra un tímido —y único en los sonetos— tono distendido.

XXIII

A UN RETRATO

Al alma, un tiempo, y al sentido estrecho
vi tu dueño, y se vio, retrato amado.
En él, triste, me he visto transformado,
en agua y fuego el corazón deshecho.

El sentido a buscar parte derecho   5
—celoso que eres él— otro traslado,
y el verte en bronce y vello, ha confirmado
la sospecha del hurto de su pecho.

Reverenciéte, vencedor valiente.
Gigante al alma humilde el bronce bello   10
vistes, ¡oh dueño, de mis ojos gloria!

Milagros son del tiempo, pudo hacello.
Mas aunque él y tu ejemplo me amedrente,
edad será a sus alas mi memoria.

El asunto de este soneto tiene cierta semejanza con el de las *Décimas a Pedro Ragis*. Si la dama del retrato es también Laura/Gabriela de Loayssa manifiesta el poeta un tono menos duro que el de *Églogas* y *Canciones*.

1-4 El tema de la transformación del amante en la amada, que proviene en última instancia del *Banquete* de Platón, tuvo enorme acogida entre los poetas renacentistas. Ya Herrera había comentado en las *Anotaciones* la teoría neoplatónica de que la imagen del «dueño enciende el enamorado en deseo de gozar la belleza amada, y al fin lo transforma en ella» (*Garcilaso de la Vega y sus comentaristas...*, ed. cit., pág. 336).

Los elementos contrapuestos *agua/fuego* son los dos extremos por los que la transformación pasa a través de varias situaciones espirituales (*Randelli, Poesie..., op. cit.*, pág. 176).

XXIV

A UN OLMO, CONSOLANDO SU MAL

Enojo un tiempo fue tu cuello alzado
a la patria del Euro proceloso;
era tu verde tronco y cuello hojoso,
dosel al ancho Betis, sombra al prado.

«Así como la correspondencia entre las propiedades del sujeto y término da ocasión a la semejanza, así al contrario, la improporción y discordancia de los mismos extremos sirve de fundamento a la conceptuosa desemejanza, y campea mucho aquella contraposición por ser muy artificiosa. Fue alma de este gran soneto, y, aunque comienza por la conformidad asímbola, concluye con la diversidad contraria cantó a un olmo don Luis Carrillo» (*Gracián*, Disc. XIII, I, pág. 146).

[1-8] Suárez de Figueroa, tomó estos cuartetos de Carrillo para uno de sus sonetos, incluido en *La Constante Amarilis*:

> Fue un tiempo enojo su copete alzado
> a la patria del Euro proceloso,
> su tronco siempre verde y cuello hojoso,
> dosel al Tajo que, fue sombra al prado.
> Mas ya en su edad lozana derribado
> gime del viento agravios: ya lloroso
> pide favor al río caudaloso;
> piedad al suelo en quien está postrado.
> Las tórtolas amantes que en su cima
> dulces besos y arrullos duplicaron
> en otra parte gozan sus amores.
> A su tronco infeliz no se arrima
> ninguno ya de cuantos le buscaron
> peces, pájaros, ninfas y pastores.

Como en otras ocasiones, el errado afán de Suárez de Figueroa de pulir la sintaxis carrillesca, trivializa la composición, sin embargo, las construcciones de nuestro poeta, lejos de ser defectuosas, muestran una voluntad de estilo minoritario y cultista.

[2] *Euro:* personificación del viento del sudoeste. Hermano de Bóreas, Céfiro y Noto.

Ya que la edad te humilla, derribado, 5
gimes del tiempo agravios; ya lloroso,
tu ausencia llora el río caudaloso,
tu falta siente y llora el verde prado.

Envidia al alto cielo fue tu altura,
cual tú me abraza el suelo, derribado, 10
imagen tuya al fin, ¡oh tronco hermoso!

Tu mal llora del Betis la agua pura,
y quien llore mi mal nunca se ha hallado,
que en esto sólo basta el ser dichoso.

---

[14] *que aun en esto me falta el ser dichoso* en M2 y *Alonso*. Prefiero, como *Gracián* y *Randelli*, la lectura de M1 que respeta la «salida moral» tan de Carrillo (véase, *Randelli, Poesie..., op. cit.*, pág. 179).

XXV

A UN CHOPO, SEMEJANTE EN DESGRACIA
A SU AMOR

Remataba en los cielos su belleza,
alivio, un alto chopo, a un verde prado,
amante de una vid y della amado,
que amor halló aposento en su dureza.

Soberbia, exenta, altiva su cabeza   5
era lengua del Céfiro enojado;
del verde campo rey, pues coronado,
daba leyes de amor en su corteza.

Con leves variantes fue incluido en *La Constante Amarilis* por Suárez de Figueroa:

> Rematava en el cielo su belleza
> un álamo galán gloria de un prado
> amante de una vid, y della amado
> qu'amor halló lugar en su dureza.
> Sobervia, exenta y libre su cabeza
> era lengua del Céfiro enojado,
> del campo altivo Rey, pues coronado
> dava leyes de amar en su corteza.
> Escondióle su prenda airado el viento,
> y quedando sin brío, vio sin ella
> ya verde oscura su esperanza verde.
> ¡Ay triste yo! sin Amarilis bella
> ¿qué mucho me consuma un pensamiento
> si un árbol sin su vid la vida pierde?

2-3 Aunque, como anotaré en la *Fábula de Acis y Galatea*, es el olmo y no el chopo al que se une la vid, Carrillo atribuye en esta, y otras ocasiones, este simbolismo amoroso al chopo. El poeta humaniza los árboles y los toma de ejemplo de sus distintas situaciones anímicas (véase *Randelli, Poesie..., op. cit.*, pág. 179).

6 *Céfiro:* personificación del viento del oeste. Hermano de Bóreas, Euro y Noto.

8 Llegó a convertirse en tópico de la literatura pastoril escribir en la corteza de los árboles las historias amorosas.

Robóle su corona, airado, el viento;
sintió tanto su mal, que fue tornada   10
en verde escura su esperanza verde.

   Yo, sin los lazos de mi Celia amada,
¿qué mucho a tal me traiga un pensamiento,
si un árbol me dio Amor que me lo acuerde?

XXVI

A LA VISTA DE CELIA

Escuadrones de estrellas temerosas
desamparan el cielo, de corridas
en ver que sólo no han de ser vencidas
del sol, cual antes, o de frescas rosas.

Ya las ligeras horas presurosas   5
oro crecen al carro, y encendidas
perlas les da el Oriente más subidas
por afrentar a las de Celia hermosas.

Cual a su dueño el prado lisonjera
vitoria ofrece y esperanzas vanas   10
en su color y en el laurel que cría.

Salió mi bello Oriente a sus ventanas:
paróse el sol vencido en su carrera,
y fue más largo por mi Celia el día.

---

[4] *del sol, cual antes: ¡oh! de frescas rosas* en *Randelli*. Respeto, sin embargo, el sentido disyuntivo de M1 y M2 y *Alonso*.

[5-6] Alusión mitológica al carro del Sol-Febo.

[9] *lisonjero* en M1, M2 y *Alonso*. Creo, no obstante, con *Randelli*, que al ser femenino, puede concertar con *vitoria* en vez de con *prado* y así evitar la injustificable rima *lisonjero-carrera* en un poeta tan escrupuloso con las cuestiones métricas como Carrillo (*Poesie...*, *op. cit.*, pág. 180).

[12-14] La identificación *dama/sol* y sus efectos *presencia/ausencia* es muy frecuente en la poesía petrarquista.

XXVII

A LA VIRTUD QUE ALCANZA LO DIFICULTOSO

Este cetro que ves, ¡oh pecho ardiente!,
por oro o majestad, de roble ha sido
piel; este imperio un tiempo lo ha vestido,
que apenas viste ya el dorado Oriente.

Roble o acebo duro, a aquesta gente   5
cargó el hombro, que ultraja, ya en bruñido
acero el claro sol recién nacido,
sombrero tosco la dorada frente.

Virtud, osar, valor, los ha encumbrado
a que beses su planta, blanca luna: 10
que fue de su virtud hija su suerte.

Hijos de un monte fueron, fue su cuna.
Mídete en ellos, pecho, pues te han dado
espejo en sí, y róbate a la muerte.

---

[5] *Acebo duro:* Ya *Covarrubias* pone de manifiesto la dureza de este árbol. «Su madera es blanca, dura y tan pesada que echada en el agua se va a lo hondo».
[9-14] Carrillo recurre de nuevo al ejemplo: un pueblo que ha sabido solo construirse su propio destino por su esfuerzo *(virtus)*, su osadía y su valor.

XXVIII

AL TEMOR DE UN AMOR DESENGAÑADO

Aquí fue Troya, Amor; aquí, vencida,
es polvo aquella máquina espantable,
que si se esconde entre la hierba afable,
un tiempo fue en las nubes escondida.

Aqueste, Janto, que en igual corrida   5
a sí se es puente su humildad tratable,
que su roja corriente, de intratable,
a mil ilustres pechos fue homicida.

Ya humilde Troya, ya humillado Janto,
—que Troya fue mi amor, Janto mis ojos—   10
ni el pecho es fuego, ni sus ojos llanto.

Sólo temen, discretos, mis enojos,
de aquesta Troya, ya humillada tanto,
otra Roma no vengue sus despojos.

Alonso sustituye el título de M1 y M2 por el de *A un amor muerto.*

1-5 La intención ejemplificadora de Carrillo se acentúa con la repetición de elementos deícticos «aquí... aquí»; «aquella... aqueste», etc.

² *máquina espantable:* se refiere al caballo construido por los griegos para engañar a los troyanos.

⁵ *Janto,* también llamado Escamandro, es un dios-río que fluye por la llanura de Troya.

7-8 En la *Ilíada,* cuando Aquiles realiza una enorme matanza entre los troyanos, el Janto, enojado por tanta sangre y tanto cadáver en su cauce, se desborda, intentando, sin conseguirlo, matar al héroe griego.

XXIX

A SU AMOR EN SUS MALES, SIN REMEDIO

Enmudeció el Amor la pluma y mano;
volvió el Amor a pluma y mano, lengua,
¡ay de mí!, quiere llore, por mi mengua,
agravios de sus manos con mi mano.

Tal Guadarrama, por su escarcha cano, 5
agravios del sol llora cuando mengua
sus nevados tesoros; tal, sin mengua
mis ojos trata Amor, Amor tirano.

Llorad, ojos, llorad, pues desatando
parte del mal, por quien estoy muriendo, 10
irá en mi pecho su furor menguando.

En vano alivio con llorar pretendo,
si vuelve al pecho, por su mal, volando,
lo que dél sale, por su bien, corriendo.

«Por una artificiosa corrección, convirtió don Luis Carrillo, el alivio de su mal en mayor pena» (*Gracián,* Disc. XVII, I, pág. 188. Sólo cita los tercetos).

[14] *lo que dél sale, por su mal corriendo* en M1 que sólo acepta *Randelli,* quien piensa que con la variante se banaliza el verso (*Poesie...,* op. cit., pág. 184). *Gracián* y *Alonso.*

XXX

AL DESPEDIRSE UN AMANTE

Esta cordera, que tornó en abrojos
su corta juventud los gustos míos,
medio anegada de los hondos ríos,
¡oh honor!, de tantas lágrimas y enojos,

ofrezco a tu deidad; estos despojos   5
—como ya de piedad, de miedo fríos,
de tu poder ejemplo y de mis bríos—
de hoy más ocupen peregrinos ojos.

Quede en tus aras la segur colgando,
cuyo afilado acero, ¡oh honor!, entiendo   10
la humilde sangre le ha dejado blando.

Mas no cures de mí, que si, venciendo
mi fe, cumplí contigo, ¡oh honor!, dejando,
voy a cumplir con el amor, muriendo.

---

[1] *cordera:* en sentido figurado, mujer dócil y mansa. Tiene, además, aquí el de víctima de sacrificio bíblico. Carrillo juega con ambos significados.

[9] *Segur:* hacha grande para cortar *(DRAE).*

XXXI

AL TAPARSE Y DESTAPARSE DE UNA DAMA

    Mirásteme, vi el Sol, y en bellos lazos
ciñó (dulce ceñir) mi rostro y frente;
hízose ocaso su divino Oriente,
tomó la noche el hemisferio en brazos.

    Temí (bien pude), ¡oh Lisi!, sus abrazos: 5
dirálo bien quien de mis males siente;
lloré —y amargo bien fue— como ausente,
robos del alma en sus escuros brazos.

    Rompí el silencio de su tez escura
con desiguales quejas, y a mi llanto   10
mostró, ¡oh Lisi!, tu Sol su frente pura.

    Dio nuevas della al alma alegre el canto:
tal puede en mí tu Sol, tal tu hermosura,
tal el no verte, Lisi, el verte tanto.

    Desarrolla el poema el juego metafórico *dama = sol/ausencia = noche* muy frecuente en la poesía petrarquista.
    7-8 Interpreta *Randelli* estos versos como «un rapimento místico» equivalente a los expresados por San Juan de la Cruz (*Poesie...*, *op. cit.*, pág. 185).

XXXII

A LA MUERTE DE UNA DAMA

¡Ten, no la pises, ten!: de losa fría,
de piedra, ¡oh caminante!, más que helada,
es centella en ardor, ya tan mudada
que es cera la que mármol ser solía.

Cenizas guarda aquí, que en solo un día   5
Amor robó, y en hora desdichada,
diestra quebró, cuanto sangrienta, airada,
lazo que olvido y tiempo no temía.

Envidiosa la Muerte y la Fortuna,
con uno y otro golpe procuraron   10
a su firmeza hallar flaqueza alguna.

Mas la Fortuna y Muerte se engañaron
si está donde no puede la Fortuna,
ni la Muerte y sus alas alcanzaron.

También modificó *Alonso* el título de este soneto por el de *En el sepulcro de una dama*. Fue incluido por Suárez de Figueroa en *La Constante Amarilis,* aunque presenta variantes de léxico y sintaxis en el segundo cuarteto y le aporta un cierto tono optimista —extraño en Carrillo— a los tercetos:

> Ten, no la pises, ten. De losa fría,
> de piedra (o caminante) más que helada,
> es centella en ardor ya tan mudada,
> que es cera la que mármol ser solía.
> Tierras cenizas guarda que en un día
> juntó el Amor. En hora desdichada
> ageno desear quebró lazada
> que el tiempo y el olvido no temía.
> Llenas de gloria la fortuna y muerte
> con sumo sentimiento procuraron
> dar eterno renombre a su firmeza.
> Gozaron muertos de felice suerte,
> y viven alma de inmortal belleza,
> donde envidiosos hados no llegaron.

1-4 Tópicos de elegía funeraria.

XXXIII

AL MEDIANO REMEDIO DE SU AMOR

«Bien que sagrado incienso, bien que puede
vencer ardiente víctima tu saña,
esta corriente que tus basas baña,
lloroso soy, que en calidad le excede.

Este tierno pesar tu reino herede, 5
por culpa, ¡oh tiempo!, contra ti tamaña:
baste, pues, ya mi mal me desengaña,
a que dél limpio y de su culpa quede».

Esto, tierno, lloré, y mi tierno acento
apenas alcanzó el divino oído, 10
cuando en brazos oí del manso viento:

«El poder restaurarte, ¡oh ya vencido
Fabio del tiempo y de mi tiempo exento!,
será no perder más que lo perdido».

[1-8] Sentido semejante al del soneto XXX, aunque en este caso la víctima del sacrificio a la divinidad no es una cordera sino el llanto del poeta.

[14] Para Randelli (*Poesie..., op. cit.*, pág. 188), este verso cancioneril recuerda a Garcilaso: «no pierda más quien ha tanto perdido» (Soneto VII) y a Herrera: «por no perder ya más que lo perdido» (Elegía II, 11, 102) aunque su situación sea diferente a la de Carrillo.

XXXIV

COMPARÁNDOSE CON FAETÓN EN SU MAL

¿Caíste? Sí, si valeroso osaste.
Osaste, y cual osado en fin caíste;
si el cuerpo entre las nubes escondiste,
tu fama entre las nubes levantaste.

Nombre (¡oh terrible error!), mozo, dejaste   5
de que a estrella cruel obedeciste.
Lampecie gime tal, tal Feba triste,
una y otra a tu losa verde engaste.

«Por argumento y ponderación, añadiendo exceso de parte del sujeto al término aplicado (la erudición), es primor elegante desta sutileza. Véase en este culto epigrama de don Luis Carrillo, competido, pues fue primero, o imitado» (*Gracián*, Disc. LIX, II, página 225).

El tema mítico de Faetón quedó configurado como modelo para los poetas de los Siglos de Oro por Ovidio en *Metamorfosis*, I, 747-779 y II, 1-400. Faetón será símbolo de la osadía pero también encarnación de la fugacidad, aspecto que primará en el tratamiento del tema entre los poetas del Barroco (véase Gallego Morell, *El mito de Faetón en la Literatura española*, Madrid, CSIC, 1961).

Carrillo toma el héroe mítico como comparación subjetiva, ya desde el título; será, por tanto, lo que Rozas llama un «Faetón lírico, subjetivo, espejo en el que se miran los corazones petrarquistas» («Dos notas sobre el mito de Faetón en el Siglo de Oro», *Boletín Cultural*, Madrid, Departamento de la Embajada Argentina, 1963, núm. 2, págs. 81-88, especialmente pág. 87).

1-2 El poeta juega con los conceptos «caída»/«osadía» en perfecta conjunción —ayudado por el quiasmo— de efecto/causa y causa/efecto.

3-4 representación del descenso/ascenso, semejante al movimiento del alocado carro de Faetón, aquí sustituido por otra relación causa/efecto. La bimembración, distribuida en dos versos, da lugar a un paralelismo antitético.

4-6 El que la muerte de Faetón le haga merecedor de la fama, es un motivo que utilizan otros poetas, como el sevillano Arguijo, coetáneo de Carrillo.

7 Lampecie y Feba hermanas de Faetón, llamadas las Helíadas que lloraron la muerte de éste hasta convertirse en álamos, y sus lágrimas en ámbar.

Intentaste, ¡oh gran joven!, como osado;
seguiste al hado que te vio vencido;　　　　10
caíste, mozo más que desdichado.

Y así, en mi mal gigante, te he excedido,
pues sin haber tus hechos heredado,
cual tú, menos tus llantos, he caído.

7-8 Precisamente describe, en perfecta síntesis, lo que la fábula ovidiana desarrolló por extenso.

8 Verso pleno de significado, de esencia conceptista; consigue con su sobriedad que tengamos a mano todos los elementos presentes en la transformación de las hermanas, *engastes verdes* para la tumba de Faetón.

9-11 En este primer terceto prepara para la comparación final al comenzar cada uno de los versos con tres verbos indicativos de toda la acción del atrevido joven: *intentaste, seguiste, caíste* finalizándolos con *osado, vencido, desdichado*. El resultado es un perfecto paralelismo trimembre acentuado, como observa Randelli (*op. cit.*, pág. 189) por la adición de otros dos términos correspondientes: *joven* y *mozo*.

10 El vacío y el desengaño que produce la caída, están mediatizados por el hado.

12-14 A la manera petrarquista, busca la comparación hiperbólica con su «mal», superando el modelo propuesto.

14 *menos tus llantos:* el lenitivo del dolor de las hermanas, ni siquiera está presente en la precipitación de Carrillo a la tragedia.

XXXV

EPITAFIO A POMPEO EL MAGNO

Lee, y tendrás exenta, ¡oh caminante!,
del abrazo del áncora esta orilla;
respeta entre su arena maravilla,
que lo es, en cuantas se preció el Levante.

Si bien miras, verás huesos delante,   5
no despojo fatal de alguna quilla,
que entre una y otra mal quemada astilla,
besa aquí el mar humilde, si arrogante.

Exenta fama del exento olvido
goza, por cuanto ciñes, blanca luna,   10
aquel Pompeo el Grande, aquel temido.

Faltaba a tantas palmas sólo una,
que fue saber vencer, siendo vencido,
—con vitoria más noble— a su fortuna.

Pompeo o Pompeyo Gneo, llamado después del triunfo de Sila, el Magno, nació el año 106 a. C. A lo largo de su brillante carrera militar, uno de sus mayores logros fue su victoria en Hispania contra Sertorio, enfrentado a Roma. Después de una triunfante campaña en Oriente, forma parte del primer triunvirato, junto a César y Craso. Tras adquirir poderes extraordinarios, se produce su ruptura con César quien le vence en la batalla de Farsalia. Pompeyo marcha a Egipto, siendo asesinado en Alejandría en el 48 a. C. (cfr. J. M. Roldán Hervás, *La República romana,* Madrid, Cátedra, 1981, págs. 505 y ss.).
5-8 Parece recordar al cordobés Lucano: *tunc neruos, uenasque secat, nodosaque frangit/ossa diu,* y, *Litora Pompeium feriunt truncusque vadosis/huc illuc iactatur aquis* (*Farsalia* VIII, páginas 672-673 y 697-698).
10 Carrillo recurre de nuevo a la *blanca luna* que reconoce la virtud humana, como en el Soneto XXVII. Randelli, cree ver un recuerdo del *Laberinto de Fortuna,* de Juan de Mena (*Poesie...,* pág. 191).

XXXVI

A SUS ENOJOS IMPOSIBLES DE VENCER

Ciegos doy (cual mi amor) tres varios ñudos,
varios en el color: ¡ay Dios, si fuesen
de tan alto valor! ¡ay, si pudiesen
mostrar tus ojos de rigor desnudos!

Ciñe este altar tres veces y estos mudos   5
bultos tuyos, ¡oh Laura, si venciesen
en blandura esta cera, si quisiesen
arder cual arden estos troncos rudos!

Estas hierbas, que da el marino seno,
doy en aquestas llamas por despojos;   10
¿si vencerá veneno otro veneno?

Alonso propone como título: *Inútil hechizo*. El soneto es una recreación de la *Bucólica* VIII de Virgilio, concretamente del canto de Alfesibeo (64-100). Carrillo se inspira, también, en este mismo pasaje para su *Égloga* II, especialmente en los versos finales de Virgilio, que no son utilizados para el soneto. Como en el poeta latino, es un ritual de magia para que Laura vuelva (véase también Randelli, *Poesie..., op. cit.*, págs. 191-192).

1-2 En Virgilio: *Terna tibi haec primum triplici diversa colore/ licia circumdo...* (73-74). Los colores, según los comentaristas virgilianos, eran blanco, rojo y negro.

5-6 En el poeta latino: *terque haec altaria circum/effigiem duco* (74-75).

6 «bultos» o «vultos» del latino *vultus* 'rostro' se aplicó primeramente a las imágenes o estatuas que representaban sólo la cabeza y luego a las que figuraban de relieve el cuerpo de una persona, especialmente en las sepulturas *(Corominas)*. Aunque su empleo culto y literario está documentado desde la primera mitad del siglo XV, fue uno de los latinismos censurados en Góngora.

7-8 Virgilio dice: *Limus ut hic durescit et haec cera liquescit/uno eodemque igni, sic nostro, Daphino, amore* (80-81).

9 En Virgilio: *Has herbas atque haec Ponto mihi lecta menena* (95). *Marino seno* equivale, por tanto, al Ponto virgiliano.

10 *Despojos:* Carrillo ha concentrado la descripción del rito que en Virgilio era: *Has olim exuuias mihi perfidus ille reliquit/pignora cara sui* (91-92).

Cual este polvo en agua, mis enojos
mueran; en vano por vencellos peno,
que es mayor el hechizo que tus ojos.

---

[12] *cual este polvo en agua.* Virgilio dice: *Fer cineres (...) foras riuoque fluenti/(...) iace* (101-102).

[13] En Virgilio: «(...) *nihil ille deos, nil carmina curat*» (104), que Carrillo reduce a *en vano* ya que su sacrificio, al contrario que el de Alfesibeo, no da resultado positivo.

Para Randelli, es notable y significativa la estructura del soneto ya que, mientras los dos cuartetos y el primer terceto describen el rito, con la formulación del deseo, en el último terceto, después del último gesto del ritual, ya falta el «si» optativo, presente en las otras estrofas: «si fuesen» (v. 2), «si pudiesen» (v. 3), «si venciesen» (v. 6), «si quisiesen» (v. 7), colocados en rima (*Poesie..., op. cit.,* pág. 193).

XXXVII

A LA MUERTE DE LISI

   Altivo intento, sí, pero debido,
vista amarga intentáis de humor vacía,
bien que copioso venza, noche fría,
tu sagrado silencio su rüido.

   Yace de sueño frío, ay, ya vencido   5
aquel divino peso al claro día.
¡Grande ausencia amenazas, prenda mía,
fábula de escarmiento al mundo has sido!

   Id, tristes ojos, a la tumba amada,
ay, no sólo por Lisi lastimosa   10
solicite a dolor la piedra helada.

   Sepan que osaste, ¡oh pena querellosa!,
en espacioso llanto desatada,
mostrar dos mares en tan breve losa.

6-7 Está implícita en estos versos la reiterada metáfora petrarquista *sol = amada,* que, en un juego muy frecuente en la poesía carrillesca, se opone a *noche = ausencia:* en este caso, *muerte* de la dama.

8 *escarmiento:* reflejo de la obsesión de Carrillo por el valor ejemplar.

XXXVIII

DESPÍDESE DE SU MUSA AMOR

Ya no compuesto hablar, ya no que aspire
a laurel docto o a sagrada musa;
mándalo, ¡oh Musa!, Amor, que en mí rehúsa
menos que el pecho su rigor suspire.

Ya va fuera de mí verso que admire   5
en polido decir; mi llama excusa,
¡oh, sagrados despojos de Medusa!,
que en vuestras aguas este ardor respire.

Otro alentad en el licor dichoso,
que ya, ausente de vos, al mal presente,   10
desata el pecho un río caudaloso.

Adiós, pues trueca Amor por vuestra fuente,
(mirad cual cantaré) de mi lloroso
pecho, en su ausencia larga, la corriente.

Alonso omite *Amor* en el título.
[2-3] Como en el Soneto XXIX, el Amor dispone que abandone la poesía.
[7] *despojos de Medusa,* el caballo Pegaso hijo de la Gorgona Medusa fue quien golpeó con sus cascos el Helicón, del que hizo brotar la fuente Hipocrene, a cuyo alrededor se agrupaban las Musas. Era proverbial que su agua favorecía la inspiración poética.

XXXIX

A LA AUSENCIA, QUE CONSOLÓ SU ESPERANZA

    Quiso mi hermoso Sol y dueño hermoso,
honrar el alba con su Sol divino,
mostróse escuro el sol en su camino,
y el mío, en sus tinieblas, receloso.

    Vistió el cielo de ceño querelloso   5
el campo de sus ejes cristalino,
que no el temor de su beldad previno
como discreto, en fin, como envidioso.

    Lloró su ausente el cielo, y yo, eclipsado,
di un mar también por mi divino ausente,   10
¡dichosa compañía a un desgraciado!

    Dio a sus olas furor mi pena ardiente;
libróse apenas mi esperanza a nado.
Esta verdad sabrá quien de amor siente.

    Cambia también *Alonso* el título por el *De una ausencia*. Como en los Sonetos XVIII, XXVI y XXX, el motivo base es *sol = amada*, cuya ausencia oscurece el día y al amante.
    [8] *como discreto mas como envidioso* en M2 y *Alonso,* me inclino como *Randelli* por M1. La expresión *en fin* es frecuente en Carrillo.
    [10] *divina* en M2 y *Alonso* que cometen el error de no concertar el adjetivo con los sustantivos masculinos *Sol* y *dueño*. La poesía trovadoresca había establecido un nexo de vasallaje con la dama, según el modelo de la sociedad feudal; por esto se le llama *midons,* o sea *señor* o *dueño* en género masculino.

XL

A LA MUERTE DE UN HOMBRE DOCTO

Respeta, ¡oh presto pie!, la sacra losa.
La causa a tu aguardar (¡si la escuchares!)
estas letras dirán, que vuelven mares
mil ojos: ¡ten la planta presurosa!

Bien que leve, la tierra en que reposa   5
blandamente durmiendo en los altares
que ves (y es bien su eternidad repares)
envidia al tiempo y a la edad forzosa.

De la esquiva beldad, la docta frente
ceñida, amenazó su hermosa altura   10
desprecio a Homero y igualdad al cielo.

Viste ya de dolor la tierra dura.
Tal, Fama, llora; y puedes, que presente
su fama al mundo abraza en alto vuelo.

Alonso modifica el título por *En el sepulcro de un hombre docto.*
[1] Carrillo repite el tópico del Soneto XXXII.
[6-7] Como en el soneto XV: «Blandamente en los mármoles reposa/quien ves (...) adormecido».
[7-8] La fama del hombre docto —tal vez poeta— desafía a la muerte. La idea la repite Carrillo en los Sonetos XII, XV, XXIII, XXIV y XLV.
[9-10] Sinécdoque con metáfora. Se refiere a Dafne convertida en laurel, árbol de cuyas hojas se confeccionaban las coronas, atributos de los poetas.
[13] *Fama:* diosa mensajera de Júpiter. Tenía por misión divulgar las noticias por el mundo.

XLI

EXCUSANDO ALGÚN DESCUIDO DE SU AMOR

¿Cómo, oh querido bien, cómo, oh querido
dueño de alma y vida, en qué, arrojado,
el pecho os ofendió? ¿Cuándo ha entregado,
pues le olvidáis, el cuello a vuestro olvido?

Si yo no os miré, si os he ofendido,   5
Amor es ciego, Amor lo habrá causado.
¿Quién no tiene a bajeza haber probado
cuánto corta la espada en un rendido?

Mandómelo el Amor; fue fuerza hacello,
y es mi rey el Amor, pudo mandarme;   10
culpa el mandarlo fue, culpa el querello.

Llorando moriré, pues el culparme
vos, le basta a mi llanto, ¡oh rostro bello!,
por vengaros a vos y por vengarme.

---

[5] *¿qué no os miré, mi bien?* en M2 y *Alonso*. Como en M1 y *Randelli*, me inclino por la construcción condicional de todo el verso.

[8] El verso está tomado del Soneto II, v. 8, de Garcilaso: «para que sólo en mí fuese probado/cuánto corta una espada en un rendido». Probablemente se trata, como era frecuente en la época, de un homenaje al poeta toledano.

[9] *fuerza* equivale a *fatum*: destino.

[12-14] Garcilaso menciona también la venganza en el citado Soneto II: «¡basten las que por vos tengo lloradas; / no os venguéis más de mí con mi flaqueza; / allá os vengad, señora, con mi muerte!» (vv. 12-14).

XLII

RETRATO A LA HERMOSURA DE CELIA

Desas rojas mejillas, envidioso,
más sangriento el rubí, de más corrido,
afrenta, que del hurto ha convencido
el nácar, Celia, de tu rostro hermoso.

El cristal desatado, de lloroso,　　　　　　　　5
tu blanca frente aqueja, que ha podido
robar —dícelo él— de lo escondido
de sus senos espejo tan lustroso.

Más blanca de enojada, blanca nieve,
hurtos gime en tu cuello; desos ojos　　　　　10
el sol se queja o pide su hermosura.

Mas no cesan aquí, no, tus enojos,
que, si esto negar puedes, que me debe
tu rostro un alma que robó, es locura.

Alonso omite *Retrato* en el título.
[1] *Esas rojas* en M1 y *Randelli;* que opina que con la lectura de M2 y *Alonso,* la sintaxis se vulgariza (*Poesie...*, *op. cit.,* página 198). Prefiero, sin embargo *desas rojas mejillas,* en relación evidente con *desos ojos* (v. 10).
[3-6] Randelli, observa con razón, el uso que, en este soneto y en la *Redondilla* «No cual cisne con su canto...» se hace de términos jurídicos: *afrenta, convencido, aqueja* (*Poesie...*, pág. 199).

XLIII

A UN LIMÓN QUE LE ARROJÓ
UNA DAMA DESDE UN BALCÓN

Fruto, por ser del cielo tan querido,
que ha sido, y es, de mí tan adorado;
fruto, por ser del cielo y desdichado,
al de mi pensamiento parecido;

¡cómo os adoro y quiero! ¿Habéis caído?
¿por qué?, decid, ¿por qué, del adorado
Sol de mi Lisi, rayo, habéis bajado?
Si rayo no ¿a qué, estrella, habéis venido?

Si estrella sois, al que en desdichas muere,
¿para qué le buscáis? Si rayo fuerte,
¿en que ofendí la luz del alma mía?

Mas, no, pecho, no ofendas tu fe y suerte,
que si de amor la estrella y dicha quiere,
verás en tus desdichas compañía.

Desde luego este título de M2 es más preciso que el de M1: «Al respeto que estima de su amor».

A primera vista el lema de M2 parece ajeno al tema del soneto aunque, como notó Dámaso Alonso (*Poesías...*, *op. cit.*, pág. 173), repite un motivo análogo en la Redondilla «Si es que ya no sois del cielo». Sin embargo, tampoco en esta composición se nombra al «limón» sino a una «prenda».

[1] Como en la mencionada Redondilla, en el Soneto XIII y en la Canción IX identifica *cielo/dueño*.

[5] *adoro y quiero* en relación con «querido» y «adorado» de los 1-2.

XLIV

A LAS PENAS DEL AMOR INMORTALES

Hambriento desear, dulce apetito,
hambriento apetecer, dulce deseo,
detened el rigor, ¡ay!, ya, pues veo
mi negro día en vuestro enojo escrito.

Mientras con más calor os solicito
vuestro ardiente querer, mi dulce empleo,
por más que el bien a vuestro bien rodeo,
huye el remedio término infinito.

Sin duda moriré, pues que mis bienes
alimentan, hambrientos, a mis males:
tú, dulce apetecer, la culpa tienes.

Muriendo, de sus penas desiguales,
pecho, será imposible te enajenes:
hijos del alma son, son inmortales.

[1-2] Bimembración distribuida en dos versos en perfecto paralelismo métrico y en quiasmo de semantemas.
[9-10] Conceptos antitéticos de carácter pretrarquista.

XLV

A DAFNE Y ANAXARTE

Más blanda, no de amor, de arrepentida,
cual fue, si es blanda, siendo piedra helada,
gime Anaxarte, piedra cuando amada,
más que después que en piedra convertida.

Viva le aborreció, y aborrecida   5
pena a su esquivo pecho reservada,
Dafne esquiva aconseja, castigada,
consejos que no oyó siendo querida.

Desconocidas Dafne y Anaxarte
en piedra y planta, me amenaza en vano   10
igual pena a las suyas en no amarte:

en vano, si eres de mi amor tirano,
y pienso ser retrato de Anaxarte,
si no en esquivo, en firme al tiempo vano.

Alonso modificó el título por *De Dafne y Anaxarte (para ponderar su amor)*.

[3] *Anaxarte:* por ella, el joven Ifis se suicida. A causa de su crueldad fue transformada por Afrodita en mármol. Garcilaso contó su historia en la canción V y como en otros casos en que recreó mitos, el toledano la convierte en símbolo de las desdeñosas para todos los poetas que se ocupan después de la fábula. Tiene su origen en Ovidio (*Met.* XIV, 698-758).

[7] *Dafne,* ninfa amada por Apolo a la que persigue en veloz carrera, consigue huir al ser transformada por Zeus en laurel. Fue también Garcilaso el maestro que inspiró a poetas posteriores con relación a esta fábula recreada en su Soneto XIII y en su Égloga III. Carrillo no se detiene en la transformación; sólo atiende a la esquivez. Como la historia de Anaxarte, es, igualmente, de procedencia ovidiana (*Met.* I, 452-556).

13-14 El nombre mítico tiene, para Carrillo, un valor ejemplar.

XLVI

A TISBE

Mira el amante pálido y rendido
a la inclemencia, Tisbe, de su hado,
el rostro en llanto por su amor bañado,
y él en su sangre por su amor teñido.

Hirióse con la espada que había sido   5
ministra de su mal y su cuidado;
el golpe no sintió, que era acabado,
con el morir su amante, su sentido.

«Aunque encierre en sí dos o tres agudezas, con todo eso se llama incompleja, porque va de modo de un pensamiento solo, como en un epigrama, en un soneto; y sea éste del ingenioso don Luis Carrillo» (*Gracián*, Disc. IV, pág. 62).

Alonso amplía el título: *De Píramo y Tisbe:*

Carrillo intenta objetivizar el mito dejándolo libre de connotaciones personales. Se acerca, de este modo, a la concepción barroca del tema, donde predominan lo descriptivo y narrativo sobre lo lírico, más acorde con el uso que de la mitología hace el Renacimiento. Al poeta, pues, le interesa tanto el asunto mítico en sí, como el uso con significación ejemplar. Para Randelli (*Poesie...*, ed. cit., pág. 73) es precisamente este sentido el que separa a Carrillo del Manierismo, de tradición petrarquista.

La historia de Píramo y Tisbe procede de una narración oriental recogida por Ovidio (*Met.* IV).

La fábula ha tenido una dilatada proyección en la literatura occidental.

[1] *al amante* en M2 y *Alonso*.

[7-8] Se trata del melancólico deseo de la muerte como fin del mal de amor, expresado en paradojas eróticas tan del gusto cancioneril y petrarquista. Los versos de Carrillo me parecen cercanos a los famosos de Garcilaso: «no me podrán quitar el dolorido/sentir si ya del todo/primero no me quitan el sentido» (Égloga I, versos 349-351).

Cayó; y buscó su sangre presurosa
la fría de su dueño, y ella, herida, 10
los brazos de su amante, querellosa.

Mostró su ser la Muerte en tal caída,
pues fue a juntar de un golpe, poderosa,
lo que el Amor no pudo en una vida.

9-10 Acertadamente observa Randelli que resultan «un gruppo marmoreo dall'architettura perfettamente equilibrata in una classica corrispondenza di pieni e di vouti» (*Poesie...*, *op. cit.*, pág. 72).

XLVII

AL DESENGAÑO DE LOS PELIGROS DE LA MAR

Osado en fin te atreves, pensamiento,
ayer burla del mar, dél anegado,
viendo que, aún fiero del furor pasado,
debe la arena a su robado asiento.

Segunda vez, con atrevido intento, 5
la barca ofreces al licor salado;
aún destilas vestidos que has colgado,
pensamiento, ¡ay, cuán otro pensamiento!

Aquellas tablas de tu rota nave,
con que el mar, aunque mudo, te habla tanto, 10
te den lo que él, pues te aconseja, sabe.

Mas si tan fuera estás, cruel, de espanto,
prevén escollo en que tu vida acabe,
mientras prevengo a tus obsequias llanto.

Este título también fue modificado en *Alonso* por el *De los peligros del mar (y del amor)*.

5-8 El motivo del náufrago que seca sus ropas al sol, es de procedencia clásica y muy bien acogido por los poetas españoles. Horacio había dicho: *me tabula sacèr/votiva paries indicat uvida/suspendisse potenti/vestimenta maris deo* (I, 5). Fue imitado por Garcilaso (Soneto VII) y Herrera (Elegía III) entre otros. El mismo Carrillo lo retoma en la Canción IX y después de él, Góngora en las *Soledades* (vv. 34-41).

XLVIII

A LA MEMORIA DE LA MUERTE

Camino de la muerte, en hora breve
apresura la edad los gustos míos,
y mis llorosas luces en dos ríos,
lloran cuán tardos sus momentos mueve.

A tal exceso mi dolor se atreve,   5
rendido él mismo de sus mismos bríos:
¡ay, venga el tiempo que en sus hombros fríos
la común madre mis despojos lleve!

Crece a medida de la edad la pena,
con ella el gusto del funesto empleo   10
que mi grave dolor o suerte ordena.

Y tan ceñido al alma le poseo,
que mientras más la vida le enajena
siento crecer más fuerza a tal deseo.

Alonso prefiere este otro título: *Deseo de la muerte (por su imposible amor).*

Carrillo no se resigna ante el dolor insuperable y desea la muerte, pensando que con ella acabará su sufrir. (Véase M. R. Fernández Alonso, *Una visión de la muerte en la lírica española,* Madrid, Gredos, 1971, págs. 134-140.)

9-14 Estas paradojas de amor o encuentro de sentimientos antitéticos, son característicos de la terminología trovadoresca y petrarquista.

11 *suerte* es el destino que impulsa a su dolor.

XLIX

A LAS PRISONES DEL AMOR, IMPOSIBLES DE ROMPER

¿Vosotras sois? segunda vez, dudoso,
tiemblo vuestro rigor y mi ventura:
apenas libre el pecho se asegura,
apenas libre Amor goza reposo.

¡Prisiones que os rompí! ¡Oh yo dichoso! 5
si en mi ventura cabe mi cordura,
¡gracias, oh santo tiempo, oh dios! procura
dicha, si puede ser, pecho animoso.

Esto libre canté cuando rompellas
el tiempo permitió, y Amor tirano 10
así me respondió, soberbio entre ellas:

«Huyes, ¡oh Fabio!, tu prisión en vano:
volverá Amor, que es poderoso, a hacellas,
que Amor en fin es dios, y el tiempo humano».

---

[1] *segunda vez* como en el Soneto XLVII; tal vez es la misma situación sentimental inscrita en una desconocida cronología amorosa.

[1-4] Como observa Randelli (*Poesie...*, ed. cit., pág. 205), estos primeros versos son casi una representación dramática entre el poeta y la cadenas de amor.

[5] El tópico de la «prisión» o «cárcel» de amor es, en cierto modo, una paradoja erótica, ya que el amante se siente prisionero de su amor en una «cárcel», en la que ha entrado voluntariamente y de la que no siempre quiere salir (cfr. Otis H. Green, *España y la tradición occidental*, I, *op. cit.*, pág. 69).

[9-14] Carrillo sí desea la libertad amatoria, aunque todo es inútil ante el poderoso Amor.

L

A LA MUDANZA DEL TIEMPO

Aún no exceder su madre el cuello exento
miré de aqueste chopo levantado;
sin brazos le vi y sombra, aún no buscado
por ella el caminante o por aliento.

En su niñez le vi; ya el blando viento   5
resuena entre sus galas abrazado;
galán está, mas dellas despojado;
a Enero ha de sufrir rigor violento.

Más veces lo veré, si el alma dura
al desusado ardor que ciñe el pecho,   10
pues su muerte su exceso le asegura.

Esto veré: mas en mi ardor deshecho,
ausente de mi pecho tu hermosura,
no: tal milagro en mí tu rostro ha hecho.

Alonso titula el soneto *De la mudanza del tiempo y firmeza de su amor.*

[8] *rigor* conserva el valor etimológico latino en toda la tradición petrarquista culminante en Herrera (cfr. Randelli, *Poesie...*, ed. cit., pág. 207).

Églogas

ÉGLOGA PRIMERA

EN LA CUAL HABLAN DOS PESCADORES

Dirigida al Conde de Niebla, don Manuel Alonso Pérez de Guzmán el Bueno, gentilhombre de la Cámara de Su Majestad y su Capitán General de la costa de Andalucía.

CARTA

    Dos tiernos pescadores, dos amantes,
dos pechos no igualmente agradecidos,
bien que iguales de amor, dirá mi canto;
dos ecos, cuanto dulces, encendidos,
dos de mil inconstantes bien constantes,   5
diré ya en dulce voz, ya en dulce llanto.
¡Oh vos, do pudo tanto,
de la cristiana fama
la no vencida llama,

Sigo, en líneas generales, la disposición que para *Églogas* y *Canciones* adoptó *Alonso* en sus *Poesías*... (ed. cit., págs. 168-169) mucho más racional que la de M1 y M2.

[1] La variedad de *égloga piscatoria* respeta, en sus elementos esenciales, el patrón de la modélica pastoril. Sannazaro prefirió esta modalidad para sus églogas latinas (cfr. V. Bocchetta, *Sannazaro en Garcilaso,* Madrid, Gredos, 1976, pág. 76).

    pues, con pecho más fuerte,   10
    que el filo de la muerte,
    sacáis la altiva frente victoriosa,
    venciendo nuestra suerte
    el negro cuello de la envidia odiosa!

    si lugar diere el cuidadoso estado   15
    y su oscura materia no entendida,
    en vuestro pecho sólo agasajado,
    y si, con fiera vista y encendida,
    diere de enojo y de diamante armado
    Marte lugar, y si la planta herrada   20
    de la yegua —igualada,
    no con el presto viento,
    mas con el pensamiento—
    no afrentare ya, ausente,
    en su carrera ardiente,   25
    al gamo más medroso y más ligero,
    ni la diestra valiente
    vistiere de su sangre el blanco acero.

    Escuchad de mi Musa, cuanto osada,
    ante vuestros sitiales temerosa,   30
    mil tiernos ecos en su tierno canto;
    no cantará la guerra peligrosa,
    la campaña, de muertos afeada,
    no aquel confuso son y esquivo llanto.
    No cantará el espanto   35
    de la trompeta airada,
    con la crin erizada
    del caballo animoso,
    no algún rey polvoroso,
    en la sangrienta y áspera batalla,   40
    que evita, temeroso,
    mi pacífico son la sangre y malla.

29-31 Este esquema sintáctico fue magistralmente creado por Garcilaso en la dedicatoria al virrey de Nápoles, de su Égloga I. Vilanova opina que Góngora se inspiró en los versos de Carrillo para la dedicatoria de su *Polifemo* al mismo Conde de Niebla (*Las fuentes...* I, *op. cit.*, págs. 271-272).

Escuchad cómo empieza en pescadores,
viviendo en agua, a recrecer el fuego
de Amor, que a más que a caña el pecho aspira;   45
estad atento al resonante juego
de dos tiernas zampoñas de amadores,
lamentar su verdad o su mentira.
Mientras blando respira
entre flores el viento,   50
estad, señor, atento,
y a mi son presuroso
dadle aliento y reposo,
y lugar de que ciña, entre los brazos
del laurel victorioso,   55
vuestra frente mi yedra en verdes lazos.

HABLAN FABIO Y DELIO

DELIO

Mientras es puerto el mar, mientras no llama
la quilla y vela la marea y viento,
que blando abraza una y otra rama,
    mientras el brazo, de la caña exento,   60
los moradores del licor salado
no ceba dulce con doblado intento;
    mientras el sol ardiente y levantado,
de aquesta haya nos defiende el cuello,

46-51 *estad atento*, de ascendencia horaciana: (...) *Nisi dextro, tempore, Flacci / Verba per attentam non ibunt Caesaris aurem* (*Sátiras*, lib. II, I, 18-19) o la fórmula, del mismo Horacio, de *applicare aures* del *Carmen Seculare* (v. 72), son muy imitadas en las dedicatorias de la poesía renancentista (para esta cadena temática, véase, Vilanova, *Las fuentes...* I, *op. cit.*, págs. 265-270).

55-56 El *laurel*, árbol de vencedores frente a la *yedra*, la planta pastoril por excelencia. También los ecos de la dedicatoria garcilasiana resuenan en los de Carrillo: «el árbol de victoria/que ciñe estrechamente/tu gloriosa frente/dé lugar a la hiedra...» (Égloga I, vv. 36-38).

57-58 La semejanza de estos versos con los del comienzo de la *Fábula de Acis y Galatea* es evidente, tanto en la disposición de la materia como en el tono.

117

    de sus dorados rayos coronado;   65
      mientras la red en el marino vello
de aquestas peñas se me enjuga, quiero
cantar de mi Belisa el rostro bello;
      Belisa, aquella por quien vivo y muero.
¡Ayudad montes, ayudad corrientes,   70
con eco a mi zampoña lisonjero!
    Vosotros robles, que con altas frentes
cantáis al sol beldad de las estrellas,
cuando salen más claras y lucientes;
      vosotras aguas, que a las frentes bellas   75
del cazador y cazadora hermanos,
espejo y luna sois, do podrán vellas:
      vosotros me ayudad a mis tiranos
ojos ¿cuál vez mirastes, suelo hermoso,
besando nieve de sus pies y manos?   80
    Tú, soto y playa, tú de mi amoroso
fuego di la razón, si acrecentado
de su cristal fue el tuyo bullicioso:
      ¡qué risueño te vi, cuando, abrazado,
dabas mil besos a su planta tierna,   85
cristal ardiente entonces, y no helado!
    Cuando el dorado carro el sol gobierna,
monte, dímelo tú, ¿va tan gallardo,
bien que ceñido de su luz eterna?
      Y cuando, con nadar lascivo y tardo,   90
divide Galatea de tu frente
el velo, en pardo día, también pardo,
mar, ¿tan gallarda va, tan reluciente,
cual la miraste tú, Tetis, si abraza
del claro cielo aquel divino ausente?   95
    Mas pare el canto, mientras Fabio abraza
del largo barco en la fornida peña
el grueso cabo que forzudo enlaza.
    ¡Oh, Fabio, bienvenido!

---

[72] *frentes,* en M1 *fuentes.*
[75-76] *del cazador y cazadora hermanos,* perífrasis mitológica para aludir a Apolo y Diana, hijos de Júpiter y Latona.
[90-95] Parece referirse a Galatea que al nadar abraza a su *divino ausente* (Acis) convertido en fuente (Dámaso Alonso, *Poesías...,* ed. cit., pág. 176).

FABIO

¡Oh, Delio!, empeña
mi palabra mi fe, que, aunque te he hallado, 100
piensa que duerme, que, aunque te habla, sueña.
  Tú, en cualque dulce sombra recostado,
haces resuene el monte tu Belisa,
Belisa entone el monte, el llano, el prado.
  Ya de las fuentes la amigable risa 105
süave paras con tu dulce acento,
que con el cielo por divino frisa.
  Y ¿quién duda, envidioso, el manso viento,
siendo instrumento suyo aquestas hayas,
siga, tierno también, tú tierno intento? 110
  Aquí tu lira, aquí tu canto ensayas,
risueño a dicha tuya, y tejes flores
a tu Belisa, cuando a vella vayas.
  Sufro yugo cruel de mis amores,
pago tributo en ronca voz y en llanto, 115
a mi suerte, a mi Celia, a mis dolores.
  Tanto su olvido puede, mi fe tanto,
tanto su olvido y mi dolor me sigue,
que, si me ves cantar, lloro si canto,
  tanto Celia y su olvido me persigue. 120
Mas, pues descansa el brazo de la caña,
no descanse tu lira.

DELIO

Y tú prosigue.

FABIO

Yo el viento creceré.

---

[102] *cualque:* italianismo de uso frecuente en el siglo XVI y principios del XVII (*Corominas,* I, pág. 995b). Cfr. también J. H. Terlingen, *Los italianismos en español desde la formación del idioma hasta principios del siglo XVII,* Amsterdam, 1943.
[120] *Celia:* en M2 *Antandra:* nombre femenino inusitado en Carrillo.

DELIO

Yo, el mar de España.

FABIO

Yo con suspiros por mi bien ausente.

DELIO

Yo con el agua que mi rostro baña. 125

FABIO

Empiezo, amado ausente.

DELIO

Yo, presente,
triste proseguiré cual despreciado.

FABIO

Tú el viento detendrás.

DELIO

Tú, la corriente.

CANTO DE FABIO Y DELIO

FABIO

Roba el sereno cielo
al temeroso marinero airado,   130
del mar el ancho velo,
en iras de algún viento, tan osado,
que a las mismas estrellas
apagan sus espumas las centellas.

La más vecina frente   135
del monte que más alto se levanta,
se le inclina obediente:
tal es su imperio, airado, y furia tanta;
y, despreciando al suelo,
parece, airado, que se bebe el cielo.   140

Ya la afligida nave
—de miedo, muerte y de sus olas llena—
en él mismo no cabe;
y, tanto el viento y mar se desenfrena,
que puede, levantada,   145
quedarse con las nubes abrazada.

Lloran los marineros
confirmando sus lágrimas sus votos;
abrazan los maderos
—desprecio un tiempo al mar y ya dél rotos—   150
al escuchar que gime
airado en ver que aún el bajel oprime.

¿No está soberbio, airado,
el mar, con suelo y cielo embravecido?
Pues burla es, comparado   155

[129-248] En el canto de Fabio y Delio se percibe la filiación virgiliana del canto amebeo o alternado que Garcilaso toma para su Égloga III, oponiendo también las estaciones primavera/invierno (véase, M. J. Bayo, *Virgilio..., op. cit.*, págs. 145-158).

a Celia, ¡ah dueño ingrato, tan querido!
a tu eterna aspereza,
extrema en ti también cual tu belleza.

DELIO

   Pequeño infante y tierno,
sale, triunfando de la noche escura
y del prolijo invierno,
ceñido el claro sol de su luz pura,
ofreciendo, obedientes,
perlas los prados y cristal las fuentes.

   Desata placentero,
en nombre y con librea de algún prado,
el eco lisonjero;
y ofrece el ruiseñor a su dorado
rostro y sienes hermosas,
abrazadas de aljófares, las rosas.

   El monte, que juzgaba
los secretos del mar con alta frente,
las lenguas que ocupaba
en lamentar la noche —el claro Oriente
vuelto— cantan sus hojas
entre sus alabanzas sus congojas.

   Envidiosas las aves,
siéndole su hermosura envidia al suelo,
con mil ecos süaves
coronan de alabanzas sol y cielo;
y sus varios colores
hacen dudar al sol si cantan flores.

   Corona el sol la tierra,
y ella, reina y mujer engrandecida,
su claro rostro encierra,
en cortinas de flores escondida,
pues su beldad y día
es sombra de tu luz, Belisa mía.

FABIO

Hórrido, seco, calvo, y los cabellos
que tiene canos, el Invierno, triste,   190
granizo, escarcha viste,
ladrón esquivo de mil verdes cuellos,
y, armado de su hielo,
horas le roba al día y yerba al suelo.

Corre el ligero río, aún no alcanzado   195
—si a veces lo intentó— del pensamiento;
corrió ya soñoliento
(que tal parece), de quien fue olvidado,
y, usurpado del frío,
más espejo al sol que no al mar río.   200

Manso soplaba ya, manso volaba,
ejemplo de blandura, el manso viento;
ya, furioso y exento,
con sus fuertes hermanos guerra traba,
y, a quien dio ayer abrazos,   205
hoy, roto, gime entre sus fuertes brazos.

Ayer, dorada, la región hermosa
del aire, dio calor a la hermosura;
el agua, mansa y pura,
¡qué de veces rió, blanda, amorosa!   210
y, ausente su alegría,
el aire brama, gime el agua fría.

Terrible es el invierno, rodeado
de nieve, y de granizo pecho y frente.
¡Ay, cuánto es diferente   215
su hielo, oh Celia, al de su pecho helado!
Su hielo ablanda el cielo,
mas no mi fuego ni su sol tu hielo.

DELIO

Desátase risueño, y ya murmura,
de su cárcel helada el arroyuelo;   220
temeroso del hielo,

hasta parar al mar no se asegura,
y con brazos de plata,
los prados de esmeralda ciñe y ata.

    Los árboles gallardos, que mostraban 225
canas de nieve las humildes frentes,
ya en todo diferentes,
las verdes copas en el cielo clavan,
tan altas que en su esfera
a la Aurora estorbaban la carrera. 230

    Los campos, de mil flores recamados,
no envidian las estrellas a los cielos,
y ellos, vistiendo celos,
mirándolos cual reyes coronados,
a sus claras estrellas 235
para abrasallos piden sus centellas.

    El amoroso viento enamorado
—que aún no es exento del amor el viento—
dice su pensamiento,
siendo su lengua, al monte, el verde prado; 240
y, como su bien traza,
besa a sus flores y su yerba abraza.

    ¿No es, ¡oh Fabio!, divino, di, a tus ojos,
el verano, en sus flores escondido?
Pues burla es, cual lo ha sido, 245
comparado a quien cuelgo mis despojos
en su divino templo,
envidia de hermosura, de fe ejemplo.

    Esto Delio cantó, y esto, amoroso,
Fabio le respondió. Y el cristalino 250
seno del mar gozó a su son reposo;
son, por sujetos y por voz, divino.
Mas, llamados del tiempo presuroso,
en sus ligeros barcos el marino
cristal rompieron con los largos remos, 255
ciñéndose de espumas sus extremos.

[249-252] En estos versos resume Carrillo la esencia de este canto amebeo como Garcilaso había hecho en los suyos 297-307 de la Égloga III.

ÉGLOGA SEGUNDA

EN LA CUAL HABLAN MOPSO Y FABIO

Musas, no lo podemos todos todo.
La lira querellosa
—dulce, bien si quejosa—,
cantad, que os acordáis, cantad quejoso,
¡oh Fabio; Mopso, con razón dichoso.　　　　5
¡Ay, cual robó su acento
reír a fuentes, murmurar al viento!

¡Oh, tú!, desate ya la docta mano,
de algún piadoso o fuerte,
del alto olvido y muerte,　　　　10
con tu pluma su nombre, o ya, abrazado,
midas, con el pesar del hondo estado,
causas, porque te cuadre
cual de la patria, Apolo, ser el padre:

escucha, y con razón podrás atento,　　　　15
a Fabio lamentarse,
a Fabio querellarse;
a Laura de su pena y mal reírse,
rendir a Fabio, a Mopso al fin rendirse.
Y, pues me oyes, y dejas　　　　20
la pluma, éste es su mal, éstas sus quejas.

---

[1] Traducción casi literal de los versos virgilianos: *dicite, Pierides: non omnia possumus omnes* (*Bucólica* VIII, 63).

[5] Mientras Carrillo mantiene para sí mismo el nombre poético de Fabio, toma para el de su rival, el del pastor Mopso de la *Bucólica V* de Virgilio, tal vez, como observa, Orozco Díaz por su similitud fonética con Veneroso, apellido del rico e inesperado marido de Laura/Gabriela de Loayssa (véase *Amor, Poesía...*, *op. cit.*, págs. 107-108).

FABIO

>   Ven, que aguardas en vano,
> ¡oh lucero gentil!, la blanca aurora,
> pues a Pirois lozano,
> que con su cana espuma lo desdora,   25
> niega el freno la hora;
> sal, llorarás Leandros mis dos ojos
> en el amargo mar de mis enojos.
>
>   Y tú que en tus cristales
> a veces, Betis claro, caudaloso   30
> vas por ajenos males:
> oye los míos, ten el presuroso
> paso, goza reposo,
> mientras mi mal mi voz tierna dilata,
> igual portento de tu blanca plata.   35
>
>   ¡Que a Laura Mopso lleve!
> ¿Qué no intentáis, qué no esperáis, amantes?
> Veremos sol y nieve
> en calidad y efectos semejantes,
> los tigres arrogantes   40
> al leve ciervo temerán, espero,
> pues vi la causa por quien peno y muero.
>
>   Miréte, ¡ay, yerro triste!,
> perdíme, ¡ay, mayor yerro!, por mirarte;
> las flores que cogiste   45

[24-25] Para Vilanova (*Las fuentes...* I, *op. cit.,* págs. 237-238) es manifiesto el influjo de estos versos de Carrillo en los del *Polifemo* de Góngora: «tascando haga el freno de oro, cano,/del caballo andaluz la ociosa espuma» (vv. 13-14).

[27] *Leandros:* nombre mítico con valor funcional. Alude a la fábula de Hero y Leandro.

[36-42] Los sufrimientos de amor o el desamor pueden convertir el mundo en un caos ya que se violan las leyes de la armonía universal. Es el tema del Amor-creador de parejas absurdas, como lo denomina M. J. Bayo (*Virgilio...,* op. cit., pág. 90) y que tiene su precedente en Virgilio (*Bucólica* II, 58-65 y VIII, 26-28). Carrillo tiene presente ambos pasajes del poeta latino, pero, sobre todo, los versos de la égloga VIII. Del primero hace una traducción literal: *Mopso Nysa datur: quid non speremus amantes?* (v. 36).

    envidié: podrán ellas envidiarte;
sé qué es amar, de amarte;
y sé qué es padecer, pues sé qué es verte;
y, pues me olvidas, Laura, sé qué es muerte.

    Garamante naciste,   50
naciste, ¡oh duro amor!, del Escita helado;
pecho helado vestiste,
no de risueño cielo y sol templado.
¡Oh, Amor, oh mar airado,
obra mejor sin duda de tu padre,   55
que parto eterno de tu tierna madre!

    ¿Quién enseñó, engañoso,
manchas sangrientas, en materna mano,
del hijuelo lloroso?
Tú, Amor. ¿Quién sino tú? ¿Quién con lozano   60
joven honró el verano,
vuelto caduca flor? ¿Quién pudo, en suma,
trocar el duro rayo en blanda pluma?

    Tú robaste a mi día
el Sol, pues me robaste a Laura bella,   65
que llegó, Amor, el día,
¡oh Mopso!, que en tus brazos llegue a vella.
Mas ¿de qué es mi querella
si cuanto quieres es de razón justo,
pues eres Rey, Amor, y es ley tu gusto?   70

---

[50] Los Garamantes, pueblo de África que habitaba la región de Fez, a quien los romanos consideraban salvajes y en el extremo del mundo: *(...) Timaros aut Rhodope aut extremi Garamantes* (Virgilio, *Bucólica* VIII, 43).

[51] *Escita:* La Scythia, región asiática de la antigüedad. Sus habitantes fueron famosos por su ferocidad, ya desde la lírica latina (cfr. R. Textor, «Scythae» en *Epithetorum,* pág. 417).

[54-56] Se creía que el Amor era hijo de Marte y Venus.

[57-58] Carrillo alude a Medea que dio muerte a sus propios hijos para vengar la infidelidad de Jasón.

[60-62] Perífrasis mitológica referida a Adonis, amado por Venus y cuya sangre, al morir atacado por Marte, en forma de jabalí, fue convertida en amapola o anémona.

[62-63] Se refiere a Júpiter que al enamorarse de Leda se convierte en cisne, abandonando los rayos, sus atributos por antonomasia.

MOPSO

Roba a la risa desta clara fuente,
¡oh Celio!, parte della en sus cristales.
Robe en su mal mis males,
este tierno cordero, este inocente,
pueda su sangre pura   75
lo que niega a mis ojos mi ventura.

El llanto tierno de la tierna amante
desata en estas llamas presuroso,
dejará así, lloroso,
de lo que un tiempo se juzgó arrogante.   80
Beba el cielo y estrellas,
entre tu sacro humo, mis querellas.

Mientras la dura madre destas aguas
—rudo, un tiempo, pastor— filo bastante
da al cuchillo arrogante,   85
ministro tuyo, ¡oh tú que al pecho fraguas
eterno y duro fuego!,
dando su frío calidad al ruego,

viudas de aquel laurel, aquellas ramas
haz que corone, ¡oh Celio! —presuroso,   90
más que suele brioso—,
aqueste fuego con doradas llamas,
que ya el cuchillo agudo
de sangre visto, de piedad desnudo.

Mas, ¡ay, dichoso agüero! (así lo sea).   95
¡No os neguéis a mi dicha, llamas bellas!
¡Creced rayos a estrellas,
que alguna, si os envidia, lo desea!
¡Dejad os robe el viento,
por oro y ámbar, el color y aliento!   100

[71-112] Como en el Soneto XXX la cordera servirá como víctima del sacrificio.

[77] En esta difícil perífrasis parece aludir a las Helíades, hermanas de Faetón que lloraron ámbar a la muerte de éste (véase, Alonso, *Poesías...*, ed. cit., pág. 177).

[83-86] Alude a Batto, pastor cuyo nombre aparece ya en Teócrito (*Idilio* IV, 56), que fue transformado en pedernal.

También, ¡dicha mayor!, Melampo osado,
rompió el silencio del portal, temido.
Mas ya, ¡oh dueño querido!,
el agüero tu vista ha confirmado.
¡Viva, Celio, el cordero!:   105
no agravie su color el blanco acero.

Este tierno mirar, estos abrazos,
la sangre excuse del cordero tierno,
aqueste mar eterno;
valgan, por ser de Laura, aquestos lazos;   110
séate Amor propicio:
alma, no sangre, ofrezco en sacrificio.

---

[101] *Melampo:* nombre de perro, de etimología griega y procedencia ovidiana (*Met.* III, 206-224) se convirtió a partir de Ovidio en el más repetido de la pastoral renacentista (cfr. H. Iventosh, *Los nombres bucólicos, en Sannazaro y la pastoral española,* Valencia, G. Soler, 1975, págs. 92-93.

[101-102] Virgilio había dicho: (...) *et Hylax in limine latrat* (*Bucólica* VIII, 7).

[104-112] Como en el poeta latino el rito mágico dio resultado esta vez y el cordero es perdonado.

La comparación de las estaciones con los distintos estados anímicos del poeta es muy frecuente en la época.

Canciones

CANCIÓN PRIMERA

«Huyen las nieves, viste yerba el prado,
enriza su copete el olmo bello;
humilla el verde cuello
el río, de sus aguas olvidado;
para sufrir la puente,   5
murmura de sus ojos la corriente.

Muda a veces la tierra, triste y cano
mostró en blancura el rostro igual al cielo.
Desechó, ufano, el hielo;
vistió el manto florido del verano;   10
mostrónos su alegría,
en brazos de horas, el hermoso día.

El que altivo luchaba con la tierra
y, aunque fuerte, temía entre sus brazos,
da apacibles abrazos   15
al alto roble que templó su guerra;
y, siendo tan violento,
sólo es ladrón en flores, de su aliento.

---

[2] *enriza:* reúne los sentidos de *erizar* y *ensortijar el pelo.* La mayor parte de los ejemplos literarios que toma *Corominas* (IV, págs. 36-37) están fechados hacia 1600. Hoy se utiliza en Andalucía.
[9] En M2 *ufana.*
[16] *templó:* en M1 *tembló.*

Muestra el fértil otoño, caluroso,
el escondido rostro en fruto y flores,   20
envidian sus colores
en arco el iris, en su carro hermoso
el dueño del Oriente:
afrenta el hielo la risueña fuente».

Esta verdad dijeron, cuando daba,   25
celos, deshecha el alma en triste llanto
por tu ausencia, entre tanto
que mi dicha tu olvido disfrazaba,
para engañarme, en perlas:
salió el alma a los ojos para verlas.   30

Mas la esperanza firme, por ser mía,
así altiva responde a su tirano:
«Vuelve el invierno cano,
volverás, Celia, cual la escarcha fría:
en su verdad espero,   35
si a manos antes de mi fe no muero».

CANCIÓN SEGUNDA

Baña el cansado rostro, caluroso,
en el soberbio mar el sol, y, triste,
celos y agravios viste
el viudo prado y viudo cielo hermoso,
y, por gemir enojos,   5
trocara en lengua sus dorados ojos.

De su tierno escuro temerosas,
son cárcel de sí mismas, enojadas,
las flores, encerradas
entre sus verdes brazos, y, llorosas,   10
niegan su blando aliento,
por no darle a la noche envuelto en viento.

Los laureles, que alzados requebraban
con amorosa voz el alto cielo,
prestan lenguas al suelo,   15
y endechas lloran los que amor cantaban:
y, por su dueño ausente,
llanto es la risa de la hermosa fuente.

La blanca Aurora con la blanca mano
abre las rojas puertas del Oriente;   20
ofrece, firme ausente,
las lágrimas lloradas, verde, el llano,
que él medio heló al verterlas
y entre esmeraldas las guardó por perlas.

[2-4] Carrillo desarrolla la misma idea y con palabras semejantes a las del Soneto XVIII (v. 2).

[16] *endechas:* Canciones tristes y lamentables que se lloran sobre los muertos, cuerpo presente o en su sepultura o cenotaphio *(Covarrubias).*

[19-20] La Aurora es la encargada de abrir las puertas del día para que salga el carro del Sol.

[23] *medio:* en M1 *miedo.*

[24] *perlas:* en M1 *verlas.*

  Desata, alegre, el placentero gusto   25
la dulce voz del ruiseñor pintado;
lamenta en delicado
acento el mando de la noche injusto,
y, firme en su congoja,
ya en voz es ave, ya en color es hoja.   30

  El álamo, que fue a la temerosa
vid, de la noche escura amparo y guarda,
trepa, alegre y gallarda,
a ver del claro sol la luz hermosa,
y, por la nueva dada,   35
le corona la frente levantada.

  La tristeza que el cielo, el ancho prado,
pasa sin sol; el gusto y alegría
con que recibe el día,
al verse de sus rayos coronado,   40
mi pecho, ¡oh Celia!, siente:
en tu presencia, vivo; muerto, ausente.

 25-27 El lamento del ruiseñor, de ascendencia clásica (Virgilio, *Geórgicas,* IV, 507-528), da lugar a una verdadera cadena temática (cfr. M. R. L., *La tradición...*, *op. cit.,* págs. 100-117).
 31-36 La difícil sintaxis de Carrillo logra que *vid* tenga su función en la oración de relativo y sirva, a la vez, de sujeto a *trepa* (véase, Alonso, *Poesías...*, ed. cit., pág. 175).
 42 Juego petrarquista muy del gusto de la época: Vida = presencia/muerte = ausencia.

CANCIÓN TERCERA

Crece a medida de mi ausencia amarga,
que es de mi fe la basa, su fiereza,
con mi amor firmeza,
más fuerte y alto mientras más se alarga.
¡Ay!, soberbio gigante
el cielo mide, un tiempo tierno infante.

De mis dulces memorias oprimido,
corre al soberbio mar más presuroso
Guadalete quejoso
dure tanta memoria en tanto olvido,
y, de la fe admirado,
huye, no corre ya, de mi cuidado.

Antes, del tiempo, la cerrada pluma
corte a sus filos negará, rendida;
la mar embravecida
antes no escribirá con blanca espuma
contra la nave airada
la sentencia en sus olas fulminada;

antes, cuando el sol sale más hermoso,
dejará de envidiar tu rostro bello,
y el cristalino cuello
de su carro el Aurora, presuroso,
y las discretas flores
lo mejor de su ser en tus colores,

que deje el pecho tan dichosamente
de adorar esos ojos soberanos
y ofrecer con sus manos
su laurel, aunque humilde, a aquesa frente;
y a mí, el que he merecido,
Guadalete, por firme, entre su olvido.

9-10 Como ya hemos visto en el Soneto XXII, Carrillo suele jugar con los conceptos antitéticos *memoria/olvido*, este último implícito en el nombre del río.

CANCIÓN CUARTA

¡Oh tú, detén el paso presuroso!
Ciego, cual yo me vi, deténle ruego,
antes que afirmes por tu mal lloroso
y alimenten tus lágrimas tu fuego;
acorta el paso, y sólo aquesto advierte: 5
te sobra tiempo de buscar tu muerte.

Antes que entregues ciego a un mar airado
cuanto manso le ves, tu navecilla,
y trueques de·ti, ay triste, ay desdichado,
por su engañoso golfo aquesta orilla,   10
aconséjete, ¡oh Mopso!, aquesta entena
y aquesta quilla que aun le viste arena.

Mira esta rota entena, que ofrecía
en sus brazos desprecio al mayor viento,
mira la fuerte proa, con que abría   15
de su engañoso humor el elemento,
vestir de ejemplo aquestas playas solas,
y de desprecio y burla aquellas olas.

Mira la jarcia, freno con que pudo
regirse mientras, cuerda, sufrió freno,   20
atestiguar, aunque testigo mudo,
lo que yo te aconsejo y lo que peno;
mira esta tabla, deste ramo asida,
ministro de mi muerte y de mi vida.

---

[1] Muy semejante a la expresiones que el poeta emplea en sus sonetos elegíacos, adquiere además aquí, un tono admonitorio muy de Carrillo.

[7-60] Como es habitual en nuestro lírico, dota a los objetos, en este caso los marinos, de un valor ejemplar, (véase la interpretación que de este pasaje hace Randelli, *Poesie...*, *op. cit.*, pág. 73).

[11] En M2 y Alonso, *¡oh mozo!* Creo, no obstante, como Randelli (*Poesie...*, *op. cit.*, pág. 59), que es mejor la lectura de M1, por tratarse del nombre que Carrillo ha dado a su rival Mopso/Veneroso.

Mi vestidura apenas ha dejado,
humedecida gracia a mi ventura,
reliquias triste del humor salado,
aun de su bien y el mío no segura;
colgar la ves y allí temblar su daño,
opuesta al claro sol del desengaño.

Cual tú, hermoso mar de hermosos ojos
hallé; dichosa se llamó mi suerte,
vistieron su bonanza sus enojos;
sus enojos también la misma muerte,
y della y dellos escapó mi vida,
amarga, apenas desta tabla asida.

Esta entena que ves, la coronada
playa, de las astillas de mi leño;
la jarcia, en esas peñas abrazada:
testigo mío, ejemplo tuyo enseño;
dichoso tú, si en desventura ajena,
sabes joven, buscar la tuya buena.

Hija de noble selva, cual presume
tu nave altiva y fuerte, fue la mía;
mas este anciano tiempo que consume
cuanto miras, la trujo al postrer día:
y a ti, cual trujo a mí, si aquesta mudo
ejemplo, a su poder no te es escudo.

Aunque mudo, te habla, y el violento
enemigo, que buscas, espantoso,
en lenguas, te dirá del fuerte viento,
mi verdad y tu engaño lastimoso:
que poco servirá llorar la tierra
a quien un sordo mar y cielo encierra.

Mi ejemplo, la razón, mi triste llanto
cuanto saben te dicen y has oído.
Sigue tu bien, tu mar, si bien es tanto,
que, si en él entras, con razón perdido
serás; ¡y, bien dichoso, si alguna haya
rota concede beses esta playa!

25-30 Como ya hemos comentado en el Soneto XLVII, estos versos son de ascendencia horaciana.
32 *hallé:* en M1 *haré.*

CANCIÓN QUINTA

    Sosiega, ¡oh claro mar!, el ancho velo,
muestra el rostro amoroso,
seguro que esta vez te envidia el cielo.
Goza blando reposo,
mientras mi dueño hermoso,   5
siendo sol en tus ondas, da a los cielos
su rostro envidia y tu sosiego celos.

    Sosiega las espumas, codiciosas
de robar a la esfera
los Peces que las hacen más lustrosas,   10
goce tu vista fiera
urca altiva y velera,
que una pequeña barca sufre apenas,
sin tan gran dueño, el lastre de mis penas.

    Si por besar sus plantas, bullicioso,   15
muestra tu cristal ceño,
(¡cuánto puede el temor!) aunque celoso,
cuando el terreno isleño
besare el pie a mi dueño,
extendiendo sereno, ¡oh mar!, tus lazos,   20
le robarán sus besos tus abrazos.

    ¡Ay, cuánto fue cruel el que primero
aró el campo salado!
¡Ay, cuánto, ay cuánto fue de puro acero!
Teme el pecho abrasado,   25
de un risco fue engendrado,
pues no gimió también su osado intento,
de miedo el triste, si de enojo el viento.

---

[7] *da:* en M1 *dé.*
[10] «Peces»: el signo del Zodíaco Piscis.
[4-12] «urca»: «Un género de navío, dicho assí por la semejança que tiene a unas ollas ventricosas dichas horcas, o de un pez deste nombre. La urca es especie de vallena» *(Covarrubias).*
[15] *sus:* en M1 *tus.*
[25] *abrasado:* en M2 *abrazado.*

¿Con qué rostro temió la cana muerte
aunque más espantoso? 30
¿Con qué rostro miró su altiva suerte?
¿Quién no temió furioso,
tal, el mar proceloso,
pues subiera sin fin su osado vuelo 35
a no impedillo con su frente el cielo?

¡Oh, duro pecho aquél, oh duros ojos
no anegados en llanto,
pues no temieron ser tristes despojos
ya, hechos, del espanto,
cuando miraron tanto 40
morador escamoso beber fiero,
y vista hambrienta, aun al veloz madero!

Mas ya mis quejas veo han suspendido
sus enojos al viento;
y en lazos de cristal claro, extendido, 45
se muestra el que violento
buscó en el cielo asiento,
y ya la playa, que azotaba airado,
blando regala, abraza sosegado.

Y a ti, ¡oh sereno mar!, que ya süave 50
gozas sosiego y calma,
en nombre mío, de mi dueño y nave,
recebirás por palma
desta cordera el alma,
que, a tu blando sosiego agradecida, 55
la desnuda mi mano de su vida.

---

[52] *nave:* en M1 *mano.*

CANCIÓN SEXTA

    Desata, ¡oh Lisi!, en su furor eterno,
Orión, entre nubes emboscado,
en piélago enojado
al pobre de cristal y amante tierno
Alfeo, cuya fuente 5
riega a Sicilia la sagrada frente.

    Los cerros crespos en su escarcha blanca,
al ganado se muestran avarientos;
y los Peces sedientos,
dándoles el Noroeste mano franca, 10
vuelven, más que insolentes,
las fuentes ríos y las nubes fuentes.

    Sacuden, no el temor, mas, temerosos,
la confianza anciana, desgajados,
los robles, despojados; 15
los cantores vecinos, querellosos,
le desatan del pecho
endechas blandas al desierto techo.

    No hay copado sauce o alto pino
que, anciano, en su color larga no aumente 20
bríos a la corriente,
que, furiosa, en su curso peregrino,
a la nieve que bebe,
hasta en su espuma la color le debe.

---

[2] *Orión:* gigante, hijo de Poseidón de quien recibió la facultad de andar por la superficie del mar. De él se enamoró la Aurora que lo raptó. Por orden de la dura Artemis, fue muerto por un escorpión que le mordió en el talón. El animal y el mismo Orión fueron transformados en constelaciones.

[5] *Alfeo:* hijo de Océano y de Tetis. Se enamoró de la ninfa Aretusa, convertida en fuente, a la que se unió en Sicilia mezclando sus aguas con las de ella. Su historia la cuenta Ovidio en *Metamorfosis,* Lib. II, v. 250 y, sobre todo, Lib. V, vv. 272 y ss.

[6] *riega:* en M1 *reina.*

[19] *hay:* en M2 *ya.*

De todos domador es invencible
aqueste cano rey, el viento osado.
Suspiros que he dado
el soberbio raudal, cano, insufrible;
el hielo no vencido,
Lisi, tu pecho, tu rigor, tu olvido.

25

30

CANCIÓN SÉPTIMA

   Fiera enemiga mía,
mudable ingrata, prenda más amada
que lo es la luz del día,
pecho labrado de la nieve helada,
que en su tesoro el hielo   5
guardó para oponerse al Sol del cielo.

   Quédate, más mudable
que el mar, y mucho más que él, si furioso
se levanta, intratable:
¡tigre escondido en ese rostro hermoso!   10
Adiós, pues mi esperanza
a manos muere de tu vil mudanza.

   Cuando más enlazada
estés, tirana, con tu ingrato dueño,
te lamentes burlada   15
de sombra igual a la del falso sueño:
que tu fácil mudanza
merece falte en ti siempre esperanza.

   De tu pecho villano
por villana ocasión, robe la vida   20

1-12 La dama se comporta siempre de manera hostil con el poeta. Es una verdadera «enemiga», de la que puede esperar desdén, impiedad o, como poco, indiferencia. Es la *dame-sans-merci* de los cancioneros provenzales. Estos duros improperios llamaron la atención de los críticos (véase lo que dicen al respecto Orozco Díaz, *Amor, Poesía..., op. cit.*, págs. 109-110 y D. Alonso, *Poesías...*, ed. cit., pág. 175).

10 *tigre:* llamar así a la amada tiene su procedencia en Virgilio (*Eneida*, IV, vv. 366-367). La expresión más repetida entre los poetas es «hircana tigre» para calificar la crueldad femenina. Hircania es el nombre de una región histórica al sur del Mar Caspio, famosa por la fiereza de sus tigres.

19-20 *pecho villano* y *villana ocasión:* «Los que aquí viven (en las villas) se llaman propiamente villanos y como tienen poco trato con la gente de ciudad, son de su condición muy rústicos y desapazibles (...) son opuestos al estado de los hidalgos (...). Los

a tu hermoso tirano;
tú, burlada te veas, si atrevida:
porque de tu mudanza
a más aspira que esto mi esperanza.

---

villanos matan de ordinario a palos o a pedradas sin ninguna piedad, y ultra de la muerte, es gran desdicha morir un hombre de prendas y hidalgo a manos de tan ruin» *(Covarrubias).*

CANCIÓN OCTAVA

    Tiranos celos cuyo brazo fuerte
iguala al caballero y al villano;
vuestro poder y mano,
igual en esto con la misma muerte,
pues poderosa iguala   5
pajizos techos y dorada sala.

    Besa vuestro sitial el más valiente
rey y de más vitorias coronado;
y, olvidando el arado,
el labrador también su imperio siente;   10
y las mismas estrellas,
de vos, más no hay a quien, forman querellas.

    Por más que aqueje el presuroso vuelo
el águila, en las nubes emboscada,
siente la fuerza airada
—de quien aun no es exento el mismo cielo—,
pues se ve claramente,
en el color que viste, el mal que siente.

    El toro, que en su frente confiado,
tiene en burla al león más animoso,   20
gime y brama, celoso,
lo que el mismo león siente, aquejado;
y la divina Aurora
celos a veces, más que muertes, llora.

[1-6] Como la muerte para los poetas del siglo XV, también para Carrillo, los celos son igualatorios y afectan tanto a poderosos como a pobres.
[5] *poderosa:* en M1 *poderoso.*
[10] *su:* en M1 *tu.*
[18] El color azul simbolizaba a los celos tradicionalmente.

CANCIÓN NOVENA

   Divino y claro cielo
contra mí conjurado,
de tu gusto movido y de tu agrado,
duro y constante hielo,
de un fuego no ablandado,　　　　　　　　　　5
igual al del volcán de Etna abrasado:
¿por qué, con gusto injusto,
de mi mal no movido,
no, piadosa, el olvido
al alma triste tiras,　　　　　　　　　　　　10
y ya, afable, no miras
que mi constante amor no ha merecido
tal premio, ni mis ojos,
después de tal llorar, tales enojos?

   Divina fiera humana,　　　　　　　　　　15
en cuyo ingrato pecho
dos contrarios se ven que me dan muerte:
¿por qué, hermosa tirana,
a quien te rindió el pecho
después que pude, por mi muerte, verte,　　　20
burlado de mi suerte,
desprecias mi deseo,
dando a alguno el trofeo
que apenas conociste,

El paradigma estrófico de esta *Canción* sigue un esquema «a la italiana» muy cercano al de la Canción XIV de Petrarca. No es, sin embargo: abc abc: deeffEgG como afirma Segura Covarsí (*La canción petrarquista...*, *op. cit.*, pág. 204), que probablemente no tenía delante el poema de Carrillo, sino: a b B a b B c d d e e D f F.

12-13 Al contrario que en la poesía provenzal (cfr. Otis H. Green, *España y la tradición...*, I, *op. cit.*, pág. 110), aquí, el poeta no pide un «galardón» por su constancia amorosa, pero se duele de que se lo dé a otro.

15 *divina fiera humana:* dura imprecación antitética a la amada.

pues siempre ingrata viste   25
   escrito en estos ojos mi deseo?
   Mas, ¡ay!, que lo han borrado
   las lágrimas amargas que he llorado.

   Huye, enemiga mía;
   imita al presto viento,   30
   en su mudanza, al mar en su fiereza;
   pues nunca verá el día
   mi triste pensamiento
   que, aun olvidado, olvide tu belleza,
   y, entre aquesa aspereza   35
   de tu mirar airado,
   no confiese, abrasado,
   ser indignos despojos
   de aquesos claros ojos
   el dar muerte a quien siempre te ha adorado: 40
   Pues pretendo obligarte,
   cual tú con olvidarme, con amarte.

[29-42] En M1 y M2 estos versos se titulan *Estancia:* Creo, como *Alonso,* que, por métrica y sentido, van unidos a esta *Canción.*

CANCIÓN DÉCIMA

    Sale el sol al Oriente,
rico por robos de mil prados,
llena de luz la frente,
y della los cabellos coronados,
cumpliendo su alegría   5
promesas dadas por el alba fría.

    Sale, y ya, receloso
de ver que un ruiseñor con su voz tierna
alaba un rostro hermoso,
bien que sea de beldad su luz, eterna,   10
tal, envidioso, pasa,
que al cielo enciende y a la tierra abrasa.

    Escucha los acentos
ya de verde laurel o manso río:
que, desde los asientos   15
de la risueña yerba o cristal frío,
daba a su rostro bello
el río perlas y el laurel su cuello.

    Alégrase, alabado
—que aun no es exento de lisonja el cielo—;   20
descúbrese, fiado
en las verdades que le ha dicho el suelo,
tan bello y arrogante
que es, más que en cuerpo, en su beldad, gigante.

    Inclina al Occidente   25
el ej de plata y los cabellos de oro,
vuelve a mirar su Oriente,
de su beldad viudo y su tesoro,
de cristal coronado,
cual rey hermoso del cristal salado.   30

---

[12] *enciende:* en M1 *rinde.*
[26] *ej* o *ex* por *eje,* sincopado por razones métricas.

¡Oh, cuán hermoso va, oh, cuán hermoso,
bebiendo aljófar de las ondas bellas
que, en su velo amoroso,
ya son corona al sol, ya al mar estrellas!
¡Qué gallardo y divino, 35
de Tetis busca el seno cristalino!

¿Ves cuán gallardo viene,
pródigo de beldad el rostro bello,
cuál Tetis le previene
lazos, con brazos de cristal, al cuello? 40
Pues su luz y alegría
es sombra en tu presencia, Lisi mía.

41-42 Como ya he mencionado en otras ocasiones, es muy frecuente en la poesía carrillesca que las descripciones paisajísticas se encaminen a buscar la comparación, hiperbólica siempre, con la belleza de la amada.

CANCIÓN UNDÉCIMA

Vuelve ¡oh divino sol! del alma mía
aquesta noche escura;
sólo con que me mires, claro día,
vuelve de tu hermosura
color a mi ventura: 5
que está de mí color, estando ausente
yo de mi cielo y ella de su Oriente.

Vuelve: serán antídoto tus ojos
contra el veneno ausencia;
muerte son, serán risa mis enojos, 10
pues es de tanta esencia,
que vuelve tu presencia
—tanto, oh mi Lisi, vales, puedes, tanto—
la pena en gloria como en risa el llanto.

No desprecies, no olvides, claro dueño, 15
a quien por ti desdeña
el sol al día y a la noche el sueño;
¡oh cuánto aquella peña
que el mar hiere te enseña!:
sé peña, cera sé: cera en amarme, 20
peña en ausencia, peña en no olvidarme.

No te mueva si alguno —en sangre roja
envuelto el acicate—
iguala a su carrera su congoja;
no, aunque tierna dilate 25
querelloso combate,
de igual lira igual voz, de triste suerte,
vida a su vida y a mi vida muerte.

---

[2] *noche escura* para Randelli tiene un simbolismo cercano al de San Juan de la Cruz, «sia pure in una versione al profano» (*Poesie...*, ed. cit., pág. 62).
[11] Este verso falta en M1, y en M2, es el verso 12. Sigo a *Alonso*.
[23] *acicate*: tipo de espuela.

CANCIÓN DUODÉCIMA

«¡Ay, cuánto fue gentil, airoso cuánto
el ingrato Teseo!
¡Ay cuánto fue cruel al dulce encanto,
oh amor, de tu deseo!
¡Cómo, hecho tu empleo,   5
te truecas, ah cruel, de fuego y ciego,
de ciego en Argos, cual en hielo el fuego!»

¡Ay, cuál lloró cuando esto repetía
la Minoida hermosa,
sembrando de su aljófar sol y día,   10
triste, sola y quejosa,
cuanto quejosa hermosa,
dando sus quejas, por su mal extrañas,
al mar blandura, llanto a las montañas!

Cuando desierto y frío el blando lecho,   15
triste y llorosa, viste,
¿cuánto helado sudor vistió tu pecho?
¿Cuánta queja esparciste
al ancho mar, ay triste,
mirando, entre sus olas y su viento,   20
reír a griega fe tu pensamiento?

No mereció perdón, ¿quién duda?, airada,
el discreto tocado,
más de alguna madeja despreciada
—habiendo despreciado   25
más de una al Sol dorado—:
a playa, viento y mar dio, en un instante,
despojo lastimoso si arrogante.

---

[2] *Teseo.* Por ser el héroe ateniense por antonomasia sus hazañas son múltiples y están referidas a muchas leyendas. Aquí Carrillo lo recuerda en función de Ariadna que después de ayudarlo a salir del Laberinto de Creta, éste la abandonó.

[9] *Minoida,* Ariadna, una de las hijas de Minos y de Pasifae.

[15] Según la tradición más común, Teseo abandonó a Ariadna, mientras dormía, en la isla de Naxos.

Nunca jamás el eco tan lloroso
¡oh mar!, confuso, oíste; 30
nunca gemir tan triste y lastimoso:
¡bien lo lloraste y viste!
Mas ¡ay, recelo triste!:
cuánto vales en mí, pues a tu llanto
es igual, ¡oh Ariadne!, siendo tanto. 35

34-35 Carrillo compara su dolor con el de Ariadna, en una actitud frente al mito propia de la etapa renacentista, en que se busca, sobre todo, una incidencia subjetiva en la recreación de la mitología.

CANCIÓN DÉCIMOTERCERA

 Desnúdase el invierno
(¡oh con cuánta beldad!) el verde prado,
canta alegre, si tierno,
risueño el ruiseñor, si enamorado,
y al prado y a sus hojas,   5
iguala su esperanza y sus congojas.

 Ya el ganadillo manso
deja el ceñudo monte, baja al río;
busca el pastor descanso
al verde tronco del laurel sombrío,   10
hollando su manada
plata en las flores, por la escarcha, helada.

 El pastor, receloso
ya sólo de su ausencia, blandamente
convida en son quejoso   15
a competencia igual la haya o fuente,
mientras pacen curiosas
sus manadas al prado, yerba y rosas.

 ¡Risueña, pues, agora
roba, mi Lisi, al tiempo flor y fruto,   20
mientras risueño ahora
de llanto el rostro te mostrare enjuto!:
porque en quien ama tanto
su vida es pena, su aliento es llanto.

 Vendrá el invierno frío,   25
dará cárcel el cierzo más ligero
al más luciente río:

[1-18] La naturaleza es en estos versos el marco necesario de los cantos del poeta/pastor. Es el paisaje que el Renacimiento hereda de los clásicos y cuyo habitante es, desde las *Bucólicas* de Virgilio, el pastor, convertido en personaje poético (cfr. J. B. Avalle-Arce, *La novela pastoril...*, *op. cit.*, pág. 15).

[8] *baja al:* en M1 *busca el.*

ríelo Mayo; llorarálo Enero,
viendo al olmo encumbrado
de hojas viudo cual de risa el prado.   30

   Todo en fin obedece
a la calva ocasión (¡ah suerte dura!)
que aquel al mal se ofrece
que el tiempo (¡oh yerro grande!) le asegura:
pues su breve mudanza   35
no consiente a tu fe larga esperanza.

---

[36] *a tu fe:* en M1 *¡ay tu fe!*

CANCIÓN DÉCIMOCUARTA

　　Noche triste y escura, ciega noche,
hermana del espanto,
que negra escuchas del suspenso coche
a mi dolor y llanto:
¿por qué robas al manto   5
azul su luz? Mas, ciega ya sus ojos,
porque lloraron viendo mis enojos.

　　¡Detén! Mas, necia yo, ¿por qué te ruego
que me escuches o pares?
¿Qué templo te crecí? ¿Qué sacro fuego   10
pació entre tus altares
porque en mi mal repares,
si a quien le di el honor, el alma y vida,
me deja y burla, y quedo, enfin, perdida?

　　Detén, que aunque soy fuego y eres hielo,   15
noche negra, espantosa,
carrera hay larga de la tierra al cielo.
Ten, no estés temerosa
de mi llama furiosa,
que no es mucho se hiele en un instante   20
si en él se muda un hombre, que es constante.

En M1 se titulan estos versos *Lyras*.
[1] Véase nota a la *Canción* XI.
[3] *coche:* «carro cubierto y adornado, de quatro ruedas que le tiran cavallos o mulas» (*Covarrubias*). Es, para *Corominas,* vocablo procedente del húngaro, cuya primera documentación fecha en 1548.
[7] *yo:* en M1 *no*.
[15] *fuego/hielo:* antítesis petrarquista muy del gusto de Herrera.

Noche, cuando te viste más hermosa,
cuando te desvelabas
si por Juno celosa más celosa
¡qué despierta que estabas! 25
Pero, aunque tantos contarán tus ojos,
más jamás con tus ojos mis enojos.

---

²⁴⁻²⁶ *Juno,* la Hera de los griegos. Se la representa a menudo como mujer celosa, violenta y vengativa. Perseguía a todas las mujeres amadas por su marido Zeus, entre las que se encontraba Io, que, convertida en vaca, fue constantemente vigilada por los numerosos ojos de Argos.

CANCIÓN DÉCIMOQUINTA

   Ya me muestra el Aurora,
por ti risueña, aquella frente bella;
y así dora o desdora
por mí su clara luz piadosa estrella;
y ya del sol la cara,   5
porque te gozo, me parece clara.

   ¿Con qué podré pagarte
el dulce bien de darme tus abrazos,
sino con entregarte
en tus prisiones y engañosos lazos   10
mi propio desengaño,
donde Amor lo celó con el engaño?

   Ingrato dueño mío,
a quien mi vida rindo y mis despojos,
señor de mi albedrío,   15
oriente, sol y cielo destos ojos,
y sobre todo ingrata
más que la fiera que a su madre mata.

   Sin duda que has nacido
de aqueste duro escollo, que, azotado   20
del viento embravecido,
se muestra a sus enojos obstinado,
y del mar que no escucha
al hombre triste que en sus ondas lucha.

   En esta antigua peña   25
mil señales miramos, horadada,
de blandura, que enseña
al ancho mar, de quien se ve abrazada:
y los dos de mis ojos,
no sacan de tu pecho más que enojos.   30

9-12 Se refiere al tópico de la «cárcel de amor» o «prisión de amor» (véase nota al Soneto XLIX).
[17] *y sobre todo ingrata:* en M2 *¡Ay, si yo fuera ingrata!*

Escucha algunas quejas
de cuantas, ¡ay de mí!, le has escuchado,
entre menudas rejas,
a la de quien no has sido tan amado
como de mí lo eres,　　　　　　　　　　　35
¡mas no es igual la dicha en las mujeres!

Dueño ingrato y airado,
y, aunque en enojo y cólera encendido,
de mí muy más amado,
mucho más estimado y más querido:　　　40
si es que por ti no muero,
nunca esperanza en mis sucesos quiero.

Si sólo he presumido,
—no digo ejecutado— el ofenderte,
y si no te he querido　　　　　　　　　　45
con límites exentos a la muerte,
y si por ti no muero,
nunca esperanza en mis sucesos quiero.

Véame eternamente,
que es mayor maldición, en apartadas　　50
regiones, de ti ausente,
siempre sirva de ejemplo entre olvidadas
partes; si ya no muero,
ni esperanza de vida ni bien quiero.

La venerable plata　　　　　　　　　　　55
de mi querido padre, aquel anciano
rostro, vista escarlata,
si no te adoro; a manos de un villano
muera, como yo muero:
que ni padre, esperanza ni bien quiero.　　60

[33-36] en M1 faltan estos cuatro versos.
[55-60] La hipérbole hace expresarse en estos términos al poeta.

¡Oh libertad amada,
mal haya quien no sigue tus amores,
y el alma que enlazada
se está en la red de amor y sus rigores!:
que el rapaz atrevido
al que más ama deja más perdido.

---

⁶¹⁻⁶⁶ En M1, M2 y *Alonso* estos versos se titulan *Estancia.* Creo, sin embargo, que forman parte de la *Canción,* como remate temático de ésta, ya que vuelven sobre el motivo de la prisión/libertad de amor.
⁶⁵ *el rapaz atrevido:* Cupido.

Fábula de Acis y Galatea.

Dirigida al Conde de Niebla, Don Manuel Alonso Pérez de Guzmán el Bueno, gentilhombre de la Cámara de Su Majestad y su Capitán General de la costa de Andalucía.

FÁBULA DE ACIS Y GALATEA

Dirigida al Conde de Niebla, Don Manuel Alonso Pérez de Guzmán el Bueno, gentilhombre de la Cámara de Su Majestad y su Capitán General de la costa de Andalucía.

CARTA

    Mientras el hondo mar, mientras no gime
agravios de mil remos, gobernados
de fuertes brazos, ni su imperio oprime
la quilla en largos surcos plateados;
mientras la espuma en su color no imprime   5
a turco o holandés rostro, ni igualados
los largos vasos al ligero viento
exceden del corsario el pensamiento;

  En M1, M2, MS de BN. y en la edición de Pedro Henríquez Ureña y Enrique Moreno, Buenos Aires, «Cuadernos de Don Segundo Sombra», 1929, se lee Atis en lugar de Acis, que es, sin duda, un error porque Atis es otro personaje mítico, concretamente un dios frigio, compañero de Cibeles, madre de dioses. De su leyenda nos da cuenta también Ovidio en *Met.* IV, 223 y ss., mientras que de la de Acis y la ninfa Galatea se ocupa en XIII, 738-890. Se trata pues, de dos personajes e historias distintas.

[1] Como ya he anotado este primer verso de la dedicatoria guarda gran semejanza con el comienzo del parlamento de Fabio y Delio de la Égloga I.

[6] *rostro:* aquí espolón de la nave.

    mientras la ronca trompa no tumbare,
y al más osado pecho y al cansado   10
brazo del bogavante no alentare
a despreciar el viento apresurado;
mientras el grueso ferro no dejare
la seca arena con que está abrazado,
ni velas visten de la entena extremos: 15
oíd mis versos, pues que callan remos.

    No siempre roja sangre, no vestido
el corazón y pecho de diamante,
deleita a Marte siempre, ni el teñido
acero en sangre, ni el feroz semblante: 20
a veces gime el prado, ya oprimido
de fuerte escudo o yelmo rutilante,
y a veces vos, entre el acero y malla,
sentís ausente lo que el alma calla.

    No siempre el rostro claro, ardiente, enlaza   25
el fuerte morrión, ni, más lustroso
que el claro sol, el peto el hombro abraza,
no siempre alegra el arcabuz fogoso:
tal vez, cual vos sabéis, el alma emplaza
el pecho a sus estrados generoso,   30
y tal os vistes, humillado el cuello,
hermosa Niebla, a un Sol, más que el sol bello.

---

[11] *bogavante:* primer remero de cada banco de la galera.
[13] *ferro:* ancla de la nave.
[16-40] Estos versos se ajustan a las características del tipo de dedicatorias que llegaron a configurarse como un tópico en la tradición eglógica. El poeta pide ser escuchado por el noble-mecenas, quien se encuentra en un momento de ocio, alejado de sus deberes militares. El modelo del lugar común fue la dedicatoria a D. Pedro de Toledo en la Égloga I [de Garcilaso], aunque el esquema, salvo algunas variantes, proviene de una cristalización de raíces clásicas, sobre todo virgilianas (cfr. *Bucólicas,* VIII, 6-13 principalmente) cuyo mecanismo se imita a menudo. El mismo Carrillo lo había utilizado ya en la dedicatoria, también al Conde de Niebla de su Égloga I.
[31-32] García Soriano opina que estos versos de Carrillo influyeron decisivamente en el de Góngora de la dedicatoria de su *Polifemo:* «ahora que de luz tu Niebla doras» (v. 5). (Cfr. «D.L.C. y S. y los orígenes...», artículo citado, págs. 620-621). Sin embargo, esta posible imitación, y otras muchas, fueron desmentidas por el conocido ensayo de Dámaso Alonso, «La supuesta imitación por

Tal os pido, y os llamo, no arrojando
rayos la espada, ni el feroz semblante
fuego, como soléis, atento y blando, 35
no con frente al contrario amenazante:
tal mi musa escuchad, que irá cantando
un desdichado, un firme, un fiero amante;
y con vuestra atención, si oís su vuelo,
piensa afrentar estrellas en el cielo. 40

FÁBULA DE ACIS Y GALATEA

Argumento de la Fábula, por su hermano Don Alonso Carrillo.

[De viva peña asientos ocupaban
la blanca Galatea, y Scila hermosa,
bramando el Etna, lo que apenas daban,
tiernas quejas oyó de voz llorosa:
Así pues, Galatea, celebraban
fieras lisonjas a su falsa esposa,
y así de un golpe, el Cíclope tirano,
llore en cristal, mi Acis hizo en vano.]

Góngora de la *Fábula de Acis y Galatea*», incluido en *Estudios...*, *op. cit.*, págs. 324-370, y más concretamente para esta coincidencia, pág. 341). No obstante, Vilanova en su monumental estudio, *Las fuentes y los temas...*, I, *op. cit.*, es quien pone las cosas en su sitio, al observar que el juego de la palabra *Niebla* en su doble acepción de «Conde de» y «fenómeno natural» fue muy frecuente en la poesía española de la época, debido a la ilustre estirpe de los Guzmán, a la que el título estaba vinculado. Le parece al crítico, sin embargo, que el verdadero creador de esta anfibología fue Lope de Vega en su poema *Fiestas de Denia* (Valencia, 1599) repetida en *El Peregrino en su Patria* (Sevilla, 1604) «los tiernos años del famoso conde/de Niebla, luz de España, el mundo admira» (Lib. IV), que para Vilanova «fue, sin duda alguna, la que inspiró el famoso verso de don Luis Carrillo» (véase, *Las fuentes...*, *op. cit.*, págs. 172-173).

FÁBULA

De cuál era marfil, la blanca mano,
o el peine que entre el oro discurría,
o si era el sol aquel que el oceano
de sus hermosos rayos lo vestía,
o aquel que, altivo, de Titón anciano   45
la blanca esposa, pálido seguía,
dudoso el Etna, aún detenía, en su falda,
abrazadas las perlas de esmeralda.

En sus fuegos terrible y temeroso,
sacó la negra frente, y admirado   50
en ver de Galatea el rostro hermoso,
acrecentó su fuego enamorado;
y, estando atento, del volcán fogoso,
así escuchó, de humos coronado,
lamentarse la ninfa, de una suerte,   55
por larga vida y por temprana muerte:

[45-46] Perífrasis mitológica de la Aurora, que a diferencia de otros casos en que se alude en sus colores, se refiere a que es esposa de Titón o Titono a quien raptó; la Aurora pidió a Zeus para él la inmortalidad, pero se olvidó de solicitarle también la juventud eterna; por eso envejeció y se le representa como anciano decrépito.

[47] *Etna:* volcán de Sicilia cuya personificación dota a la naturaleza de un papel participativo que no abandona en el poema y que, se alinea así en la tradición renacentista. Su retrasada colocación en la estrofa no sólo contribuye a la complejidad sintáctica, tan de Carrillo, sino que adelanta quién va a ser sujeto en la siguiente octava donde el volcán nos presenta a Galatea, de la que también se siente enamorado.

[55-56] La armonía petrarquista se restablece en los dos últimos versos, equilibrada por la bimembración del último, en perfecta oposición de contrarios (véase, Dámaso Alonso, *Estudios y ensayos...*, *op. cit.*, págs. 117-120).

«Con más galas mostraba el blanco día,
en manos de la Aurora, su tesoro,
y más hermoso el rojo sol vertía
de su ligero carro aljófar y oro: 60
resplandecientes ejes recebía
en su cerviz robusta el fuerte Toro,
y de Pirois y Etón, la blanca pluma
el aire y luz hendió, vertiendo espuma.

Con apacible risa se extendía   65
un arroyo, de juncia coronado,
a quien el rubio sol nunca ofendía,
que exento dél estaba el fresco prado;
con cuello hojoso y verde se oponía
a su color el sauce levantado,   70
y, burlando del sol, ufano el viento
robaba a varias flores el aliento.

Mas que la blanca nieve, intacta y pura,
una pequeña cueva se mostraba,
—segunda a mi Acis bello en hermosura—   75
que la azul Anfitrite coronaba.
Persuadiónos su sitio y su frescura
y el destino cruel que me guiaba;
hizo el Amor la viva piedra alfombra
dosel la peña y del dosel la sombra.   80

---

⁵⁷⁻⁶⁴ Como en Ovidio, es la misma Galatea quien narra la fábula. Por medio de una perífrasis mitológica, Carrillo describe el amanecer con una fórmula que recuerda la mecánica de tradición eglógica (cfr. M. J. Bayo, *Virgilio...*, *op. cit.*, pág. 104).

⁶² *Toro* o Tauro, morfología que adoptó Zeus para raptar a Europa. Se convirtió en constelación y fue colocado entre los signos del Zodíaco. La alusión mítica de Carrillo se refiere al momento en que el Sol está en este signo, es decir, el solsticio de primavera.

⁶³ *Pirois* y *Etón:* nombre de dos de los caballos del carro del Sol.

⁶⁵⁻⁷² El *locus amoenus* ambienta la narración de Galatea y nos introduce en la cueva-escenario de los amores de la ninfa y Acis.

⁷⁶ *Anfitrite:* una de las Nereidas, esposa de Poseidón, considerada, por esto, reina del mar.

⁷⁷⁻⁸⁰ Se han señalado estos versos como precedente directo de los siguientes de Góngora, en el *Polifemo:* «Lo cóncavo hacía de una *peña* / a un *fresco sitial dosel umbroso* / y verdes celosías

Más lazos que aquel olmo levantado
recibe de su yedra, ¡oh Scila mía!,
con más que ciñe aqueste verde prado
de su corriente arroyo el agua fría,
mi cuello enlazó Acis, que, enredado,   85
esconderse en mí el triste parecía;
en dulce lucha y amoroso juego,
dieron al corazón las lenguas fuego.»

Venció, en fin, la memoria y, coronados
de perlas, Galatea, entrambos ojos,   90
sobre los hilos de oro derramados,
de aljófar Scila vio varios despojos:
ablandó cual discreta sus cuidados,
venció con sus razones sus enojos,
prosiguió Galatea el fatal cuento,   95
paróse el mar y suspendióse el viento:

«Los premios del amor nos incitaban,
la soledad y sombras persuadían,
y el ver cómo las vides se abrazaban
con los hermosos chopos y se asían;   100
también dos tortolillas nos mostraban
en besos dulces cuánto se querían:
todo era, en fin, Amor, que Amor triunfaba
hasta en la yerba que en el prado estaba.

Tiemblo al decirte —igual a aquel que toca   105
álamo, bien que altivo, el alto cielo—,
de una lóbrega cueva el ancha boca

---

unas yedras / trepando troncos y abrazando piedras / *Sobre una alfombra...*» (octs. XXXIX y XL, vv. 309-313). Tanto García Soriano («D. L. C. y S. y los orígenes...», art: cit., pág. 622) como Vilanova (*Las fuentes...* II, *op. cit.,* pág. 314) sostienen que el pasaje gongorino es de inspiración carrillesca. Sin embargo, Cossío cree ver en los versos de Carrillo el «mundo claro y vívido de Lope y no el de Góngora» (J. M. Cossío, *Fábulas mitológicas...*, *op. cit.*, pág. 304).

[89-96] El llanto impide proseguir el relato a Galatea en una estrofa donde el poeta retoma la palabra para hacernos partícipes de la congoja de la ninfa.

[107-109] Estos versos han sido señalados como fuente de inspiración de los de Góngora «(...) allí una alta roca/mordaza es a una gruta de su boca». García Soriano asegura que ambos poetas coinciden «en todos los pormenores y, a veces, hasta en las conso-

pobló soberbio, estremecióse el suelo;
prestóle humilde asiento una alta roca,
zampoña pastoril igual consuelo;   110
retumbó el monte, de sus silbos lleno;
lloró su propio mal, cantó el ajeno.

El líquido cristal, que se abrazaba
y con lascivo juego se extendía,
temeroso a las voces que escuchaba   115
esconderse en sí mismo pretendía;
yo, triste, que de miedo le negaba
aliento al flaco pecho y lengua fría,
así escuché la causa de mi muerte
cantar mi rostro y lamentar su suerte»:   120

«No la envidia del cielo, el prado hermoso,
—ya por mejor color, ya por bordado
de hermosas flores— ni, con cuello hojoso,

---

nantes» («Don L. C. y S. y los orígenes...», art. cit., pág. 622), Vilanova (*Las fuentes...* I, *op. cit.,* págs. 366 y 367) y el gongorista alemán W. Pabst (*La creación gongorina..., op. cit.,* páginas 80-95) admiten esta fuente en los versos gongorinos.

[108-112] Polifemo no es nunca mencionado por su nombre a lo largo del poema pero su presencia y los efectos que se derivan de ella, son inmediatamente reconocidos. No obstante, Dámaso Alonso cree en la posibilidad de que fuese citado en una octava anterior perdida (*Poesías...,* ed. cit., pág. 178).

[121 y ss.] Estos versos —el canto del cíclope— son el núcleo de toda fábula polifémica, y en casi todas las versiones están recordados por Galatea.

[121] En cuatro octavas, Carrillo alterna la alabanza de la belleza de la ninfa con la queja por su fiereza que no son sino un resto de la estructura simétrica empleada por Teócrito y que Virgilio distribuyó en el canto amebeo de la *Bucólica* VII, que adoptó Garcilaso. Ovidio amplió los dos hexámetros de Teócrito (*Idilio* VIII) en numerosas comparaciones favorables y desfavorables que los poetas de los siglos XVI y XVII seleccionan. Luis Carrillo toma del modelo ovidiano casi todas las comparaciones, aunque evita la construcción tradicional y con ello dota a las octavas de un ritmo más fluido y de un tono más artificioso que permite, sin embargo, reconocer el esquema antiguo (cfr. M. R. Lida, *La tradición..., op. cit.,* págs. 80-95).

[121-123] Corresponde al *floridior pratis* de Ovidio (*Met.* XIII, 790) sin que Carrillo, como hicieron otros poetas, adopte la precisión que efectuó Sannazaro al esquema: «piu vermiglia che'el prato a mezzo aprile» (*Arcadia,* égloga II).

    el ciprés a las nubes encumbrado;
no del arroyo aquel color lustroso,   125
—ya en aguas libre, ya en cristal atado—,
ni juntos ciprés, prado, cristal frío,
igualan la beldad del dueño mío.

    No el indomable toro más airado,
ni con ancianos brazos extendida,   130
resiste a su pastor, ni al enojado
viento resiste más la encina herida;
no está más sordo el fiero mar turbado,
ni víbora cruel más ofendida,
que sorda está, que fiera está y airada,   135
en oyendo mi voz, mi prenda amada.

    Compite al blando viento su blandura,
de cisne blanca pluma, y en dudosa
suerte la iguala, de la leche pura,
la nata dulce y presunción hermosa;   140
en su beldad promete y su frescura,
del hermoso jardín el lirio y rosa;
y si mis quejas, ninfa hermosa, oyeras,
leche, pluma, jardín, flores vencieras.

[124-126] Carrillo convierte en bella construcción los comparativos ovidianos: *procerior alno* (790), *platano conspectior* (794), *Splendidior uitro* (791) y *Lucidior glacie* (795) y funde los primeros árboles en uno solo: el ciprés, de origen bíblico que, junto a su simbolismo fúnebre desde el culto latino, admite igualmente el renacentista de árbol de bienvenida; y los siguientes en la expresión metafórica *arroyo-cristal*.

[129-136] Dedica Carrillo esta artificiosa octava a la esquivez de la ninfa, recreando y seleccionando los comparativos ovidianos: *saeuior indomitis eadem Galatea inuencis* (798), *Durior annosa quercu* (799), *surdior aequoribus, calcato immitior hydro* (804).

[137-138] Junto a Ovidio: *Mollior et cygni plumis* (796), Carrillo recuerda también a Virgilio: *Candidior cyenis* (*Bucólicas* VII, 38). Combina, por tanto, los conceptos de sus modelos sin que el resultado sea una traducción literal.

[139-140] El mismo proceso de *amplificatio* utiliza Carrillo en estos versos respecto al de Ovidio: *lacte coacto* (796) que ya había aparecido en Teócrito y que, entre otros, tomó Garcilaso.

[141-142] El *riguo formosior horto* ovidiano (797), es sentido por Carrillo a la manera de un *locus amoenus* que recuerda, como ya señaló Dámaso Alonso (*Estudios...*, *op. cit.*, pág. 353), entre otros poetas, a Barahona de Soto, cuando en *Las lágrimas de Angélica*,

No al soberbio ladrido el temeroso 145
gamo, ligero tanto, iguala al viento,
—que los deseos deja, presuroso,
atrás corrido del lebrel exento—,
como, al mirarme, el prado, del pie hermoso
no siente de mi dueño el blando asiento. 150
  Mas ¿qué me espanto de que al viento igualas
si el amor y mi suerte te dan alas?

Sosiega el rostro de la mar airado
con el divino tuyo, ninfa mía;
merezca —si lo puede un desdichado— 155
con sólo verte, un rato de alegría;
borde tu rostro un campo dilatado
de azul cristal, y glorióse este día
ser la primera vez que su ancho velo
sirve a mi hermoso sol de ser su cielo. 160

---

selecciona las comparaciones ovidianas para decir: «que suele ser por mayo la floresta / de lirio rica, de mosquete y rosa» (75, versos 3-4). (Cfr. en el mismo sentido, la edición de Lara Garrido, Barahona de Soto, *Las lágrimas de Angélica*, Madrid, Cátedra, 1981, pág. 202. Nota).

[145-150] Tal vez como muestra de la reelaboración que de fuentes y temas efectúan los poetas de la época, podemos citar versos de Carrillo donde los ovidianos: *Non tantum ceruo clari latratibus acto / Verum etiam uentis uolucrique fugacior aura!* (806-807) se mezclan con las reminiscencias bíblicas del tema del «ciervo herido y la fuente», relacionado, a su vez, con el símil «ciervo herido más veloz que el viento» presente, por ejemplo, en Garcilaso: «Si de esta tierra no he perdido el tino, / por aquí el corzo vino que ha traído, / después que fue herido, atrás el viento» (Égloga II, vv. 720-722) y en estos de Herrera más cercanos a los de nuestro poeta «o alcanzar por el ancho y largo suelo, / junto al agua, herido y sin aliento, / el ciervo que atrás deja el presto viento» (*Égloga venatoria*, vv. 1620-1622). Para la vitalidad de este motivo poético en la lírica española de los Siglos de Oro, véase M. R. Lida, *La tradición...*, op. cit., págs. 52-80.

[151-152] La idea de huida, presente en Ovidio: *Et, si non fugias* (797) se quiebra en Carrillo en estos versos petrarquistas.

[153-160] Polifemo exhorta a Galatea para que salga del mar, como ya había expresado Ovidio: *Iam modo caeruleo nitidum caput exsere/Iam, Galatea, ueni...* (838-839); súplica que el poeta latino coloca después de que Polifemo haya enumerado sus riquezas. Carrillo la adelanta y le sirve de enlace entre las dos partes nuclea-

Exento del invierno y del verano,
parte del monte el albastro puro
puebla, competidor de aquesa mano,
del tiempo envidia, cual tu pecho duro;
desiguales labores forma ufano,   165
de que serás su dueño ya seguro,
y piensa competir, altivo, al cielo,
pues lo tiene de ser al sol del suelo.

Dan sombra al Etna, más que el alto ceño
ya de soberbias rocas o encumbrados   170
tejos y lauros —tuyos, dulce dueño,
si dellos ser gustases—, mis ganados;

---

res del canto polifémico. Góngora procede del mismo modo, argumento que quizás utilizó Vilanova para considerar los versos de Carrillo como inspiradores de los gongorinos: «Deja las ondas, deja el rubio coro / de las hijas de Tetis, y el mar vea» (vv. 369-370). Los versos de nuestro poeta están teñidos, sin embargo, del mismo tono, manifiestamente petrarquista, subrayado en la octava precedente.

[161-163] El segundo núcleo del canto de Polifemo, se abre con la enumeración de los bienes del cíclope que en Carrillo —como en Ovidio— comienza por ofrecer su vivienda, en versos muy fieles a los del poeta latino: *Sunt mihi, pars montis, uiuo pendentia saxo/Antra, quibus nec sol medio sentitur in aestu/Nec sentitur hiems* (810-812).

[169-176] La abundancia de ganados, tópico de la literatura pastoril desde Teócrito y Virgilio (*Bucólica* II, 19-22), se debilita en su sentido —forzado a causa del hipérbaton que tanto separa el verbo del sujeto— por la artificiosidad sintáctica de Carrillo. Sin embargo, la imagen hiperbólica de considerar a los ganados tan numerosos que dan sombra al volcán, ha sido rastreada por Vilanova que encuentra en *Il Polifemo* de Stigliani estos versos: «e soglio tutte dall'estivo Sole/coprir coll'ombra mia l'accolte gregge» que pudieron ser fuente gongorina: «en pie, sombra capaz es mi persona/de innumerables cabras el verano» (vv. 411-412). Tanto Góngora como Stigliani ponderan el tamaño de Polifemo pero «Carrillo —dice Vilanova— no repite la imagen del modelo, sino que crea una idea original y nueva», porque aunque probablemente recordó al poeta italiano, lo hizo para darnos idea de su inmensa riqueza de ganados (*Las fuentes* I, *op. cit.*, pág. 484). Encuentra, no obstante, Vilanova en los versos carrillescos, un recuerdo de este pasaje de la *Arcadia* de Lope de Vega: «Dejó en viéndola las flautas e igualando/la pena con el cuerpo, se puso en pie, excedido/los tejos incorruptibles y las robustas hayas» (Lib. II).

    el campo esconden cuando en blando sueño
están, de pacer hartos, desatados;
número y cuenta excede su grandeza,   175
que el contarlo lo tengo por pobreza.

    Envidia del Oriente y del aurora,
de pámpanos hermosos coronado,
los apacibles olmos bello dora
el racimo a sus ramos abrazado.   180
De rojo y gualda, la copiosa Flora
el manzano te ofrece, matizado;
y, por despojos de tu mano hermosa,
guarda el blanco jazmín y abierta rosa.

    Las cobardes castañas, ofendidas   185
de la tardanza de tu blanca mano,
segunda vez se esconden de corridas
en su amarillo erizo. El verde llano

[173-174] La idea de Carrillo «mis ganados al campo esconden» parece inspirada en la imagen ovidiana: *Multas silua tegit* (822) «mucho (ganado) esconde el bosque» que el primero ha transformado al tomar el predicado por sujeto (cfr. Vilanova, *Las fuentes...* I, *op. cit.*, pág. 431).

[175-176] Muy ajustados al texto de Ovidio: *Pauperis est numerare pecus* (824), aunque se trata, en realidad, de un lugar común eglógico, desde Teócrito, a quien desarrolla Virgilio: *quam diues pecoris niuei quam lactis abundans / Mille meae Siculis errant in montibus agnae* (Bucólica, II, 20-21), creando una verdadera estela temática (véase M. J. Bayo, *Virgilio..., op. cit.*, págs. 92-93).

[178-180] La idea de que la «vid abraza al olmo» fue imagen muy repetida. Así aparece por ejemplo en los *Emblemas* de Alciato (ed. de Mario Soria, Madrid, 1975, págs. 63 y 226) y Herrera en las *Anotaciones* dijo al respecto: «La parra se casa con el olmo y es su amiga porque cree en él (...) porque, como dice Plinio, las vides huelgan juntarse con los olmos» (*Garcilaso de la Vega...*, ed. cit., pág. 485).

[181-182] Probablemente Carrillo recordaba los versos de Lope en *La Arcadia*: «Aquí la verde pera / con la manzana hermosa, / de gualda y roja sangre matizada» (*Lib*. I).

[185-188] A pesar de que la alusión a las castañas, como fruto rústico, es muy frecuente en la poesía bucólica por influencia de Virgilio y del mismo Ovidio en este mismo Libro XIII: *Nec tibi castaneae me coniuge* (819), estos versos han sido citados por varios críticos como precedente del de Góngora: «Erizo es el zurrón, de la castaña» (v. 81). El primero que hizo notar la semejanza fue

vuelve a guardar las flores producidas,
con que un tiempo pensó impedir ufano   190
—mas mi dicha cruel no lo consiente—
de olor el aire y de beldad su frente.

El manso jilguerillo, que, alentado,
bañándose en el agua caluroso,
compite al ruiseñor el delicado   195
acento, en tono, por mi mal, lloroso,
nenias canta a mi muerte, que, si amado
el árbol por su canto y más dichoso,
al escuchar su voz, mi bien, suave,
dudaras cuál es flor o cuál es ave.   200

No fue naturaleza tan avara,
antes franca conmigo, de sus bienes,
ni es tan rústica, no, mi frente y cara,
ni son tan feas mis valientes sienes;
testigo me es el agua hermosa y clara,   205
del odio injusto que a mi rostro tienes,
pues corre murmurando, después, ella,
de que no me quisieses, ninfa bella.

---

el hispanista belga Lucien-Paul Thomas (*Gongora et le gongorisme...*, *op. cit.*, pág. 16) al que siguió sin titubeos, García Soriano («D. L. C. y S. y los orígenes...», art. cit., pág. 615) y, Vilanova, aunque sin aceptar la hipótesis del influjo directo (*Las fuentes...* I, *op. cit.*, pág. 552).

193-200 Carrillo se esfuerza, de nuevo, por romper la lógica ordenación gramatical y es precisamente esta octava la que exaspera a Cossío, que se queja de que el poeta oscurezca la sintaxis «con imágenes y conceptos llanos y corrientes» por lo que «enoja a veces tener que actuar de adivino en léxico e intención metafórica mucho más llanos» (*Fábulas mitológicas...*, *op. cit.*, pág. 307).

193-196 *jilguerillo/ruiseñor:* la alusión a la competencia en el canto entre dos aves que lo tienen tan preciado, sin tener una concreta filiación clásica, conexiona, no obstante, con las muchas referencias que del canto triste del ruiseñor aparecen en la literatura, sobre todo en la italiana y española, a partir del Renacimiento (cfr. M. R. Lida, *La tradición...*, *op. cit.*, págs. 100-117).

197 *nenias: naeniae* o *neniae,* término latino que precisa al más general, «elegía» (véase E. Camacho Guizado, *La elegía funeral...*, *op. cit.*, pág. 11).

201-206 Carrillo funde la idea ovidiana: *certe ego me noui liquidaeque in imagine nidi/Nuper aquae plamitque mihi mea forma uidenti* (840-841) con el recuerdo de estos versos de Virgilio, muy

Mira qué grande soy: no está en el cielo
Júpiter —que decís arroja airado   210
rayos al mundo— tal, ni el ancho suelo
tal le pintó cuando le ve enojado;
sirve a mis hombros de espacioso velo
el áspero cabello derramado.
Y ¿quién no estar al hombre bien, confiesa,   215
el vello grueso y duro y barba espesa?

Ciñe mi larga frente un ojo: el cielo,
como el hermoso sol, lo alumbra solo.
Suegro te doy a aquel que el ancho suelo
abraza altivo de uno al otro polo: 220
tu rey es y señor, si gustas, vélo,
más que la hermana del hermoso Apolo;
¡mira que quien no teme el rayo airado,
tiembla a tu blanco pie, mi dueño amado!

---

repetidos en la poesía eglógica: *Nec sum adeo informis: nuper me in litore uidi, / cum placidum uentis staret mare...* (*Bucólica* II, vv. 25-26). El que el enamorado no se encuentre feo procede, en última instancia, de Teócrito (*Idilio* VI, 34-38), y Virgilio ha desarrollado el cuadro, imitado de cerca, por Garcilaso: «No soy, pues, bien mirado, / tan disforme ni feo; / que aun agora me veo / en esta agua que corre clara y pura» (Égloga I, vv. 175-178). Herrera en sus *Anotaciones* cita algunos ejemplos de este lugar común (*Garcilaso de la Vega...*, *op. cit.*, págs. 486-487) que él mismo emplea en su *Égloga venatoria*: «No dudes ven conmigo, Ninfa mía / que no soi feo...» (vv. 2.623-2.624).

[209] *Mira qué grande soy*, traducción literal de Ovidio: *Aspice, sim quantus* (842).

[209-221] Sigue tan de cerca el modelo latino que impulsa a afirmar a Dámaso Alonso que esta octava y toda la última parte del canto de Polifemo es una verdadera traducción de los versos 840 a 873 del Lib. XIII *Metamorfosis* (véase, *Estudios...*, *op. cit.*, pág. 345 ya la extensa nota 55). Creo, sin embargo, que Carrillo, por sus aspiraciones cultistas o por su exquisito y aristocrático estilo, ha querido separarse no sólo de su innegable modelo, sino también de las versiones o traducciones, más o menos libres, que, sin duda conocía, consiguiendo, como afirma Vilanova «la más bella versión anterior a Góngora de esta cadena poética» (*Las fuentes...* II, *op. cit.*, pág. 562).

[213] *hombros:* en MsBN *ojos*.

[219] *Suegro te doy:* Polifemo era hijo de Poseidón, dios del mar.

[222] Perífrasis mítica de Ártemis, es decir la luna, hermana de Apolo.

  Sufriera tu desdén, triste, sufriera 225
mis dolores y penas inmortales;
si compañía en otros tristes viera,
pasarálas; mas ¿quién tan desiguales?
¿Que así tu esquiva mano, que así quiera
la causa ser de mis perpetuos males? 230
¡Ay, yedra ingrata, a muro ajeno asida!
¡Y, ay, paciencia, más larga que mi vida!

  Arda en tus ojos él, arda en tu pecho,
que él sentirá de aqueste brazo airado
la furia que gobierna, a su despecho, 235
lo que un cíclope puede, desdeñado:
por estos campos quedará deshecho
el tierno cuerpo de tu dueño amado,
y gustarás, en fin, que así lo quieres,
ver siempre parte dél por donde fueres». 240

  «En vano el fiero, con terrible acento,
amenazas y amores lamentaba,
y su terrible voz el manso viento,
mas no en vano, sereno, dilataba,
cuando, dejando el espacioso asiento, 245
los arrogantes pasos gobernaba
con un soberbio pino que traía:
temblaba el Etna donde el pie ponía.

---

²²⁵⁻²³² Carrillo infunde a estos versos un tono de blanda queja de inspiración petrarquista.

²³⁰⁻²³¹ Homenajea de nuevo, a Garcilaso, recordando los versos del poeta toledano: «viendo mi amada hiedra / de mí arrancada, en otro muro asida» (Égloga I, vv. 135-136).

²³⁴⁻²³⁵ En MsBN faltan estos versos.

²⁴⁰ Termina el canto de Polifemo, narrado por Galatea.

²⁴⁷ Ya en la *Eneida* aparece el cíclope con un pino que le sirve de bastón: *Trunca manu pinus regit et vestigia firmat* (Lib. III, 659) y, por supuesto en Ovidio: *Cui postquam pinus, baculi quae praebuit usum* (782). En la cadena polifémica se adopta este atributo del pino-bastón también en Góngora: «(...) a quien el pino más valiente/bastón, le obedecía, tan ligero» (vv. 54-55).

Cual el valiente toro que ha perdido
de la vacada el reino, que, enojado, 250
espanta el bosque con feroz bramido,
desafía al contrario, confiado,
en que algún duro roble habrá vencido
el duro imperio de su cuerno airado:
así el cruel, de amor y enojo ciego, 255
llenó frente y narices de humo y fuego.

Volvió la vista do a mis ojos daba
plata en el cuello y en las hebras oro,
aquel que mis entrañas abrasaba,
aquel que era mi gloria y mi tesoro; 260
vio que en mi cuello mi Acis se enlazaba.
¡Ay, causa justa de mi amargo lloro!
encontróse el amor y enojo, y pudo,
¿quién duda? armado más que no un desnudo.

Venció el enojo, en fin, venció, y airado, 265
dando una gruesa peña al brazo exento,
temblando el Etna al grito levantado,
y sacándola ardiente de su asiento:
—«Será la vez postrera que abrazado
mire mi bien, mi mal»—, dijo; y el viento 270
la voz trujo y la piedra, y en un punto
me vi en la mar y vi mi bien difunto.

[249-250] Traducción literal de Ovidio: *ut taurus uacca furibundus adempta* (v. 871).

[255-256] Estos versos fueron señalados por García Soriano como antecedente inmediato de los que atribuye a Góngora: «su aliento humo, sus narices fuego / cuando de amor el fiero jayán ciego», aunque en realidad escribió: «Su aliento humo, sus relinchos fuego / si bien su freno espumas, ilustraba / las columnas Etón que erigió el griego, / do el carro de la luz sus ruedas lava, / cuando, de amor el fiero jayán ciego» (vv. 337-341). Como opina Dámaso Alonso, por excesivo afán de probar que Góngora «plagió» a Carrillo, García Soriano distorsiona el texto gongorino (*Estudios...*, *op. cit.*, pág. 342).

[266-267] Idea de ascendencia ovidiana que aparece en todos los poemas polifémicos: (...) *partemque e monte reuulsam/Mittit et extremus quamis peruenit ad illum/Angelus e saxo, totum tamen obruit Acin* (882-884).

177

> Lo que los hados permitir quisieron,
> de mi divino amante los despojos
> en esta clara fuente los volvieron,   275
> que cada día aumenta mis enojos;
> aqueste el lugar fue donde le vieron,
> para no verle más mis tristes ojos,
> y ésta la fuente hermosa y cristal frío
> amarga siempre por el llanto mío».   280

273-280 Carrillo finaliza la fábula con cierta prisa. Como en la mayor parte de los poemas mitológicos de los Siglos de Oro que tienen su base argumental en las *Metamorfosis,* los pasajes que corresponden a la transformación, propiamente dicha, no son aprovechados por los poetas; aunque Ovidio se detiene en la transfiguración de Acis más que en otras, su bellísima descripción no fue emulada ni por Góngora ni por Carrillo, quien da un desvaído final a su poema.

Décimas de Pedro de Ragis

DÉCIMAS DE DON LUIS CARRILLO Y SOTOMAYOR A PEDRO DE RAGIS, PINTOR EXCELENTE DE GRANADA, ANIMÁNDOLE A QUE COPIE EL RETRATO DE UNA SEÑORA DEUDA SUYA, EN FIGURA DEL ARCÁNGEL SAN GABRIEL.

1

Pues que imita tu destreza,
¡oh Ragis!, no al diestro Apeles,
en la solercia, en pinceles,
en arte, industria y viveza,
sino a la Naturaleza,   5
tanto que el sentido duda
si tiene lengua, o es muda,
la pintura de tu mano,
o si el Pintor soberano
a darle alma y ser te ayuda.   10

Conocemos esta bella composición de Carrillo gracias a un manuscrito que, encontrado por Rodríguez-Moñino en la Biblioteca de la *Hispaic Society of America,* fue publicado por Orozco Díaz en su estudio, *Amor, poesía y pintura en Carrillo de Sotomayor,* Universidad de Granada, 1967.

1-10 La Naturaleza, en este caso más concretamente, la *Natura naturans* o Naturaleza creadora y forjadora de seres, que filósofos y escritores identificaban con la divinidad —el *Pintor soberano*—, es «imitada» por el pintor Ragis.

³ *Solercia:* «industria, habilidad y astucia para hacer o tratar una cosa» (DRAE).

2

Hoy favorecido dél,
tabla o lámina prepara
para la empresa más rara
que emprendió humano pincel;
pinta al Arcángel Gabriel,   15
gloria de su Hierarquía,
con el aire y gallardía
de la más hermosa dama
que LOA Y SAlva la fama
anunciando a su Mesía.   20

3

No traces ni hagas bosquejo
de esta admirable pintura,
sin mirarte en la hermosura
de quien della es luz y espejo,
que aunque sigas mi consejo,   25
no saldrá el retrato tal
que iguale al original;
anima y esfuerza el arte,
podrá ser que imite en parte
su belleza celestial.   30

[19-20] Carrillo descubre en estos versos, por la paronomasia y el juego de palabras, la identidad de la «señora deuda suya». Recordemos que Gabriela Loaysa Mesía era hermana del marido de Elvira Carrillo.

[21-24] La única posibilidad que tiene Ragis de lograr con éxito el cuadro será, si cuenta con la ayuda de Dios, de quien doña Gabriela es reflejo y así se lo aconseja en la más pura línea platónica.

[25] Este verso falta en la edición de Orozco, sin duda por error de imprenta, pues aparece en la reproducción del ms.

4

>   Para retratar su pelo,
> del oro las hebras deja
> y húrtale su madeja
> al rubio señor de Delo;
> los rayos digo que al suelo   35
> más ilustran y hermosean,
> que rayos quiero que sean
> de luz, si de fuego son,
> porque el alma y corazón
> con más fuego y luz le vean.   40

5

>   Fórmale rizado en parte,
> que hace riza, y ha de ser,
> red no, casa de placer
> del amor Venus y Marte;
> lo demás vuele sin arte   45
> por el cuello y por la espalda;
> del rubí, de la esmeralda
> y brillante pedrería,
> que el sol con sus hebras cría,
> le ciñe rica guirnalda.   50

---

[31] Carrillo sigue el canon de belleza petrarquista con sus más tópicas metáforas, manteniendo el orden riguroso ascendente/descendente como Herrera en la Canción V.

[34] *al rubio señor de Delo,* Apolo, como su hermana Artemis, hijo de Zeus. Nació en la isla Ortigia o Asteria que tomó desde entonces el nombre de Delos ('brillante') porque, según la leyenda, se había cubierto de una capa de oro al producirse el nacimiento divino.

[43-44] Parece aludir al episodio en que fueron descubiertos Venus y Marte por Hefesto, marido de la diosa quien les preparó una trampa que consistía en una red mágica, que cerró sobre los amantes, mostrándolos después a los dioses del Olimpo.

[47-48] El léxico suntuario es muy propio de estas descripciones petrarquistas.

6

Deja colores del suelo
para dibujar su frente
y tome el pincel valiente
lo más sereno del cielo;
tu cuidado y tu desvelo   55
de la vía láctea, breve
parte tome, si se atreve,
y saldrá desta mixtura
serenidad y blancura
de cielo claro y de nieve.   60

7

Cambia al ébano el color
y con él en vez de tinta,
dos iris hermosas pinta
en este cielo menor,
prendas que nos da el amor   65
de paz y serenidad;
mas si encubre su beldad
nube de ceño, o se estiran,
arcos son, y flechas tiran
de justa inhumanidad.   70

8

Alienta el pincel y copia,
si tú el aliento no pierdes,
dos soles, dos niñas verdes,
luz de mi esperanza propia;
de rayos perfila copia   75
en una y otra pestaña,
pero de sombra los baña
si no quieres quedar ciego,
aunque, si ciega, su fuego
admira, eleva, no daña.   80

9

Recoge su honesta vista
con grave modestia, y guarte
no mire más que a una parte,
que no habrá quien la resista.
Almas y vidas conquista
de lo más grave y más fuerte,
que es fuerte como la muerte
su mirar dulce y suave;
mas dichoso aquel que sabe
que le ha cabido tal suerte.

10

Forma dos nubes hermosas
embestidas destos soles
o dos bellos arreboles
o dos virginales rosas;
(pues que no nos da otras cosas
de otra belleza más rara
la naturaleza avara);
y harás sus mejillas dellas,
más hermosas y más bellas
que las del Aurora clara.

11

Haz la nariz afilada
de color de blanca nieve
que el alma y los ojos lleve
de sola una vez mirada;
chica no, sí moderada,
y dos ventanas en ella
cada cual rasgada y bella
por donde [se] tenga aviso
del olor del paraíso
que espira debajo della.

---

[82] *guarte:* guarda, suele utilizarse más como interjección ¡guárdate!

12

    Guijas de plata lucientes
toma, o perlas orientales,
y finísimos corales
para hacer labios y dientes.
Las gracias no estén ausentes   115
de lengua, que, si se mueve
enseña, deleita y mueve;
antes las finge estar dentro
de su boca como en centro
suyo y de las musas nueve.   120

13

    Marfil terso, blanco y bello
y alabastro preparado
materia de al descollado,
hermoso y divino cuello;
y, si el amor quiso hacello   125
torre fuerte y su armería
para darnos batería,
hazle tu castillo fuerte,
barrera contra la muerte,
y vistosa galería.   130

14

    De la nieve más helada,
del cristal más fino y claro,
del mármol mejor de Paro,
de la plata más cendrada,
toma parte y, desatada
con leche, encarna sus manos   135

[125-130] La utilización de vocablos del campo semántico bélico fue muy frecuente entre poetas amorosos.

tales que los soberanos
ángeles dellas se admiren
y con respeto las miren
y se las besen ufanos.   140

15

La derecha el dedo alzado
tenga, mostrando que viene
de Dios todo el bien que tiene
y que es del cielo legado;
la izquierda ostente preciado   145
cetro de oro que es su ser,
quien puede y debe poner
al mismo Cupido leyes,
y a quien los grandes y reyes
se precian de obedecer.   150

16

Los matices ordinarios
guarda para otra ocasión
y gasta aquí los que son
indicio de afectos varios;
toma como extraordinarios   155
al rubí su colorado,
a la amatista el morado
y su verde a la esmeralda,
toma al topacio su gualda
y al zafiro el turquesado.   160

17

Destos matices y el oro
de Arabia más bien obrado,
su ropaje harás bordado
para encubrir con decoro
del gusto el mayor tesoro,   165

140-145 La postura de las manos es peculiar de la composición manierista.

el nácar de más fineza,
la suavidad y belleza
de un paraíso terreno
en quien cuanto hizo bueno
cifró la naturaleza.　　　　　　　　　　　170

18

Poco he dicho, mucho allano
este Arcángel peregrino,
este sujeto divino,
este trono soberano;
deste Serafín humano,　　　　　　　　　175
mi Arcángel hacer conviene;
haz ¡oh Ragis! porque llene
tu pincel mi corta idea
y el siglo futuro vea
lo que el nuestro goza y tiene.　　　　　180

19

Y si te saliere tal,
en bronce o tabla más tierna
que merezca ser eterna
copia de este original,
dale mi alma inmortal　　　　　　　　　185
para que anime el retrato,
que alma humilde de hombre grato,
que está menos donde anima
que donde ama, más se estima
que alma noble en cuerpo ingrato.　　190

20

Mas, ¡ay! loco devaneo,
que pida yo un imposible,
porque lo hace posible
mi afición y mi deseo,
difícil es, bien lo veo;　　　　　　　　　195
mas el brío y ardimiento
de tu honroso atrevimiento,
¿a qué aspira que no alcanza?,
y, cuando no, mi esperanza
premio es bastante a tu intento.　　　200

AL ORIGINAL DEL RETRATO

  Divino Arcángel que al Cielo
oscurece su hermosura,
nublados desta pintura
a tu altar sirvan de velo;
gloria y belleza del suelo   205
admite con rostro humano
(bien cual Jerjes del villano
recibió el agua) este don
y alma y vida y corazón
en fe que están en tu mano.   210

  Las gracias de tu alma pura
a Apolo manda el amor
describa con su primor
en verso de más dulzura;
lo cierto es que en su escritura   215
o en verso sea o en prosa
habrás de ser bella diosa,
y si Apolo verdad canta
serás noble afable y santa
aún más que bella y hermosa.   220

  Mi intento, señora, ha sido
en pintar esta deidad,
sacar a luz la beldad
increíble que has tenido;
antes que al tiempo el olvido   225
suceda y al sol la helada:
antes que a tu edad dorada
la de plata encubra y seque
un accidente y te trueque,
de cielo que eres en nada.   230

[200-230] Obsérvense los acrósticos que desvelan el nombre y apellidos de la dama.

[230-235] El tópico del *Carpe diem* o *Collige, virgo, rosas*, juega aquí con los elementos que le son propios como la contraposición sol/hielo y oro/plata, además de la presencia del adverbio temporal 'antes'.

Poesías al *Remedio de amor* de Ovidio

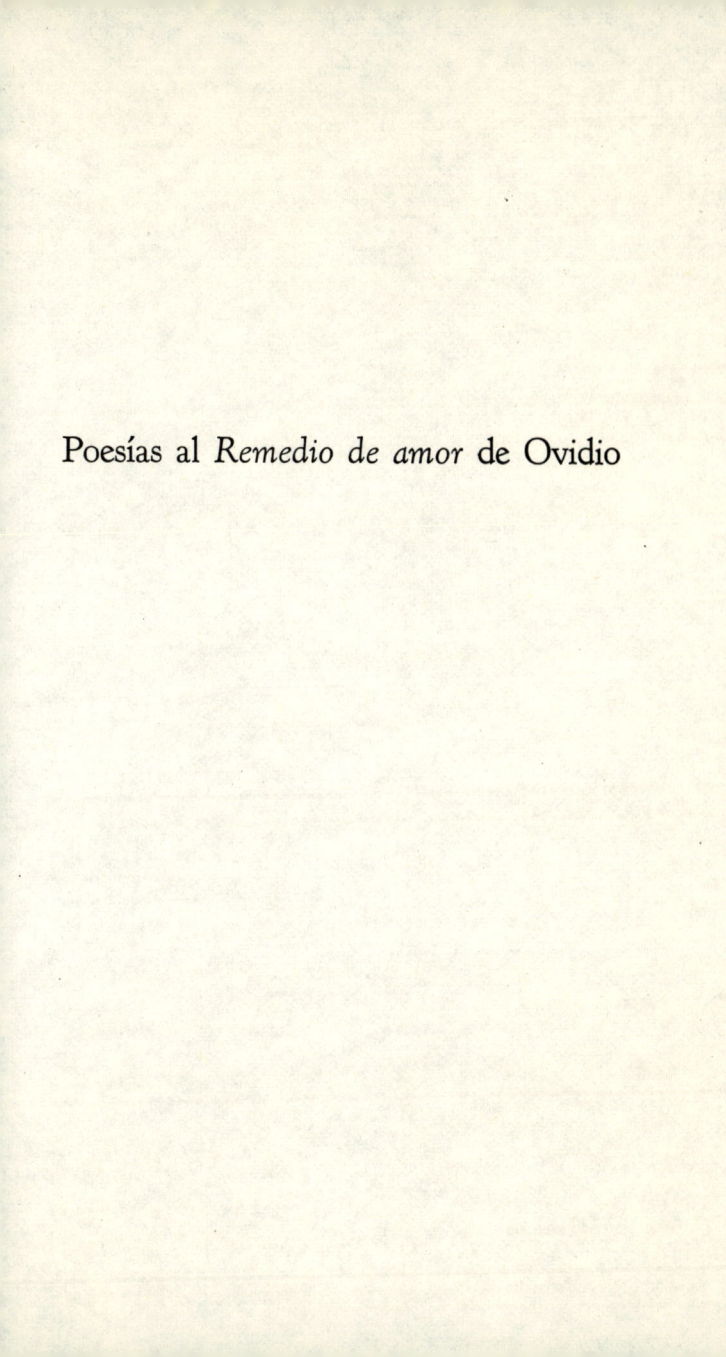

CARTA DEDICATORIA A LA SEÑORA
DOÑA GABRIELA DE LOAISA Y MEJÍA, SU CUÑADA

¿A quién daré la lira
que, contra Amor eterno,
suspendió el verso tierno,
de su fogosa ira
y su terrible ceño,　　　　　　　　　　　5
vestido de desvelos, siendo sueño?

A ti, sagrado empleo
de la Fama divina,
a quien dulce se inclina
el más rico deseo,　　　　　　　　　　　10
a ti que el mejor pecho
a tu divino ser no es reino estrecho.

Pierda el ocio la Fama,
pues que tu nombre canto:
nacerá ilustre espanto　　　　　　　　　15
de tu divina rama
de Loaisa y Mejía,
de uno y otro blasón honor y guía.

Entre ardientes cuidados,
a mil pechos sujetos,　　　　　　　　　　20

    osé aquestos concetos
de mi musa, abrasados.
¿Ay, contra Amor quién puede?
Tú, que a su aljaba tu valor excede.

    Mi musa es verde rama,   25
cuya dulce armonía,
libre del postrer día
a lo eterno te llama,
y en sus labios, famosa,
eternamente vivirás hermosa.   30

    Antes que Elena fuera,
hubo hermosura rara;
faltó quien la cantara,
bien que al tiempo ligera.
Mas, aunque más consuma,   35
tiene contra la edad nervios la pluma.

    Salgan, pues, en tu nombre,
mis desvelos osados
y ricos mis cuidados,
que es mi dueño tu nombre,   40
que, en tan humilde intento,
será rico, si osado, atrevimiento.

---

[31] *Elena* se refiere a la bella Helena hija de Zeus y esposa de Menelao. Fue raptada por Paris y conducida a Troya. Su rescate provocó la guerra.

[35-36] El remedio al paso del tiempo es para Carrillo, en muchas ocasiones, la poesía.

DEL AUTOR AL *REMEDIO DE AMOR*

    Canto contra amor airado,
de su fuego poseído:
así ofende el tigre herido,
en vano, el dardo arrojado,

    su contrario. De impaciente
es mi estudio, mas, en suma,
razones dice mi pluma
que mi llanto las desmiente.

    No tan sólo el rostro riega,
también nada el pecho en llanto;
y como es el llanto tanto
hasta la razón se anega.

    Y así a mi fiero dolor
buscarle cura es locura,
pues en mí su misma cura
viene a morir por amor.

    Y así en mis tales tiranos,
serán sin fin los gemidos.
¡Venid los menos heridos,
y quizá volveréis sanos!

ELEGÍA AL *REMEDIO DE AMOR,* DEL AUTOR

    La joya, por parto, al cielo
divina, que a ricos mares
robó el tesoro de perlas
y a blanca espuma su engaste
(presunción de altiva gloria   5
bien que el robo le envidiase,
de azul, la sagrada tez,
sin tributo a su homenaje)
—que del ondoso tridente,
al mármol inmenso calle,   10
en rodeo de la tierra
le moviera sus umbrales,
por seguir pisadas de oro,
resplandeciente semblante,
del verde dios en los coros   15
nuevo ardor, al frío jaspe—
bien que, reina, bien que, diosa,
dulces prendas de su sangre
coronasen blancas sienes,
negros ojos, volvió a hablarme: 20
    «¿Por qué, mozo, sabios necios
autores de liviandades,
livianos en desmentirse,
diestros de lengua a sus males,
por qué de las canas letras   25
los muy severos linajes
agravias? ¿si no quisiste?
¿si porque en cenizas yacen?
Hablarán sus muertas obras,
verás si de su mal grave   30
son testigos más que mudos
fuegos que su losa agravie.

[1-20] Para Dámaso Alonso «las cinco estrofillas de este romance son el pasaje más difícil, de todas las poesías de Carrillo» (*Poesías...*, ed. cit., pág. 179).

[20] Venus, como en la elegía «Coronaban bellas rosas...» habla al poeta.

Intentó remedio, ¡ay, triste!,
quien más enseñó a olvidalle:
diera a Niso sus madejas   35
y vida a fieros amantes.
Para esto consultó a Febo;
Febo que amara a su Dafne,
de laurel sagrado tronco
y de sus galas donaire.   40
¿Hay a quien, tanto, cortezas
de muerto desdén le agraden?
y ¿puede de amor remedios
cura que a su mal no baste?
No de su mal docta escuela   45
el discípulo fue, infame,
que a su profeta maestro
le igualó la peor parte.
Pues no remedió su amor
que, amando de su lenguaje   50
tiranos versos al pecho,
fue mal, si elocuente, grande.
Antes la sagrada boca,
venciendo crespos cristales,
no desatará a la noche   55
la sombra de escuros mares;
antes, sin rosados dedos,
y de plata, sin pies, antes,
no brillará el blanco aljófar
la aurora al niño gigante,   60
que dejen dulces calores,
largo amor de eterno alarde,
del fuego que oprime al mundo
sólo el que en mi deidad cabe.
Entonces fue ley de hierro   65

---

[35] *Niso* es uno de los cuatro hijos de Padón II rey de Atenas. Había nacido en Mégara. Mientras conservase un mechón de cabellos rojos, o de oro, según otros, sería inmortal. Su hija Escila, por amor a Minos, lo traicionó cortándole el mechón, lo que provocó su muerte y la caída de la ciudad.

[37-39] *Febo* (Apolo) *Dafne:* Alude al episodio relatado en *Metamorfosis*, I, 452-567 por Ovidio.

[65-68] Una de las leyendas sobre el nacimiento de Venus (Afrodita) la hace proceder de Urano cuyos órganos sexuales fueron cor-

cuando yo al cielo, mi padre,
desde el mar envuelta en ondas
pude, si quise, abrasarle.
Dulcemente al claro Olimpo
espanto que gloria alcance   70
o de dioses amor, dueño,
o a dioses, tirano, agrade.
En juegos de lazo ardiente,
de común sosiego y paces,
envidia del mortal suelo   75
fue el dios que triunfando sale.
Concebí yo, generosa,
ni concebí, cual se sabe,
de fuego avaro de estrellas,
o ser estrecho a tal madre.   80
Pude cuanto alcanza el fuego
que, honrando divinas partes,
con razón de dios alienta
obra que muerte no ultraje.
A los mortales enfermos   85
así digné que gozasen
por mejor parte que el cuerpo,
que aspire amor, que amor guarde.
Así, de rayos vacía,
cuando al frío saludable   90
sacó luz santa la vida,
de ciega noche a mortales,
yo semillas amorosas
sembré, yo pude cortalle
al negro espanto y ofensas   95
los odios de muerte infames.
Cubriera los hombros fríos
de la tierra miserable
estrago de muerte fea,
a no mandar reino fácil.   100
Yo sola, con tierno empleo,
yo, con prisiones que atajen
de tirana fe la envidia,
guardé en paz cuanto amor pace.
Porque el pensamiento, rico   105

---

tados por Crono y al caer al mar, engendraron a la diosa «nacida de las olas».

de ganadas prendas, arme
valiente mano a su suerte
y al amor su peso espante,
en las guerras de amor dulces
crié ardientes capitanes. 110
Tú, mozo, escribe remedios
a locos, pues su mal sabes».
　Dijo, gozosa, la reina.
Y al vuelo, que tocó el aire,
añadió gracias al mirto, 115
porque más prendas dejase.

---

[115] *mirto:* planta, dedicada a Venus.

Romances

ELEGÍA

Coronaban bellas rosas,
sangre un tiempo de sus plantas,
la frente, que afrenta al cielo
por más bella y por más blanca,
de aquella gallarda Venus   5
que a las amorosas ansias
ardientes cuidados mezcla
con penas dulces y amargas.
   «Oye», la diosa me dijo
—y al reír, hermosa y blanda,   10
robó a sus dientes de perlas
su vestidura de nácar—.

Aunque en M2 y en *Alonso* se llame *Romance* a esta composición, prefiero el título de M1 teniendo en cuenta la acepción más amplia de poema elegíaco —de exhortación y de reflexión sobre temas diversos— (cfr. Camacho Guizado, *La elegía funeral...*, *op. cit.*, págs. 9-10). El poeta llama también *elegía* a los versos que dedica al *Remedio de Amor*, de Ovidio, cuyos tonos y situación son muy semejantes a éstos y en los que la diosa Venus hace, asimismo, distintas reflexiones.

1-2 Venus, cuando quiso socorrer a su amado Adonis, atacado de muerte por Marte disfrazado de jabalí, se hirió, y su sangre convirtió las rosas blancas en rojas. La rosa se le consagra como flor.

«¿Qué te aprovecha, mancebo,
nos dificulten tus llamas
penas, con disfraces tuyos,   15
para nuestro vulgo extrañas?
Más estima el reino mío
dos endechas, dos palabras
hechas tiernamente y dichas,
que tus estudios y alas;   20
más de un amante quejoso,
en su musa castellana,
cuatro agudezas desnudas
que diez grandezas toscanas.
Deja de esos graves libros   25
las más que severas canas.
Ciego amante, ¿por qué buscas,
estando en la fuente, el agua?
Más me agrada un verso tierno,
no lo dudes, más me agrada,   30
que los rayos de un Homero,
que de un Virgilio las armas.
¡Cómo siente un Castillejo!
¿No ves qué tierna desata
su española voz sus quejas,   35
vestidas de sola el alma?
Blandamente dice un Lerma;
¡qué bien llora, qué bien habla!,
milagro de amor, aún viven

13-50 Carrillo manifiesta en estos versos sus preocupaciones estéticas expuestas por extenso en el *Libro de Erudición Poética*. Se plantea el poeta el tema sencillez/dificultad y la oposición castellanismo/italianismo.

16 *para nuestro vulgo extrañas*. El Renacimiento considera al 'vulgo' como ignorante (cfr. Alberto Porqueras Mayo, «El concepto de 'vulgo' en la Edad de Oro», en *Temas y formas de la literatura española*, Madrid, Gredos, 1972, págs. 114-125.

18 Véase nota a la canción II. Aquí tiene el sentido más amplio de canción lírica popular.

34 Cristóbal de Castillejo (1490?-1550), poeta reacio a aceptar, sobre todo, los metros y estrofas italianizantes, que se ha convertido en el símbolo de la llamada «reacción castellanista» frente al «italianismo» de Boscán y Garcilaso, por su famosa *Reprensión contra los poetas españoles que escriben en verso italiano*.

37 *Lerma*: poeta del siglo XVI que fue alabado por Quevedo (véase D. Alonso, *Poesías...*, ed. cit., pág. 172).

en sus escritos sus brasas. 40
Mis armas son damas tiernas,
pero apetecen mis armas
lamente su ofensa el pecho
blandamente, pues son blandas.
Deja esos libros, mancebo, 45
mira que tu pena agravian:
¿cómo escondido en sus nieblas,
sabrá tu sol si te abrasa?
Canta de hoy más mis victorias
—cantando a Lisi, las cantas». 50
　Partióse, y dejóme un mirto,
prenda de sus manos blancas.

ROMANCE

    Cristales, de cuyas aguas
tanto la fama y su trompa,
no por dulces ni por claras,
por vuestro olvido, pregona;
campos, que ya parecistes   5
entre las sangrientas olas
y entre quejas de Rodrigo,
retrato de mis historias;
nubes, que un tiempo cegastes
al sol en su luz medrosa,   10
flechas de Alarbes aljabas
y moriscas banderolas;
sitio, ya un tiempo instrumento
de la voz de la mar ronca,
tan ceñido de edificios   15
como de mal mi memoria:
de cuantas veces atentos
les escucháis a las olas
quejas de nave o de remo,
de que la rompe o azota,   20
escuchadme unas verdades,
que, por tantas y tan solas,
van a buscar mundo nuevo,
que en aqueste se usan pocas.
Adoro una bella ingrata,   25

---

² A la Fama se la representa por una joven alada llevando en la mano derecha una larga trompeta.

⁷⁻⁸ Las «quejas» del último rey visigodo, Rodrigo, fue un tema tradicional en el Romancero (véase, M. Pidal, *Romancero tradicional* I, Madrid, Gredos, 1957). A Carrillo le sirve de ejemplo.

¹¹ *Alarbes:* «árabes».

¹² *banderolas:* «Bandera pequeña, como de treinta centímetros en cuadro y con asta, que tiene varios usos en la milicia, en la topografía y en la marina» *(DRAE).*

²⁵⁻²⁸ Estos versos faltan en M1.

ídolo de mi memoria,
a cuyo templo consagro
el fruto de mis congojas.
Tres años ha —¡tres mil años!— 30
labro en su casa a deshora
hierros de balcones ciegos,
piedras de paredes sordas.
Tres horas ha que ha rendido
(mas mirad qué fuerte roca) 35
la mano a quien ha llegado
apenas aquí ha tres horas.
Yo la he visto descubrirse,
no la blanca frente sola,
mas la voluntad y el pecho, 40
no ha tres años, ha tres horas.
Por vengarme de mi agravio
les diera a tus aguas hondas
un pecho, do, eterna, vive
aquel bronce, aquella roca. 45
Mas no te quiero tan mal,
que basta su imagen sola
a encender a tus cristales
y a empozoñar a tus olas.
Basten las verdades dichas, 50
que, aunque no las digo todas,
sobrarán para verdades,
pues para desdichas sobran.

---

[26] *ídolo:* Tópico de la tradición petrarquista cuyo uso en Carrillo hace pensar a Vilanova que inspiró a Góngora el verso 197 de su *Polifemo* (*Las fuentes...* II, *op. cit.*, pág. 94).

[29-32] El «servicio de amor» puede durar mucho tiempo. En la mayoría de los cancioneros amorosos la dedicación a la amada es de toda la vida —recuérdese a Petrarca, Herrera, Cetina, etc.— y así nos lo dice Quevedo: «Hoy cumple amor en mis ardientes venas / veintidós años...» (cfr. Otis M. Green, *España y la tradición...* I, *op. cit.*, págs. 72 y ss.).

[30] En M2 y *Alonso,* se lee *calle* por *casa* de M1.

[43] En M1 *de* en lugar de *do.*

[45-48] La exagerada maldad de la amada llega a su expresión extrema en estos versos en que el bronce envenena el río Guadalete. Por el tono duro que emplea Carrillo, parece dedicarlo a Laura/Gabriela de Loayssa y, tal vez, el bronce sea el mismo del soneto XXIII.

[52] En M1 *sobra.*

ROMANCE

«¡Oh tú, de los altos mares
y de más que inmensos golfos
del espumoso tridente,
señor absoluto, Eolo!
¡Oh tú, poderoso rey,　　　　　　　　　　　5
que los altos alborotos
del mar creces, del mar templas,
puedes solo y mandas solo!
¡Tú que, si con frente altiva
mueves tu ejército honroso,　　　　　　　10
al celestial Argo alteras
sus celestiales pilotos!
Así de tu reino altivo
nunca ofenda leño corvo
la sagrada y cana tez　　　　　　　　　　15
sin hacer y cumplir voto,
y, venciendo al templo Lisio
el tuyo, escondan tu rostro,
como allá ganchosas testas,
obencaduras y estrobos.　　　　　　　　　20

Es, tal vez, el Romance más artificioso de Carrillo, sobre todo por la abundancia de perífrasis y alusiones mitológicas y por la utilización de términos específicos de la marinería con los que, por su profesión de cuatralbo, estaba, sin duda, familiarizado.

[4] *Eolo:* hijo de Poseidón, es identificado con frecuencia con el Señor de los Vientos al que se refiere la *Odisea,* aunque en algunas leyendas se distingue de él.

[11-12] Canopo el piloto de Osiris, el dios egipcio, que, según algunos mitógrafos, pilotó también la nave *Argo* y, con ella, fue elevado al rango de las constelaciones.

[17] *templo Lisio:* Lisios era uno de los nombres de Dionisio (Baco) con el que fue adorado en algunos importantes templos como los de Tebas, Sición y Corinto.

[20] *obencaduras:* conjunto de los cabos gruesos que sujetan la cabeza de un palo o de un mastelero a la mesa de guarnición o a la cofa correspondiente; *estrobos:* pedazo de cabo unido por sus chicotes que sirve para sujetar el remo al tolete y otros usos semejantes *(DRAE).*

No quede friso o cornisa
que marinero famoso
no esconda su lienzo en letras
y en humo su fuego el oro,
y, creciendo sus respetos,   25
aun a pendientes despojos
no se atrevan, por ser tuyos,
los ojos menos devotos,
de suerte que, por no verse,
estén en parte quejosos   30
el bronce, de tu deidad,
y, de su ejemplo, los votos.
Suden aras y cuchillos,
unas negras y otros broncos,
ámbar que el Oriente ofrezca,   35
sangre de votivos toros,
y, de tal suerte se aumente,
que sus crecientes arroyos,
dando color a tu playa,
puedan llamarla el Mar Rojo.   40
Venzan en tus anchas naves,
de la noche manto y rostro,
sudores de la Pancaya
sobre arenas del Pactolo.
Y con tal religión sea,   45
que cuente eterna en tus ojos
más siglos que Néstor años,
más años que el mar escollos.
Respeten los de tu playa
tanto que, si el fiero ponto,   50
sacrílego, escupe al cielo,
esté entre ellos religioso.
Y si alguno los cortare,
semejante en obras sólo

---

[43] *Pancaya:* región de Arabia, famosa por sus inciensos.

[44] *Pactolo:* río de Asia Menor, que tomó el nombre del dios que se arrojó en sus aguas. Anteriormente se llamó Crisorroas, es decir, «río de oro», porque sus aguas arrastraban este metal.

[47] *Néstor:* Por gracia de Apolo, llegó a una edad muy avanzada (más de tres generaciones). Tal como aparece en la *Ilíada* y en la *Odisea,* es el prototipo del anciano prudente, valeroso aun en el campo de batalla, pero sobre todo excelente en el consejo.

> sea el biznieto de Belo,   55
> o al nieto del cielo hermoso.
> Y si en el de Asiria al Fénix
> le conceden Mauseolo,
> el rémora por mar raro
> eternice tus cimborrios.   60
> Tema robos el arena
> de sus cimientos más hondos,
> usurpándola los labios
> a sacerdotales socos».
>   Dijo, pidiendo Levante,   65
> esto un amante lloroso,
> dióle el dios viento a sus quejas,
> ¡que hay, entre amantes, dichosos!

---

[55] Se refiere a Abante, rey de Argos, hijo de Linceo y de Hipermestra. Juntó en su persona la sangre de los hermanos enemigos, Dánao y Egipto, y es considerado el antecesor de Perseo y de su raza y fundador de la ciudad focense de Abas.

[56] Júpiter, ya que era hijo de Saturno, y éste, a su vez del Cielo.

[56] *Fénix:* Ave fabulosa, originaria de Etiopía, tiene forma de águila, pero es mucho más hermosa, sobre todo por el colorido de sus alas, doradas y rojas. Es muy conocida la leyenda que se refiere a su muerte y nacimiento. Animal único en su especie, cuando siente que va a morir fabrica un nido con plantas aromáticas al que prende fuego, después de acostarse en él. De sus cenizas surge el nuevo Fénix, que transporta los restos de su padre hasta el altar del Sol en Egipto.

[57] *Mauseolo* o mausoleo, sepulcro de Mausolo, rey de Caria, mandado erigir por su mujer Artemisa. Por extensión, cualquier sepulcro magnífico y suntuoso.

[58] *rémora:* pez pequeño al que por su capacidad de adherirse fuertemente a los objetos flotantes, los antiguos le atribuían la capacidad de detener las naves.

[59] *cimborrios:* cúpulas.

[63] *socos:* zuecos, zapatos. Dámaso Alonso opina que «su sentido es el siguiente: 'que sean tantos los devotos que besen el suelo, que la arena tema no la socaven (desgastándola) hasta la mayor hondura, a fuerza de besar, ocupando así los labios el sitio indispensable para los zapatos sacerdotales» (*Poesías...*, *op. cit.*, páginas 19, 172).

ROMANCE «A LA CAZA DE UNAS GALEOTAS TURQUESCAS»

  Con más oro el sol y galas
mostró su rubia madeja,
dándole el sereno mar
parabién de su belleza,
y, apenas nuestros clarines,   5
viendo su frente serena,
con sus voces delicadas
le dijeron mil ternezas,
cuando del garcés, alegre,
un marinero vocea: 10
  «¡A la mar! ¡Bajel de remos!:
¡que nos descubre, que vuela!»
Afirmólo un timonero
que desde la larga flecha
le ve bañar en el mar   15
la ligera palamenta.
La nuestra, que aún no tocaba
serena lan ondas crespas,
por no quebrar en espuma
al sol mil saladas perlas,   20

A diferencia de otros romances de Carrillo, donde el elemento predominante es el lírico, en éste se evidencia un tono épico-narrativo. Podría clasificarse, con las debidas reservas, entre los romances de cautivos, que tanto gustaron a Góngora (véase lo que dice al respecto, Menéndez Pidal, *Romancero hispánico* II, *op. cit.*, pág. 135). Sin embargo las clasificaciones no se ajustaban siempre a los cánones establecidos y no todos los críticos están de acuerdo sobre ciertas delimitaciones. Así, Robert Jammes no encuentra elementos distintivos suficientes para separar en dos ciclos los moriscos y los de cautivos (*Études...*, *op. cit.*, págs. 376-377). Para una visión de conjunto, véase, G. Camarís, *Estudios sobre el cautiverio en el Siglo de Oro,* Madrid, 1977.

[9] *garcés:* tabla en lo alto del árbol de la galera, donde se colocaba el atalaya (véase Dámaso Alonso, *Poesías...*, *op. cit.*, página 172).

[16] *palamenta:* conjunto de los remos en la embarcación *(DRAE).*

[18] En M1 se lee *frescas* en lugar de *crespas* de M2 que, en mi opinión, es un epíteto más acorde con el estilo de Carrillo.

hace de los remos alas,
y los espalderes muestran,
al son del cómitre y pito,
con su fuerza su destreza.
Gime la mar, azotada, 25
y la recibida afrenta
remite con roncos ecos
a la tormenta primera.
Con las alas del deseo
nuestro bajel presto vuela; 30
mas el miedo y libertad
las suyas al turco prestan.
Ya le entra nuestro bajel,
ya nuestra vista se entrega
en el buco colorado 35
y en la turquesada entena.
Sobre la larga crujía,
el golpe y la voz soberbia
del arráez a su chusma
trueno y rayo representa. 40
Vuelve a ganar lo perdido
y, fiada en su presteza,
poniendo al viento la proa,
gallardamente proeja.
Síguele la capitana 45

---

[22] *espalderes:* remeros que iban de espaldas a la popa de la galera para mirar y gobernar a los demás, marcando con su remo el compás de la boga *(DRAE)*.

[28] *cómitre:* individuo que en las galeras tenía a su cargo el mando de la maniobra y castigo de los remeros y forzados *(Alemany)*. (Cfr. F. F. Olesa Muñido, *La organización naval de los Estados mediterráneos y en especial de España durante los siglos XVI y XVII*, Madrid, 1968, 2 vols., I, pág. 1102).

[32] *turco,* véase el interesante estudio general sobre el tema, de André Vovard, *Chez les Pirates Barbaresques. Les évasions par mer dans la litterature et l'histoire,* París, 1951.

[35] *buco:* casco de la nave.

[39] *arráez:* capitán de embarcación árabe o morisca; *chusma:* conjunto de galeotes que servían en las galeras reales.

[44] *proeja:* remar contra la corriente o la fuerza del viento que embiste a la embarcación por la proa.

[45-48] El predominio del ritmo dactílico proporciona una sensación de inquietud ante la persecución de las naves.

    y ya en la popa turquesca
    con el espolón escribe
    su victoria y su sentencia.
    Ya la embiste, ya la alcanza;
    ya se escapa, ya nos deja.   50
    Ya, de rendida, desmaya;
    ya, de animosa, se aleja,
    cuando un furioso Leveche
    empezó en la mar exenta
    a levantar con sus silbos   55
    torres de cristal soberbias.
    Salió más cual más sutil,
    y aunque la nuestra hace fuerza,
    nos niegan el viento y mar
    lo que el general desea.   60
    Llegó la noche, y su manto,
    como encubridor de afrentas,
    encubrió nuestra tardanza
    y aprobó su ligereza.
    Escurrimos, ya cansados,   65
    lastimando las arenas
    las áncoras, arrojadas
    en la costa de Valencia.

---

[53] *Leveche:* viento de Levante.

[69] Los topónimos no abundan precisamente en la poesía carrillesca, este es uno de los únicos casos en que menciona un lugar concreto que da algunos, aunque vagos, indicios biográficos.

ROMANCE

    Pártome en estas galeras
a surcar el ancho mar,
como si en el de mis ojos
no me pude anegar más.
Pártome, y aunque me parto,   5
dejo, Lisi, el alma acá,
la mitad della en rehenes,
que es tuya la otra mitad.
Mientras más de ti me alejo,
más se me acerca mi mal;   10
y mientras más se me acerca,
más lejos mi bien está.
Cuando mi mal me acongoja
no me atrevo a suspirar,
que con ellos los trinquetes   15
más presto me llevarán.
De las lágrimas que lloro,
si algunas llegan allá,
en lo amargo y en lo ardiente
presto las conocerás.   20
Póngole guarda a mi pecho
del sufrimiento, que es tal
su fuego, que a mi galera
temo me la ha de abrasar.

[5-8] De raíces platónicas, se basa en el principio de la enajenación del amante, porque, al partir, siempre se dejará el alma (véase, Otis H. Green, *España y la tradición...* II, *op. cit.,* págs. 90-108).

[13-16] Dota Carrillo, contra su costumbre, a estos versos de un cierto tono humorístico, a pesar de tratar, como en tantos de sus poemas, del sufrimiento de ausencia.

[15] *trinquetes:* «Verga mayor que se cruza sobre el palo de proa» (DRAE).

De la salamandria dicen   25
que en el fuego viva está,
por mi corazón lo digo,
que, a más llamas, vive más.
Mas, si es cierto no consume
el que es fuego elemental,   30
siendo tu fuego de cielo,
¿por qué me consumirá?
Callo, y escucha, mi dueño,
porque se despiden ya
de Guadalete los remos,   35
quizá te enternecerán.

25-28 Las alusiones literarias a que la salamandra no huye del fuego, sino que gusta de él, tienen su origen científico en este pasaje de Plinio *El Viejo: Sicut salamandrae, (...) thuic tantus rigor ut ignem tactu restinguat non alio modo quam glacies* (Plin., *NH*, X, LXVII). A esta cualidad dotan los poetas Rufo, Barahona de Soto, Lope, Quevedo, Góngora, Soto de Rojas, etc., de un simbolismo amoroso.

29-32 Gracián, toma estos versos de Carrillo como ejemplo de argumento conceptuoso *ab adjunetis*, diciendo: «Por la semejanza se arguye con no menor propiedad y sutileza que por la paridad. Ingeniosamente, don Luis Carrillo» (Disc. XXXVII, II, pág. 91).

ROMANCE

    Ya con la salud de Celia,
viendo sus ojos divinos,
cielos los montes parecen,
y los valles paraísos.
Ya, al alba llena de flores,   5
perlas le daba el rocío,
la luna plata a la noche,
y el día al sol oro fino.
Ya como al sol la reciben,
cantando los pajarillos;   10
ya se le ríen las fuentes,
ya se le paran los ríos
ya se coronan las sierras
de romeros y tomillos,
mostrando en hojas y en flores   15
esmeraldas y zafiros,
topacios y girasoles,
ya son turquesas los lirios,
las azucenas diamantes,
y los claveles jacintos.   20

El romance fue excluido de M2 como ocurrió con otras composiciones de corte tradicional. En esta segunda edición se justifican estas supresiones porque «algunas personas que la auian leido en vida de su dueño (...), avisaron que algunas cosas de poesía se auían puesto que no eran del señor don Luis» (*Desta segunda impression, al Letor*, s. f.). De la misma opinión, fue Dámaso Alonso, quien afirma que no se incluyeron «por no ser de Carrillo (y el estilo de ellos no va bien con el del gran poeta)» (*Poesías..., op. cit.*, pág. 167). Por mi parte no observo, entre éstos y los incluidos en M2, diferencias sustanciales, ni estilísticas ni temáticas que me lleven a acatar la radical desautorización de estos editores. Sí encuentro, no obstante, algunos indicios que me hacen pensar en la paternidad de Carrillo. Por ejemplo, en este y en otro de los romances excluidos de M2, aparece el pastor Luzindo que, por la afinidad fonética con el nombre de poeta podría muy bien tratarse de su otro disfraz nominal. El personaje femenino de este romance es, además, Celia, uno de los nombres de mujer más repetidos en la lírica carrillesca.

6-18 el léxico suntuario, tan del gusto de Góngora, no es ajeno al de Carrillo y otros poetas de la época.

Ya le daban los pastores
parabienes infinitos,
en tanto que la recibe
con esta canción Lucindo:

> «Con salud, Zagala, 25
> más bella que el sol,
> bajéis a estos valles
> a matar de amor.
> Con salud bajéis
> a matar de amores, 30
> y a que broten flores
> do los pies ponéis.
> Mil años gocéis
> vuestro hermoso Abril,
> Celia, y otros mil, 35
> dando luz al sol,
> bajéis a estos valles
> a matar de amor».

[25-39] La interpolación de esta bella letrilla hexasilábica, dota al romance de un tono popular, en cierto modo, ajeno a la gravedad característica de la poesía de Carrillo que, tal vez, llevó a Dámaso Alonso a la conclusión de que ésta y otras composiciones no se adecuaban al estilo del autor.

ROMANCE

Pídenme tristezas versos,
desdichas me piden llanto,
mi vida me pide muerte
debida a mis tristes casos.
Escúcholos, triste, y sufro 5
lo que no pudiera un mármol:
¡Qué me faltaba el sufrir,
sólo para desdichado!
A veces mi sufrimiento,
siendo mis ojos dos lagos, 10
se deja anegar en ellos,
por ver si descansa acaso.
Húyense mis ojos dél,
de verle tal, espantados,
y él también se espanta dellos, 15
como los ve tan amargos.
Pruebo a decir algo en verso,
y enmudéceme mi llanto,
¡Qué me faltaba el ser mudo,
sólo para desdichado! 20
Búscola y llamo a la muerte,
no me escucha, ni la hallo,
¡Qué me faltaba tal vida
sólo para desdichado!
Quiero vengarme de mí, 25
no es justo, pues no he pecado,
mas, mándalo un pensamiento,
que tiene en mí mucho mando.
Enójome con mi suerte,
debiendo a mi suerte tanto, 30

Como el anterior, excluido de M2.
7-8 Estribillo octosílabo con rima en la misma asonante a-o que el resto de la composición y que le proporciona un carácter popularizante.

mas, ¿qué, si riño a mi tiempo
lo que por él no ha pasado?
Sé que no me han de entender,
que es confusión mi trabajo,
¡Qué me faltaba ya aqueste   35
sólo para desdichado!

ROMANCE

Venus, Palas y Diana,
tres diosas, a quien contempla
la naturaleza humana,
por crisol de su belleza,
conciertan de entretenerse   5
en una agradable siesta,
de las que el hermoso Mayo
dentro de su curso encierra.
Y como la hermosa Venus
al pastor Lucindo muestra   10
de amalle con voluntad,
le manda al punto que venga
a un lugar donde le aguardan
todas tres, para que entienda,
que al pellico de sayal   15
estiman y reverencian.
Y que en todo su rebaño
no hay pastor que más merezca,
y, como a tal le permiten,
que les venga a dar ofrenda.   20
Tomó el cayado el pastor,
y para su bien se apresta,
llegó donde están las diosas,
y haciendo la reverencia,
a Palas rindió el cayado,   25

Este romance no está incluido en M2.
Carrillo recrea el tema mítico del Juicio de Paris tan abordado por poetas, pintores y escultores. En la versión más común se presenta a Paris llamado también, como en este romance, Alejandro con atributos de pastor y convertido en juez, por orden de Zeus, en el litigio de la manzana de oro.

1-4 Carrillo no es fiel a la leyenda ya que comienza por cambiar el nombre de una de las diosas: Hera (Juno) por Diana, más acorde con el ambiente pastoril que recrea.

10 Luzindo, a mi parecer, el otro nombre poético de Carrillo.

21-28 Se fija más en las ofrendas que le presenta el pastor que en la discordia.

y a Diana los pies besa,
   y a Venus entrega el alma,
   por ser la que le alimenta.
   Recíbenlo las tres diosas,
   y, porque acaso no venga   30
   de Venus la sacra madre,
   le visten de su librea.
   Tuvo la siesta el pastor
   tan en gloria, que quisiera
   ser aquel grande Alejandro   35
   para dar la recompensa.

---

³³⁻³⁶ Algunos mitógrafos han afirmado que Paris fue objeto del engaño de tres aldeanas deseosas de probar su belleza o bien que todo fue un sueño que tuvo mientras apacentaba sus ganados (cfr. Pierre Grimal, *Diccionario de Mitología griega y romana,* Barcelona, Eds. Paidós, 1981, pág. 409). También en el romance carrillesco el pastor despierta de la siesta, añorando a Alejandro (Paris). Además, se cruza otro episodio legendario, el del Sueño de Escipión que, como el pastor de Carrillo, sueña con héroes pasados (véase, Edgar Wind, *Los misterios paganos del Renacimiento,* Barcelona, Barral, 1972, págs. 87-89).

ROMANCE

    A las lenguas de los mares
de sus ojos, un garzón
así desató sus penas,
y así las escuché yo.
    «Peñascos», dijo, «de España,   5
que resistiendo al mar hoy,
en vuestras eternas quejas
sois hijos de mi pasión:
ved la causa della y dellas».
Dijo, y del pecho sacó,   10
según crecieron los llantos,
nuevas penas, más dolor.
Acerquéme, y juzgué luego
que era idólatra el pastor,
pues adoraba a un retrato,   15
que era al parecer del Sol.
Lleguéme más por miralle,
mas, de un divino calor
mi libertad temerosa,
le adoró, no le miró.   20

  Este romance no está incluido en M1, siendo el único caso en que ocurre ya que es M2 la que prescinde de muchas composiciones de M1.
  [2] *garzón:* «joven, mancebo». Según *Covarrubias* en tiempos de Lope era ya vocablo anticuado. Para Vilanova es un italianismo que pasa al *Polifemo* de Góngora por influjo de Stigliani y Marino, aunque reconoce el uso que Carrillo hace del término en este romance y la posibilidad de su influencia (*Las fuentes...* II, *op. cit.*, pág. 728).
  [14] *idólatra,* cultismo que aparece con frecuencia en los poetas españoles del siglo XVI. Por ejemplo Góngora lo usa en el *Polifemo* (v. 198).
  [15-36] El retrato donde se refleja el rostro de la amada es descrito detalladamente respetando, como en el caso de las *Décimas,* los cánones manieristas de arriba hacia abajo. La naturaleza se encarga de hacerlo como corresponde a la *Natura naturans* (cfr. Otis H. Green, *España y la tradición...* II, *op. cit.*, págs. 90-108). La descripción es semejante a la que Góngora hace en el romance «Dejad los libros ahora...».

Juzgué su frente nevada,
que sin duda retrató
Naturaleza en su blanco
hielos de su condición.
Sólo parte de mi vista, 25
más atrevida, juzgó
negros los crespos cabellos,
librea de su dolor.
Eran pobladas las cejas;
y así el zagal las llamó 30
pobladas como sus penas,
iguales cual su pasión.
Sus ojos no hay retratallos;
pero sus efectos son
morir siempre en su hermosura, 35
vivir siempre en su rigor.
Y esto juzgué desde lejos,
y que lloraba el pastor
unos efectos de ausencia,
cuando así se oyó una voz: 40

«Zagal, de tu niña
no es descuido, no,
que se habrá dormido,
que es niño el Amor.
Aunque es niño y tierno, 45
es gran rey, y yo
sé que sus palabras
cumple con rigor.

---

[27] Frente al ideal de mujer rubia y de ojos claros, puesto de moda por los poetas italianistas, la poesía popular canta con frecuencia a las morenas de ojos negros (véase Antonio Sánchez Romeralo, *El villancico, Estudios sobre la lírica popular de los siglos XVI y XVII,* Madrid, Gredos, 1969, págs. 56-59).

[28] *librea:* traje distintivo que los príncipes y señores dan a sus criados. Tal vez por ser frecuentemente de color negro, Carrillo utiliza el vocablo con este simbolismo.

40-60 Romancillo hexasilábico polirrítmico con rima, sin embargo, igual al romance octosílabo anterior, en los pares con asonancia aguda. Incluye además un dístico o estribillo. La estructura de la cancioncilla es característica de la lírica popular (véase, Eduardo M. Torner, *Lírica hispánica. Relaciones entre lo popular y lo culto,* Madrid, Castalia, 1966).

Sufre en este invierno
de ausencia, amador. 50
Vencerás, no temas,
pues te ayuda un dios.
De él, ni tu zagala,
no es descuido, no,
que se habrá dormido, 55
que es niño el Amor.
Zagal, de tu niña
no es descuido, no,
que se habrá dormido,
que es niño el Amor. 60

ROMANCE

No me acabes pensamiento,
o ya que quieres que muera,
dame muerte menos fuerte,
que la que me das de ausencia.
Amor arquero, dios pobre,　　　　　　　　5
rey, que sobre el alma reinas,
ya estoy rendido y sujeto,
no gastes en mí tus flechas.
Carcelero pensamiento,
pues guardo tu prisión fiera,　　　　　　10
del calabozo me saca,
en que me tienes de ausencia.
Y tú, esperanza, que vives,
conmigo, y con la firmeza,
no te vayas y me dejes　　　　　　　　　15
con dolor, tormento y pena.
Acuérdate, amor, que soy
de Amarilis, y no quieras,
que muera ausente a sus ojos,
pues quieres, por ella muera.　　　　　　20
Sáquenme de la prisión,
y castíguenme a su puerta,
que es bien do se hace el delito,
que se ejecute la pena.

No se incluye en M2.
9-12 El tópico de la «prisión» o «cárcel de amor», verdadera paradoja erótica, se relacionaría aquí con la ausencia, tema preferido de Carrillo.
18 *Amarilis:* nombre adaptado desde las *Bucólicas* de Virgilio, a la lírica pastoril; sinónimo de juventud y belleza.
21-24 El tono que se observa en estos versos nos hace recordar las letras de canciones populares andaluzas.

ROMANCE

Ojos negros de mis ojos,
traidores, bellos y graves
ídolos del alma mía,
flechas de mi amor gigante,
nuevo templo de mi amor,　　　　　　　　5
adonde mil votos hace
el alma, de más quererte,
sin que ninguno quebrante.
Yo aquel, señora del alma,
a quien tu color le hace　　　　　　　　10
un Miércoles de Ceniza,
siendo en las desdichas Martes.
Yo el garzón más bien nacido,
de todos los destas partes,
que siempre estoy con nacidos,　　　　　15
por tener tantas comadres.
Yo, en fin, aquel boquirrubio,
que sólo sabe adorarte;
el que tus mentiras cree,
quiere, si escuchas, cantarte:　　　　　20

«Eres el amparo mío,
que cuando más soledades
me acompañan, tus memorias
danme vida, aunque me acaben.
Tú, sola, eres de mis ojos　　　　　　　25
la antepuerta, que me hace,
que sólo tus gustos vea,

Excluido de M2.
[16] *comadres:* vecinas que viven con familiaridad *(Autoridades).*
[17] *boquirrubio:* «galán mozalbete que le empieza a salir el bozo y se precia mucho de su gentileza» *(Covarrubias).* (Cfr. M. Herrero-García, «Los rasgos físicos y el carácter según los textos españoles del siglo XVII», *RFE,* XII, 1925, págs. 157-177).
[20-32] A diferencia de otros poemas en que Carrillo no incluye canciones donde cambia de metro y de estrofa, en este romance, mantiene el octosílabo y la rima asonante en a-e del resto de la composición.

     y olvide todos mis males.
     Son tus ojuelos, tu rostro,
     cabellos, donaire y talle,   30
     no más de hechura tuya,
     que no hay a qué compararse».

Esto acabó de cantar
a su donosa, una tarde,
un amante deste tiempo,   35
que burlas y veras sabe.

---

[36] El tono, en cierto modo burlesco, de este romance, no es frecuente en la poesía de Carrillo.

Redondillas

REDONDILLAS

Si bien de mis accidentes
son ancianos los cuidados,
mis bienes son los pasados,
y mis males los presentes.

Y así, en gran conformidad   5
tiene el dolor que poseo,
arraigado en mi deseo,
vislumbres de eternidad.

A mil de aquestos enojos
que mi pecho y alma sienten,   10
¿quién duda que los desmienten
las mentiras de mis ojos?

Pero no merezca espanto
que se esconda su rigor,

[3-4] Se refiere al tópico del *bien pasado/mal presente* muy reiterado en la lírica renacentista. Herrera en sus *Anotaciones* al soneto X de Garcilaso, lo describe como la «conmiseración del bien pasado a la miseria del estado presente» (*Garcilaso de la Vega...*, ed. cit., pág. 342).

[5-8] Resignación estoica ante los sufrimientos de amor que serán eternos.

[10-16] Todavía vigente la temática del amor cortés, el poeta, en la fase de «fenhedor», debe ocultar su amor (cfr. Otis H. Green, *España y la tradición...* I, págs. 299 y 141).

pues se afrenta mi dolor 15
de que se le atreva el llanto.

Al alma con lazo estrecho
encumbre el mal abrazado,
porque en celar su cuidado
aún es amante mi pecho. 20

Querrélo, aunque más me den
mensajes que estoy mortal,
que estimo mucho mi mal,
porque fue un tiempo mi bien.

Y así, en trueque de la palma 25
de tan sabrosas victorias,
estas ardientes memorias
ofrece a tu gusto el alma.

Mas, para ya el discurrir,
pues tan triste imaginar, 30
en su ordinario cesar
en desear y sentir.

REDONDILLAS

Al Conde de Niebla, don Manuel Alonso Pérez
de Guzmán el Bueno.

Si diere lugar mi llanto,
que, en mis esquivos enojos,
el ocio quitó a mis ojos
y el ocio le dio a mi canto,

osara, pero el tormento   5
de mis penas desiguales,
sólo al tono de mis males
tiene diestro el instrumento;

porque de mis duros casos
es ya tan uso el rigor,   10
que sólo al son del dolor
acierta mi voz los pasos.

Y así, aunque tal ocasión
diverso estilo merece,
por mi dolor prevalece   15
la costumbre a la razón.

Vos, dichosamente altivo,
un nuevo Apolo espiráis,
y con tal plectro os mostráis
como nuevo Horacio vivo.   20

Esta dedicatoria al Conde de Niebla de M1, M2 y *Alonso,* la pone en duda *Randelli* que cree —tal vez con razón—, que las dedicó a su amigo el poeta Juane Méndez Vasconcelos, ya que «si trovano nei prelinari del poema di Vasconcelos e ad esse lo stesso risponde (...) dicendo che mai si sarebbe appropriato di cosa del Conde» (*Poesie...*, pág. 30).

[1] En M2 *diera.*

[20] *Randelli* cree que el verso fue enmendado por su hermano Alonso en M1 y por el editor de M2, ya que en los preliminares del poema de Méndez Vasconcelos se lee: «*Camoes* nuevo, Horacio vivo» (*Poesie...*, pág. 30).

Tal que, o ya el negro bridón
del mar mandéis, o la Lira,
su Jasón la mar admira,
y la lira su Amfión.

¿Qué os diré? Pero, alabar   25
es sólo asunto de Apolo,
al que no cabe en un polo,
al que no abrazó una mar.

---

[21] Tal, *que oirá* el negro bridón en M1.
[22] *Lira:* La lira, instrumento musical de Orfeo, a la muerte de éste, fue transportada al cielo y convertida en constelación. Orfeo participó en la expedición de los Argonautas aunque las misiones que le encomendaron se relacionaron siempre con la música y el canto.
[23] *Jasón:* héroe tesalio que sale en la nave Argo a buscar el Vellocino de Oro, que consigue con la ayuda de Medea.
[24] *Amfión:* con su lira, regalada por Hermes, lograba atraer y colocar las piedras para la construcción de la muralla que rodeó Tebas.

REDONDILLAS

No cual cisne con su canto
hago endechas a mi muerte,
que, aunque es amarga su suerte,
es más amargo mi llanto.

Bien sé, ingrata, que el negarte
fue miedo de enternecerte,
que se trocara mi suerte
en mirarme o yo en mirarte.

Yo te perdí y he perdido
triste con razón la vida,
que es justamente perdida
habiéndote conocido.

Yo tengo, en fin, de morir;
que el mayor mal —que es ausencia—
intenta sin tu presencia
el persuadirme el vivir.

Pues ¿cómo viviré ausente?
No lo querrán mis enojos,
si pierdo al sol de tus ojos
y si al cristal en tu frente.

¿Cómo, en mi amoroso ardor,
sin la nieve de ese pecho,
cuanto más brota deshecho
llamas mi escondido amor?

Perdí en tus mejillas bellas
al Abril más matizado,
cuando hermoso y confiado
compite flores a estrellas.

---

[1] Se creía tradicionalmente que el cisne canta antes de morir y así aparece en varias leyendas míticas y en el *Fedón* de Platón.

[24-48] El retrato minucioso de la amada y el léxico suntuario y colorista son muy semejantes al que Carrillo utiliza en las *Décimas a Pedro Ragis*.

Perdí del rojo arrebol
de la aurora, lo más fino,   30
pues se queja en su camino
que se lo robaste al Sol.

Perdí en tu divino aliento
el aliento del verano,
cuando del florido llano   35
es manso ladrón el viento.

Perdí en tus cejas y boca
al ébano y al coral;
en tus dientes, el cristal
desasido de la roca.   40

Perdí en perder esas bellas
manos toda mi esperanza,
la señal de mi bonanza,
en faltar tales estrellas.

Perdí en tu talle gentil   45
la envidia de la hermosura
de Apeles en su pintura,
de Lisipo en su buril.

Y tanto, triste, he perdido
que, en mi terrible dolor,   50
sólo agradezco al Amor
el verme, por ti, perdido.

OTRAS REDONDILLAS

Sale el sol y salís vos;
¿quién duda tema la tierra?:
que si el uno la hizo guerra
mejor se la han de hacer dos.

El uno sale encendido,   5
sin duda que está enojado,
como le habéis eclipsado,
si no enojado, corrido.

Vos, gallarda y orgullosa,
dais guerra con fuego al cielo,   10
y abrasáis, Lisi, sin duelo,
aquí enojada, aquí hermosa.

Aquél, vencido, procura
con sus armas su defensa,
y aunque son rayos su ofensa,   15
lo es mayor vuestra hermosura.

Defiende su parte el cielo,
y hasta pequeñas estrellas
prestan al sol sus centellas
para castigar el suelo.   20

La tierra no descuidada
roba desde sangre a perlas,
alegre de enriquecerlas
en vos, como el cielo airada.

Mas vos —cuan altiva, hermosa—   25
sus deseos despreciáis,
y que os robaron lloráis
lo que gozan perla y rosa.

Estas redondillas en M1 no están separadas de las anteriores. Prefiero, sin embargo, como M2 y *Alonso,* distinguirlas, a pesar de la innegable similitud temática entre ambas series.

    No sigo tal parecer,
que ellas, con vos comparadas,   30
para ser de vos hurtadas
más hermosas han de ser.

    Porque salga más galán
le da el Aurora su aliento,
mas sale vano su intento,   35
pues las flores os le dan.

    El aire pensó tocalle,
dale el sol buen aire; erróse.
Y aunque se le dio, corrióse,
pues vino el vuestro a afrentalle.   40

    Vióse al fin que su grandeza
quiso, enojado, ofenderos;
mas quebraste sus aceros
mostrando vuestra altiveza.

    Enojado y presuroso   45
—que es mozo y se corre el sol—,
de vergonzoso arrebol
lleno dejó el carro hermoso.

    Escondióse, y sus enojos
por suplir, la oscura noche,   50
y por veros en su coche,
salió toda llena de ojos.

OTRAS REDONDILLAS

Tened, ojos de mis ojos,
ojos enfrenad el llanto,
pues sólo ayuda el ser tanto
a anegarme en mis enojos.

Con tal cristal no os vengáis
de vuestro enojo del día,
pues su beldad y alegría
entristecéis y afrentáis.

Basta lo que habéis llorado
que, si crecéis mis enojos,
tanto llorarán mis ojos
que habréis de salir a nado.

Mirad, divina señora,
que si vertéis tantas perlas,
celos me darán en verlas
dadas al Sol por la Aurora.

Mirad que, aunque el pecho ardiente
agua pide, no ayudáis,
Lisi, con la que lloráis,
pues crecéis el accidente.

Las lágrimas que vertéis
son cristal; sol, vuestros ojos;
enciéndenlos sus enojos:
mirad si no abrasaréis.

Y es mi pena tan terrible,
tal en mí su ardor, es tanto,
que en parte huye mi llanto
dél, que es su fuerza insufrible.

En M1 forman un todo con las anteriores.
11-12 El tono humorístico y distendido de Carrillo, en estos versos y en algunos de los siguientes, es poco frecuente en su obra poética.

    Mirad si con derramar
dos perlas, tal me habéis puesto;
¿qué hará si echamos el resto
yo en sentir, vos en llorar?

    Que las escondáis os ruego,
que, si el llorar dura tanto,
después que me falte el llanto,
llorarán mis ojos fuego.

    Y, si faltaren centellas
con que yo en mi mal escriba,
suplirá la sangre viva
la falta que han de hacer ellas.

    Y, cuando ella se aniquile,
el corazón que os he dado,
no dudéis que, desatado,
por mis ojos le destile.

    Mas si es vuestro enojo tanto
y es mayor mi sentimiento,
callo, pues anegar siento
mis palabras en mi llanto.

    Viene la voz a faltarme,
será porque no me queje;
mas ¿qué mucho que me deje
si viene el alma a dejarme?

    Fáltame ya qué llorar;
mas, vergonzoso, mi llanto
huyo, porque fuese tanto,
do no se supo estimar.

[35-44] De ascendencia neoplatónica es esta idea de que el corazón del poeta se le licua por los ojos, en un tono cercano a las metamorfosis que en la poesía herreriana sufre la materia corpórea, aunque en Carrillo el subjetivismo haya desaparecido en parte (cfr. Macrí, *Fernando de Herrera*, Madrid, Gredos, 1972, pág. 485).

Bueno es quebréis la paciencia,
cuando quiebro el corazón
por vos, y deis ya ocasión
a grave carga de ausencia, 60

Mi desdicha lo adivina
ya desesperada y muerta,
mas tened por cosa cierta
que no ha quebrado por fina.

Finezas os miré hacer; 65
mas helado vuestro acero,
de ausencia al golpe primero
se vino el mismo a romper.

Y habiendo tanto quebrado,
quedó, por mi muerte y mengua, 70
entera una mano y lengua
atrevida a un desdichado.

OTRAS REDONDILLAS

¿Has visto nacer el sol
por el Oriente divino?
¿Has visto el oro más fino
cuando sale del crisol?

¿Has visto cuando se mueve
el céfiro dando saltos?
Y cuando los cielos llueven,
¿has visto los montes altos
con canas de blanca nieve?

¿Has visto, llenas de humor,
cuando sale el sol a verlas,
las plantas, cuya labor
en unas parecen flor
y en otras sus mismas perlas?

¿Has visto en el seco ramo
la afligida Filomena
cantar su pena y mi pena
después que tuyo me llamo?

¿Has mirado los reflejos
que el sol hermoso, en saliendo
hace, dando en los espejos?
¿Has visto el nácar, haciendo
a la luz visos bermejos?

En efecto, ¿has visto bien
el ancho mar sosegado
donde los cielos se ven?:
Pues contigo comparado
no me parece más bien.

En M1 estas redondillas siguen, sin separación, a las anteriores. No así en M2 ni en *Alonso*.
[6] *Céfiro:* Viento suave y apacible.
[16] *Filomena:* Disimilación de Filomela. Convertida por los dioses en ruiseñor para protegerla de su perseguidor Tereo (cfr. Ovidio, *Met.* IV, págs. 425 y ss.).

OTRAS REDONDILLAS

Sale la Aurora y, hermosa,
los campos esconde en perlas,
porque el Sol pueda cogerlas,
más vana y menos piadosa.

¿No sale hermosa? ¿No ves   5
qué contenta y qué triunfante
de que la noche, delante,
vaya besando sus pies?

¿No has visto después el Sol
qué bello de envidia sale,   10
pues como dama se vale
en su rostro, de arrebol?

Trueca la segura orilla
la nave por navegar;
demúdase en verse hollar   15
la mar de la fuerte quilla.

¡Qué bella va! ¡Qué preñada,
las gavias altas, del viento!
Ella afrenta al pensamiento,
a las nubes levantada.   20

¿Has visto el sol, las estrellas,
el mar sesgo y enojado?
Pues, contigo comparado,
ni es hermoso ni son bellas.

El tema de la naturaleza en comparación con la belleza de la dama, sigue, en la poesía carrillesca los tópicos derivados de la tradición petrarquista.

[18] *gavias:* Velas que se colocan en el mastelero mayor de las naves y que da nombre a éste.

OTRAS REDONDILLAS

Si es que ya no sois del cielo,
prenda de mi dueño amado,
al menos, dudo ha criado
tal cosa el humilde suelo.

Si es que ya de las estrellas,   5
ufano, no os trasladastes
y por mi dicha buscastes
otras que adoro más bellas.

Pues sois mi norte al miralla
y el instrumento de vella,   10
tan gallarda, hermosa y bella
que el cielo puede envidialla.

Pues sois, cuando más ardiente,
el apacible instrumento
de vencer el mal que siento,   15
que es grande, pues es de ausente.

Pues sois en la noche oscura
de mi ausencia y de mi mal,
a la luna luz igual
y dicha de mi ventura.   20

Pues sois, cuando más perdida
mi paciencia busca muerte,

1-4 Para Dámaso Alonso el tema es análogo al del soneto XLIII (*Poesías...*, pág. 173).

2 *prenda:* Estamos ante el anhelo, convertido en tópico poético, de conseguir alguna prenda de amor, que sirviera de alivio al enamorado, sobre todo, en las ausencias, e incluso como remedio de la enfermedad de amor o «hereos» que los antiguos médicos incluían entre las mentales (cfr. Keith Whinnon, introducción a la *Cárcel de amor,* de Diego de San Pedro, Madrid, Castalia, 1972, pág. 26).

21-24 La ausencia se hace, en ocasiones, un mal tan insufrible que se desea la muerte.

lucero para que acierte
a buscar mi propia vida.

   Pues sois el propio instrumento   25
de dar fe a la esperanza,
cuando mi desconfianza,
parece la entrega al viento.

   Y pues sois la causa vos
de mi vida, y aun mi vida,   30
si es vida quien presta vida
con sólo veros a vos.

   ¿Con qué podré agradeceros
tanto, sino en alabaros?
¿Y con qué tanto estimaros   35
como deseo en quereros?

Letrillas

LETRA

Es la duda, si es mi pena
en mí mayor o mi amor,
crece, por vencer, mi amor,
crece, por vencer, mi pena.

De tu vista y mis enojos 5
mi amor y pena ha nacido,
la pena de mi sentido,
el amor de aquesos ojos;
es de su insolencia ajena
la igualdad, y así en su amor 10
crece, por vencer, mi amor,
crece, por vencer, mi pena.

Los dos se han acrecentado
en tan terrible dolencia:
la pena, con el ausencia; 15

«El mismo dudar declara mucho y aumenta la ponderación. Don Luis Carrillo dijo: Es la duda, si es mi pena, / O mi amor, en mi mayor, / Crece por vencer mi amor / Crece por vencer mi pena» (*Gracián,* Disc. XLIV, II, págs. 129-130).

Las llamadas Letras o Letrillas, género muy cultivado en los siglos XVI y XVII, están generalmente compuestas en forma de villancicos, y se pueden considerar como una variante de éstos (cfr. A. Quilis, *Métrica española,* Madrid, Alcalá, 1975, pág. 129) o, cuando menos, su versión satírica o burlesca (véase, T. Navarro Tomás, *Métrica española,* Madrid, Guadarrama, 1969, pág. 237).

el amor, con mi cuidado.
Cada cual a mano llena
me usurpa, y, así, en rigor,
crece, por vencer, mi amor,
crece, por vencer, mi pena.   20

    Destos dos contrarios tales
no puede el alma valerse,
¿pero dónde ha de volverse
donde no la ciñan males?
Moriré, que así se ordena,   25
pues en mí, con tal furor,
crece, por vencer, mi amor,
crece, por vencer, mi pena.

LETRA

¿Qué importa negar tus males,
corazón,
pues lenguas tus ojos son?

Encubrirme tus enojos
no lo querrán mis sentidos,
pues son mis ojos oídos
a palabras de tus ojos.
Mengua es ya, zagal, negar
en tu pecho tu pasión,
pues lenguas tus ojos son.

Bien puede estar escondido
el fuego de aqueste pecho,
mas con la lumbre que ha hecho
a luz tu mal ha salido.
Más cierto será mentir
tú, zagal, que tu afición,
pues lenguas tus ojos son.

Basta el pasado disfraz
pues toca en caso pensado,
el pecho de guerra armado
y el rostro armado de paz.
Ser ya extremo, y no secreto,
te lo dirá la razón,
pues lenguas tus ojos son.

LETRA

    Cuidaba yo, penas mías,
antes que en ellas me viese,
que mudando de lugar,
mudara también mi suerte.
En todo soy desgraciado,   5
mis males, como mis bienes,
pues un hombre desdichado,
¿cómo es posible que acierte?
¡Ay tiempos diferentes,
que siempre sois peores los presentes!   10
¡Ay tiempos engañados,
que siempre sois mejores los pasados!

    Excluida de M2, tal vez porque está incompleta o fragmentada.
  9-12 En este tema petrarquista *del bien pasado/mal presente,* vertiente del reiterado tópico de los poetas didáctico-moralizantes de la Edad Media (cfr. E. R. Curtius, *Literatura europea y Edad Media Latina,* México, Fondo de Cultura Económica, 1976, 2.ª reimpr., vol. I, págs. 143-153), Carrillo se hace eco de los versos manriqueños.

LETRILLA

En tus aguas me acoge,
gran Guadalete,
le dará a mi memoria
tu olvido muerte.

    Mis tristes memorias   5
que mi mal procuran,
mi muerte apresuran
con ausentes glorias.
De vivas historias
de un bien perdido,   10
remedio a tu olvido
pide mi suerte:
le dará a mi memoria
tu olvido muerte.

    Tus sacros cristales,   15
adonde los pierdes,
será bien te acuerdes
de perder mis males,
en lo duro iguales
al mármol duro,   20
como mi fe, al muro
más firme y fuerte:
le dará a mi memoria
tu olvido muerte.

[2-4] Como en otras composiciones, Carrillo juega con la oposición memoria/olvido, río Guadalete.

EPITAFIO AL MARIDO DE UNA MUJER FLACA

Agradécelo a su dueño

Yace, el que ves, reposado,
en estas losas metido,
tan blandamente marido
cuan duramente casado.

No tengas huésped a exceso   5
ver que reposo profesa
en aquesta dura huesa
quien se casó con un hueso.

Carrillo está sujeto a la normativa elegíaca del Barroco que, como es sabido, alterna el tono grave, y, en ocasiones, la actitud nihilista, con la sátira, frecuentemente tipificada, en una clase social, un oficio, una virtud o un vicio y cuya forma preferida, como en el ejemplo del poeta, es el breve epitafio ingenioso por el juego de palabras (cfr. E. Camacho Guizado, *La elegía...*, *op. cit.*, pág. 162).

Índice de primeros versos

A las lenguas de los mares	222
Amor, déjame; Amor, queden perdidos	77
¿A quién daré la lira	193
Al alma, un tiempo, y al sentido estrecho	80
Altivo intento, sí, pero debido, ...	98
Alto estoy, tanto que me niega el velo	74
Aquí fue Troya, Amor; aquí, vencida	87
Aún no exceder su madre el cuello exento	112
Ausente el claro sol, el cielo hermoso	75
¡Ay, cuánto fue gentil, airoso cuánto	152
Baña el cansado rostro, caluroso	135
«Bien que sagrado incienso, bien que puede	92
Blandamente en los mármoles reposa	72
¿Caíste? Sí, si valeroso osaste	93
Camino de la muerte, en hora breve	110
Canto contra amor airado	195
Ciegos doy (cual mi amor) tres varios ñudos	96
¿Cómo, oh querido bien, cómo oh querido	102
Con más oro el sol y galas	211
¡Con que ligeros pasos vas corriendo	60
Confieso tu poder, ¡oh Amor! rendido	76
Coronaban bellas rosas	203
Crece a medida de mi ausencia amarga	137
Cristales, de cuyas aguas	206
Cuando me vuelvo a mí, y el dulce engaño	63
Cuidaba yo, penas mías	252
De Flori tierna flor, coroné el suelo	66
De tributos y mares olvidado	79
Desas rojas mejillas, envidioso	103

Desata ¡Oh Lisi!, en su furor eterno ...	142
Desatad mi veneno convertido ...	78
Desnúdase el invierno ...	154
Divino y claro cielo ...	147
Dos tiernos pescadores, dos amantes ...	115
El imperioso brazo y dueño airado ...	58
En tus aguas me acoge ...	253
Enmudeció el Amor la pluma y mano ...	88
Enojo un tiempo fue tu cuello alzado ...	81
Es la duda, si es mi pena ...	249
Escuadrones de estrellas temerosas ...	85
Esta cordera, que tornó en abrojos ...	89
Este cetro que ves, ¡oh pecho ardiente! ...	86
Fiera enemiga mía ...	144
Fruto, por ser del cielo tan querido ...	104
Hambriento desear, dulce apetito ...	105
¿Has visto nacer al sol...? ...	242
Huyen las nieves, viste yerba el prado ...	133
La joya, por parto, al cielo ...	196
Las honras, la osadía del Verano ...	70
Lava el soberbio mar del sordo cielo ...	73
Lee, y tendrás exenta, ¡oh caminante! ...	95
Lloras, oh solitario, y solamente ...	53
Más blanda, no de amor, de arrepentida ...	106
Mayor la altiva frente que el olvido ...	68
Mira el amante pálido y rendido ...	107
Mirásteme, vi el Sol, y en bellos lazos ...	90
Mientras el hondo mar, mientras no gime ...	163
Mientras que bebe el regalado aliento ...	62
Musas, no lo podemos todos todo ...	125
No cual cisne con su canto ...	235
No me acabes pensamiento ...	225
No luches con los remos, no arrogante ...	71
No sólo envidia al suelo, no envidiada ...	67
Noche triste y escura, ciega noche ...	156
¡Oh tú, de los altos mares...! ...	208
¡Oh tú, detén el paso presuroso...! ...	138
Ojos negros de mis ojos ...	226
Osado en fin te atreves, pensamiento ...	109
Pártome en estas galeras ...	214
Pídenme tristezas versos ...	218
Pues que imita tu destreza ...	181
Pues servís a un perdido, y tan perdidos ...	55
¿Qué importa negar tus males ...	251
Quiso mi hermoso Sol y dueño hermoso ...	100
Remataba en los cielos su belleza ...	83
Respeta, ¡oh presto pie!, la sacra losa ...	101
Sale el sol y salís vos ...	237

Sale el sol al Oriente	149
Sale la Aurora y, hermosa	243
Si bien de mis occidentes	231
Si diere lugar mi llanto	233
Si es que ya no sois del cielo	244
Sosiega, ¡oh claro mar!, el ancho velo	140
¡Ten, no la pises, ten!: de losa fría	91
Tened, ojos de mis ojos	239
Tiranos celos cuyo brazo fuerte	146
Usurpa ufano ya el tirano viento	54
Venus, Palas y Diana	220
Vese: duda Sansón, y dada el lazo	64
Viste de ejemplo el tronco y de fiereza	56
¿Vosotras sois? segunda vez, dudoso	111
Vuelve, ¡oh divino sol! del alma mía	151
Ya con la salud de Celia	216
Ya me muestra el Aurora	158
Ya no compuesto hablar, ya no que aspire	99
Yace el que ves, reposado	254

Índice

Introducción

Noticia biográfica 9

Carrillo y Sotomayor en la encrucijada estética de su tiempo: teoría y praxis poéticas 19

Esta edición 41

Bibliografía 43

Poesías completas

Sonetos 51

    I. Hablando un ausente a la fuente 53
   II. A una ausencia, partiéndose en galeras 54
  III. A la alteza del pensamiento y su consuelo ... 55
  IV. A los despojos del rayo de Júpiter 56
   V. Al ejemplo de cosas que fueron y se acabaron. 58
  VI. A la ligereza y pérdida del tiempo 60
 VII. Al cuidado de la memoria del amor 62
VIII. Al desengaño de la fiereza del amor 63
  IX. A la sentencia que dieron a Sansón los jueces. 64
   X. A la flor de la juventud 66
  XI. A la eternidad del pensamiento 67
 XII. A la fama de un varón ilustre 68
XIII. A unas flores representadas 70
XIV. Persuadiéndole a su humildad al Betis 71
 XV. Al sepulcro de un varón ilustre 72

XVI.	A la suerte de los celos de su amor	73
XVII.	Al temor de la fortuna favorable	74
XVIII.	A la paciencia de sus celosas esperanzas ...	75
XIX.	Rindiéndole a amor su mal	76
XX.	Pidiéndole piedad de sus males al amor ...	77
XXI.	Al enojo de la fortuna en sus penas	78
XXII.	A la planta de Celia en Guadalete	79
XXIII.	A un retrato	80
XXIV.	A un olmo, consolando su mal	81
XXV.	A un chopo, semejante en desgracia a su amor	83
XXVI.	A la vista de Celia	85
XXVII.	A la virtud que alcanza lo dificultoso	86
XXVIII.	Al temor de un amor desengañado	87
XXIX.	A su amor en sus males, sin remedio	88
XXX.	Al despedirse un amante	89
XXXI.	Al taparse y destaparse de una dama	90
XXXII.	A la muerte de una dama	91
XXXIII.	Al mediano remedio de su amor	92
XXXIV.	Comparándose con Faetón en su mal	93
XXXV.	Epitafio a Pompeo el Magno	95
XXXVI.	A sus enojos imposibles de vencer	96
XXXVII.	A la muerte de Lisi	98
XXXVIII.	Despídese de su musa amor	99
XXXIX.	A la ausencia que consoló su esperanza ...	100
XL.	A la muerte de un hombre docto	101
XLI.	Excusando algún descuido de su amor	102
XLII.	Retrato a la hermosura de Celia	103
XLIII.	A un limón que le arrojó una dama desde un balcón	104
XLIV.	A las penas del amor inmortales	105
XLV.	A Dafne y Anaxarte	106
XLVI.	A Tisbe	107
XLVII.	Al desengaño de los peligros de la mar	109
XLVIII.	A la memoria de la muerte	110
XLIX.	A las prisiones del amor imposibles de romper	111
L.	A la mudanza del tiempo	112

Églogas 113
  Égloga primera. En la cual hablan dos pescadores 115
  Égloga segunda. En la cual hablan Mopso y Fabio ... 125

Canciones 131
  Canción primera 133
  Canción segunda 135
  Canción tercera 137
  Canción cuarta 138

Canción quinta	140
Canción sexta	142
Canción séptima	144
Canción octava	146
Canción novena	147
Canción décima	149
Canción undécima	151
Canción duodécima	152
Canción decimotercera	154
Canción decimocuarta	156
Canción decimoquinta	158
Fábula de Acis y Galatea	161
Décimas de Pedro de Ragis	179
Al original del retrato	189
Poesías al *Remedio de amor* de Ovidio	191
Carta dedicatoria a la señora doña Gabriela de Loaisa y Mejía, su cuñada	193
Del autor al *Remedio de amor*	195
Elegía al *Remedio de amor,* del autor	196
Romances	201
Elegía. Coronaban bellas rosas	203
Romance. Cristales, de cuyas aguas	206
Romance. «¡Oh tú, de los altos mares	208
Romance. «A la caza de unas galeotas turquescas»	211
Romance. Pártome en estas galeras	214
Romance. Ya con la salud de Celia,	216
Romance. Pídenme tristezas versos,	218
Romance. Venus, Palas y Diana	220
Romance. A las lenguas de los mares	222
Romance. No me acabes pensamiento,	225
Romance. Ojos negros de mis ojos,	226
Redondillas	229
Redondillas. Si bien de mis accidentes	231
Redondillas al Conde de Niebla, don Manuel Alonso Pérez de Guzmán el Bueno	233
Redondillas. No cual cisne con su canto	235
Otras redondillas. Sale el sol y salís vos:	237
Otras redondillas. Tened, ojos de mis ojos	239
Otras redondillas. ¿Has visto nacer el sol?	242
Otras redondillas. Sale la Aurora y, hermosa,	243
Otras redondillas. Si es que ya no sois del cielo,	244